O FUTURO PELO RETROVISOR

O FUTURO PELO RETROVISOR

Inquietudes da literatura brasileira contemporânea

organizadoras

STEFANIA **C**HIARELLI
GIOVANNA **D**EALTRY
PALOMA **V**IDAL

Rocco

EDITORA ROCCO LTDA.
Av. Presidente Wilson, 231 – 8º andar
20030-021 – Rio de Janeiro, RJ
Tel.: (21) 3525-2000 – Fax: (21) 3525-2001
rocco@rocco.com.br
www.rocco.com.br

Printed in Brazil/Impresso no Brasil

preparação de originais
SÔNIA PEÇANHA

CIP-Brasil. Catalogação na fonte.
Sindicato Nacional dos Editores de Livros, RJ.

F996 O futuro pelo retrovisor: inquietudes da literatura brasileira contemporânea / Stefania Chiarelli, Giovanna Dealtry e Paloma Vidal (organizadoras). – Rio de Janeiro: Rocco, 2013.

ISBN 978-85-325-2830-8

1. Literatura brasileira - História e crítica. I. Chiarelli, Stefania, 1969-. II. Dealtry, Giovanna, 1967-. III. Vidal, Paloma, 1975-.

13-0050 CDD-809
CDU-82.09

SUMÁRIO

APRESENTAÇÃO

Ao refletir sobre o contemporâneo, costumamos sentir falta de um recuo que nos permita uma visão do que supostamente está perto demais de nós, como se o contemporâneo estivesse colado ao presente, daí a dificuldade de captar aquilo de que não conseguimos tomar distância. Um anacronismo tem sido por isso reivindicado: não seria contemporâneo justamente aquele capaz de se deslocar do presente e não tanto quem se identifica de maneira imediata com o novo ou a novidade? Nesse sentido, refletir sobre essa condição não implicaria também, necessariamente, uma tomada de distância?

Partimos aqui dessas interrogações bem como da hipótese de que é na superposição de temporalidades, numa tensão entre presente, passado e futuro, que se constitui a literatura atual. John Barth, em seu artigo "A literatura de exaustão", de 1967, já apontava para o fim das possibilidades estéticas como ditadas pelas vanguardas modernistas; mas o ensaísta vislumbrava igualmente a possibilidade infinita de acessar a tradição e assim recombinar a partir do presente esse inventário interminável. De maneira semelhante, poderíamos nos perguntar se diversos autores brasileiros contemporâneos não estariam operando reapropriações de questões fundamentais dos séculos XIX e XX – no plano estético, ideológico, temático, formal etc. –, reelaboradas a partir do presente.

A nossa aposta é que parte expressiva da atual literatura brasileira está caminhando neste momento para uma releitura das tradições da modernidade, saqueando ou revisitando o passado, como sugere a expressão de Marshall McLuhan, reapropriada por nós, que serve de título a esta publicação. Em seu sentido original, a expressão dizia respeito a um olhar fixo sobre o passado, que tendia a recuperá-lo sempre da mesma maneira. Gostaríamos de retomá-la aqui para tratar de uma relação com o passado que pode se dar de múltiplas formas, de modo que não se estabeleça uma relação linear de causalidade entre passado, presente e futuro.

À indagação do que ainda é possível resgatar quando se lança esse olhar para o passado, os textos deste livro respondem de várias maneiras, formando núcleos de questões que denominamos "Experiência, transmissão, alteridade", "Literatura, vida, cena literária", "Releituras da tradição, reescrituras do moderno", "Profanação, citação, encenação" e "Redefinições do cânone, dobras do nacional".

No primeiro caso, trata-se de uma recuperação da experiência – palavra tão usada, questionada, por momentos banida, que retorna quando já parecia ter se esgotado, com um sentido menos idealizado, menos uno, menos onipotente. Assim, no seu texto, Stefania Chiarelli aborda, via Samuel Rawet, o romance *Diário da queda*, de Michel Laub, indicando que ambos interpelam a tradição no que ela tem de petrificada e põem a própria transmissão da experiência em questão, explorando a dimensão ética e política da memória: "O conflito com a ascendência e a inviabilidade de negar completamente as raízes culturais judaicas ocupam importante lugar tanto na obra de Rawet quanto no romance de Michel Laub", afirma Stefania, que busca entender esse passado que volta insistentemente como leitura do presente.

Já no texto de Claudete Daflon, experiência e alteridade são retomadas no sentido de se pensar, também aqui num contraponto, agora entre o diário de viagem de Mário de Andrade e o romance *Nove noites*, de Bernardo Carvalho, o complexo processo de apreensão do outro. "A procura pela verdade mostrou-se inútil e, diante disso, a subjetividade do narrador confronta-nos com a impossibilidade de qualquer revelação. Bernardo Carvalho não só põe sob suspeita a verdade etnográfica, mas também a verdade do romance", afirma Claudete.

Também a possibilidade, ou impossibilidade, de estar em relação com o outro é central no texto de Diana Klinger sobre o que ela chama de "trilogia da separação", referindo-se aos três romances publicados por Carola Saavedra. Endereçados a outros personagens, e também aos leitores, seja por meio de cartas, de uma gravação ou de uma conversa com o psicanalista, estes textos, sugere Diana, fazem ver que "a literatura mesma é a evidência de uma falha na comunicação", mas também uma "tentativa de lidar com a impossibilidade de comunicação com o outro, com o desconforto que há nos afetos".

Em clave semelhante, enquanto resgate da possibilidade de narrar, é lido por Alexandre Faria o "desencaixe do tempo na ordem narrativa" em *Leite derramado*, de Chico Buarque. Ao que parece, num tempo em que a literatura é chamada a se abrir para um campo de práticas culturais em que não tem mais um lugar privilegiado, é possível também pensar sua especificidade em termos desse modo singular de lidar com o tempo que pode nos fazer compreender algo sobre a excludente história do Brasil, em comparação com outras linguagens, como o rap.

Na segunda parte, "Literatura, vida, cena literária", alguns textos questionam – e dialogam com – o paradigma que excluiu o autor da pauta de discussão da crítica, ao abordarem os modos como a tensão entre ficção e escrita de si encontrada em escritores modernos é retomada em muitas das criações de autores contemporâneos. Pode-se perceber tal retomada nos contos de *Vésperas*, de Adriana Lunardi. Segundo Ana Cláudia Viegas, "em vez de fruto de uma originalidade absoluta, a criação literária se apresenta, nessa obra, como resultado de diversas leituras e reescrituras, embaralhando-se na trama final dados biográficos das autoras, personagens, frases, referências das mais diversas ordens".

A criação de figuras autorais ambíguas aparece de forma semelhante na escrita de Ricardo Lísias, como destaca Luciene Azevedo, que reflete em seu texto sobre as marcas da assinatura de Lísias no contexto da literatura contemporânea e a criação de um nome-figura de autor, formando "um autorretrato como autor que lança mão de dados autobiográficos, empregando, inclusive, o nome próprio, para transformá-los em uma engenhosa arquitetura textual".

Finalmente, o texto de Gabriel Giorgi sobre João Gilberto Noll faz uma distinção entre duas ênfases na abordagem contemporânea da interseção entre literatura e vida: a primeira está relacionada às escritas do eu, marcada por uma dissimetria ou uma defasagem entre o vivido e sua elaboração pela memória, entre literatura e vida; já a segunda, a que interessa ao autor, "pensa a vida em termos de corpos, de materialidade biológica, de organismos e forças e intensidades vivas; põe em cena a relação entre um 'vivente' e a escrita".

De modo geral, a experiência, enquanto aquilo que nos vincula ao mundo e aos outros seres, está sob suspeita na literatura abordada aqui; há nela uma falha, uma desilusão, um desconforto. Daí talvez que se complexifiquem as estratégias narrativas, justamente por meio da releitura e da reescrita dos gêneros surgidos na modernidade, como se propõe na parte "Releituras da tradição, reescrituras do moderno".

No texto sobre João Almino, Graça Ramos explora as diversas concepções temporais no romance *Cidade Livre*, em tensão com a herança dos romances de formação, em uma jornada que aqui surge duplicada: a de João, nome que se desdobra do escritor ao narrador-personagem e também ao revisor fictício, e a da cidade que nomeia o livro. Ao acompanhar os últimos cinquenta anos da história de Brasília, Almino apresenta uma "tensão aglutinadora entre tempo e espaço", própria do contemporâneo e de uma cidade erigida sem pausas.

Um diálogo com o *Bildunsgroman* é também proposto por Leila Lehnen, ao abordar três romances de Daniel Galera que se centram "em personagens que passam por processos, ainda que distintos, de trans(formação) após eventos impactantes". Assim ela observa que a obra ficcional de Galera segue os parâmetros do gênero, recuperando-o e adaptando-o ao século XXI, de modo que suas personagens ecoem problemáticas contemporâneas.

Uma tensão entre os gêneros e suas potencialidades guia igualmente a abordagem de Catia Valério da obra de Luiz Ruffato, em que, por intermédio do diálogo com obras da modernidade, o romance sofre mutações. A fragmentação, a colagem, a polifonia são alguns dos procedimentos que Ruffato recria para efetuar um painel móvel da cidade de São Paulo nos dias de hoje que aproxima a literatura do cinema. Sobre *Eles eram muitos cavalos*, Catia afirma: "Seu romance-mosaico liberta o texto dos significados preestabelecidos para problematizar as fronteiras entre a ficção e a realidade e, desse modo, convidar o leitor a um repensar de seu papel em meio ao caos urbano."

A literatura ainda teria assim algo a oferecer a seus leitores, como propõe Sérgio de Sá ao refletir sobre o fértil diálogo entre a obra de Eça de Queirós e Rodrigo Lacerda, em que se torna possível a recuperação de uma linhagem que, ao abrir diálogos literariamente requintados, encontra "também uma forma de dialogar com o leitor contemporâneo, muito pouco inocente". Essa "generosidade" é uma maneira de se posicionar em relação ao campo cultural contemporâneo, entre o experimentalismo e a comunicação.

Criar procedimentos que lhe deem sentido num mundo veloz, imagético, hipercomplexo – essa parece uma das tarefas da atual literatura. Na parte "Profanação, citação, encenação", Lourenço Mutarelli, Valêncio Xavier e Sérgio Sant'Anna surgem como criadores que problematizam essa trama de referências. De acordo com Pascoal Farinaccio, a fabricação de identidades em *O cheiro do ralo*, de Lourenço Mutarelli, se dá a partir da pilhagem, citação e posterior ressignificação. Evidencia-se assim o procedimento de citação sem culto reverencial ao passado, livre do peso que inibe, mas como um processo que se retroalimenta.

Numa sintonia parecida, para Jorge Wolff, Valêncio Xavier se coloca como "explorador do baixo materialismo, perverso *voyeur* e *bricoleur* de vozes e imagens alheias", propondo "de novela em novela, de raconto em raconto, a dissecção de corpos textuais os mais variados". Ao lançar um olhar impiedoso sobre os modos de ver e de fazer modernos, próprios da sociedade de consumo, o escritor está ele mesmo em busca de "formas ainda eficazes de profanação" no ápice do capitalismo, afirma Joca.

Giovanna Dealtry investiga nas narrativas de Sérgio Sant'Anna modos de apropriação operados pelo escritor na constante interseção que promove entre literatura e artes plásticas. A autora enfatiza que se coloca em jogo na prosa do escritor carioca "a saturação do discurso e do olhar realista, a partir do encontro com obras ou artistas que também desafiaram as categorizações e os parâmetros convencionais das artes". Nessa chave, indaga em seu texto qual seria o sentido de resgatar a contemplação na contemporaneidade.

A última parte, "Redefinições do cânone, dobras do nacional", coloca em tensão as produções literárias e críticas. Se o lugar do autor e da literatura se mostra instável, sujeito a recriações, também o da crítica. Haveria diferentes modos de ser crítico na contemporaneidade?

O texto de Susana Scramim sugere a possibilidade de suportar um fracasso da obra em relação a certas expectativas de leitura pautadas em modelos genéricos tradicionais. Assim ocorre com os contos de *A cidade ilhada*, de Milton Hatoum. "Todas essas passagens, mínimas e lacunares, produzidas por esses relatos", sugere Susana, "não poderiam ser compreendidas dentro de um controle do gênero; ao contrário, elas só podem ser compartilhadas num movimento entre subjetividades passantes, lacunares e inconclusas."

A pergunta sobre como a crítica constrói suas leituras está também no texto de Paloma Vidal. O que gera conexões e desconexões em relação a isso que chamamos "literatura brasileira"? Como se constrói a leitura de uma obra no âmbito de um paradigma de literatura nacional? Paloma lê na obra de Adriana Lisboa um "recuo do épico", que estaria vinculado a "um distanciamento em relação à função agregadora e compensatória da literatura, tal como foi pensada desde o romantismo; em outras palavras, em relação a uma literatura que une em torno de uma identidade nacional e que, por sua vez, redime das mazelas da nação".

Para Paulo Roberto Tonani do Patrocínio, nessa mesma linha de questionamento, seria possível ler o romance *Passageiro do fim do dia*, de Rubens Figueiredo, como um diálogo com o naturalismo cientificista do século XIX, pensando na tensão criada a partir da permanência do modelo e sua própria recusa: "É neste espaço intersticial, no limite entre o uso da tradição naturalista e a inserção de um novo referente, que o autor narra o trajeto do personagem", sustenta Paulo, ao destacar em sua leitura o fato de que o realismo descritivo é apaziguado pelos traços de subjetividade do olhar do protagonista Pedro.

A produção deste livro significa o desafio e a provocação de pensar o lugar da literatura hoje, inseparável do lugar da própria crítica. A motivação principal é interferir em um debate que, por vezes, aparece polarizado em nosso cenário cultural. De um lado, a valorização do novo limita-se a constatar a impossibilidade de circunscrever esses escritos marcados pelo signo da multiplicidade. De outro, encontramos abordagens que operam a partir da comparação com os modelos canonizados pela história literária, eximindo-se de compreender o que há de específico na literatura atual. Diante disso, estar no presente deslocados dele talvez seja o lugar paradoxal que os ensaístas aqui reunidos buscam para propor outros olhares sobre o contemporâneo, sem perder de vista as reapropriações, releituras e diálogos com a modernidade.

AS ORGANIZADORAS

Experiência, transmissão, alteridade

O GOSTO DE AREIA NA BOCA – SOBRE *DIÁRIO DA QUEDA*, DE MICHEL LAUB

Stefania Chiarelli

De pé no vagão do metrô nova-iorquino, um *skinhead* provoca um garoto judeu absorto na leitura de um livro. Após ameaçá-lo por diversas vezes, persegue o rapaz e golpeia-o violentamente. Cabeça raspada, suástica na camiseta e outra tatuada no braço, Daniel Balint seria um neonazista como tantos outros não fosse ele judeu. A cena abre *Tolerância zero* (*The believer*, 2001), filme dirigido por Henry Bean. Daniel possui sólida formação intelectual, ao mesmo tempo que se envolve em constantes brigas de rua, esconde sua origem e com ela estabelece atribulada relação. No desenlace, morre em atentado realizado por seu grupo contra a sinagoga frequentada por antigos colegas de escola.

O filme discute a complexa teia de relações entre os indivíduos de origem judaica, sobretudo aqueles que não encontram nesse conjunto de práticas culturais qualquer amparo ou sentido de continuidade. Danny afirma odiar tudo o que se relaciona aos judeus, mas em determinado momento ostenta no corpo o *talit*, espécie de xale utilizado nas orações. Não consegue se desvencilhar dessa história, e a ela se refere o tempo todo. Em outra cena, após criar confusão em um restaurante, recebe como penalidade um dia de convívio com sobreviventes do Holocausto. Ao ouvir seus relatos, afirma que nada tem a aprender com eles, questionando as atitudes passivas daqueles indivíduos e supondo que em seu lugar teria a coragem de revidar os gestos de violência e humilhação.

Ao longo de décadas, esse acontecimento trágico da história da humanidade vem sendo narrado e tematizado. Marco da violência e da atrocidade no século XX, o genocídio judeu comparece tanto em filmes, documentários, livros e depoimentos, como em museus, a exemplo do Memorial do Holocausto, fundado em 1993 em Washington, ou o Yad Vashem, criado em 1953 em Jerusalém.

Nesse contexto de proliferação de relatos, a partir de um dado momento, a própria suástica surge como objeto massificado: segundo Vilém Flusser – judeu tcheco expatriado no Brasil –, um dos efeitos do nazismo que mais se prolongaram no tempo foi a *kitschização* da suástica. Vale lembrar que o termo *kitsch*, de origem alemã, é utilizado para designar o mau gosto artístico e produções consideradas de qualidade inferior. Ele aparece no vocabulário de artistas e colecionadores de arte em Munique, no final do século XIX. Inautenticidade e cópia são os significados frequentemente associados aos objetos e produções dessa natureza, tanto nas artes visuais, na literatura e na música, quanto nos produtos que cercam o cotidiano. O caráter de artificialidade da suástica e seu deslocamento de um contexto próprio aponta para um fenômeno trágico e ao mesmo tempo curioso: o genocídio de milhões de judeus passa a espetáculo em nossa sociedade. A partir desse cenário, estaríamos diante de um impasse, o de transformar esse trauma da humanidade em mais um produto, a ser fruído pela cultura de massa sem maiores questionamentos, a exemplo do que alertou Theodor Adorno quando afirma ser um ato bárbaro escrever um poema após Auschwitz. Colocando-se diante dessa discussão, o narrador do romance *Diário da queda*, de Michel Laub, alerta:

> O cinema já se encarregou disso. Os livros já se encarregaram disso. As testemunhas já narraram isso detalhe por detalhe, e há sessenta anos de reportagens e análises, gerações de historiadores e filósofos e artistas que dedicaram suas vidas a acrescentar notas de pé de página a esse material (LAUB, 2011, p. 9).

A ideia da nota de pé de página é eloquente: ela traz o sentido de um comentário ligeiro, ou mesmo desimportante, que pouco ou nada acrescenta à matéria principal. Algo ali se encontra desinvestido de importância maior. A respeito desse sentido de esvaziamento, ao final da década de 1960, John Barth reflete em *A literatura da exaustão* sobre a sensação de esgotamento de certas possibilidades – sobretudo de determinados experimentalismos vanguardistas –, de nada mais restar a ser dito na literatura pós-moderna. Longe de uma postura apocalíptica, o escritor americano propõe o encontro de novas formas, e enxerga a possibilidade de gerar novos e vivos trabalhos a partir da apropriação de modelos exauridos, reinventando, descartando, subvertendo e transformando as convenções artísticas. Desse modo, segundo Barth, seria possível revisitar repertórios estocados, já que não há mais histórias totalmente novas a se contar. Ou, como afirma ainda Umberto Eco, "a resposta pós-moderna ao moderno consiste em reconhecer que o passado, já que não pode ser destruído porque sua destruição leva ao silêncio, deve ser revisitado: com ironia, de maneira não inocente" (ECO, 1985, p. 57). Essas estratégias apontam para possíveis modos de lidar com tal dilema.

Partindo dessa premissa, é possível pensar em filmes como *Tolerância zero*, ou narrativas como "Réquiem para um solitário" (1956), de Samuel Rawet, e no próprio romance de Laub, de 2011. Neles, os autores problematizam a massificação do genocídio judaico, buscando respostas para questões que não cessam de interrogar o indivíduo contemporâneo. Retomando Eco: é preciso escolher entre o silêncio e uma fala inadequada? O que fazer com esse passado que volta insistentemente como leitura do presente? Daniel precisa falar dos judeus, mesmo que para odiá-los, assim como o narrador do romance de Laub. Já o personagem rawetiano surge como o próprio imigrante que sente a dor e a culpa por negar a tradição. Samuel Rawet e Michel Laub, ficcionistas que interpelam a tradição naquilo que ela tem de petrificado, põem a própria transmissão da experiência em questão, explorando a dimensão ética e política da memória. A partir destes dois autores, pensaremos a relação conturbada com o pertencimento ou não a uma certa tradição da narrativa que tematiza essa questão.

Em *Diário da queda*, três gerações de uma mesma família lidam de modo tortuoso com as memórias e o silenciamento relativos ao Holocausto. "Para mim tudo começa aos treze anos, quando deixei João cair na festa de aniversário", afirma o narrador. Ponto de partida do livro, o episódio violento em uma turma de garotos marcará a vida do adulto, que se volta sobre um passado de relações conturbadas com a própria história familiar. A rememoração constante desse fato recupera os questionamentos de um menino percebendo, aos poucos, o ódio que ele e os colegas, matriculados numa escola judaica, dirigem ao único não judeu da sala. O desprezo coletivo por João, humilhado repetidas vezes no tanque de areia da escola, revela ao narrador o vazio do discurso de seu pai sobre antissemitismo e intolerância. A trama, em seu trânsito incessante entre delicados polos da natureza humana, mostra como o excluído pode assumir o papel do opressor.

Para tanto, o narrador sem nome passa a questionar as relações familiares e o funcionamento de sua comunidade. Interrogando um tempo de sofrimento e aniquilação representado pela história do avô, sobrevivente de Auschwitz, o personagem carrega em si o conflito em relação a um passado cultural e religioso fundado na manutenção de um sistema dogmático, no qual um presente desencantado se complementa pela inexistência de qualquer perspectiva futura. Morando na Porto Alegre dos anos 1980, percebe que os eventos traumáticos incessantemente relatados pelo pai têm pouca relação com sua vida, indicando o abismo que torna inviável a troca de experiência entre gerações.

Em seu conhecido ensaio "O narrador", Walter Benjamin afirma que na modernidade perdemos a capacidade de trocar o tipo de experiência com um valor coletivo que fundava as sociedades tradicionais e, portanto, de contar histórias. Essa incapacidade se radicaliza quando se trata de narrar eventos traumáticos da guerra e da perseguição aos judeus. Retomando a tese benjaminiana, pode-se afirmar que o protagonista de *Diário da queda* não retira dos relatos paternos nenhum proveito ou exemplaridade. Afirma o narrador:

> o desconforto cada vez maior diante do meu pai, uma rejeição à performance dele ao falar de antissemitismo, porque eu não tinha nada em comum com aquelas pessoas além do fato de ter nascido judeu, e nada sabia daquelas pessoas além do fato de elas serem judias, e por mais que tanta gente tivesse morrido em campos de concentração não fazia sentido que eu precisasse lembrar disso todos os dias (LAUB, op. cit, p. 37).

Não à toa comparece a referência à performance: o desempenho paterno exige que o público, na pessoa do filho, manifeste completa adesão à sua narrativa, aprenda com ela, introjete tais valores. Entretanto, essa fala pedagógica se mostra inviável. Rejeição e desconforto na reação do ouvinte.

sobre seu passado, o pai luta contra o apagamento de qualquer ligação com o tempo pretérito, já que sofre de uma doença degenerativa. O narrador debate-se contra tudo isso e busca entender suas escolhas: a queda do amigo João na festa de aniversário é cena que se repete incessantemente em sua memória, espiral que o consome em culpa e remorso, e surge sempre em paralelo com o modo tumultuado como lida com seu passado cultural. A questão judaica e a questão da queda se justapõem e se complementam, estabelecendo linhas que se friccionam e tensionam. Se o avô sobrevivente de Auschwitz representa estranheza, exclusão e silêncio, a agressão coletiva ao amigo João demonstra que esse passado soterrado sempre volta, e esse recalcamento se traduz em atitudes violentas. O narrador sente profunda vergonha por ter humilhado o colega, e esse ato da adolescência faz com que reaja contra a tradição judaica como um todo e o discurso vazio do pai sobre tolerância e preconceito.

A problematização relativa ao gesto político de toda escrita comparece na referência constante aos escritos de Primo Levi. Não por acaso *É isto um homem?* (1947) é lembrado, já que o escritor defendia a necessidade de testemunhar, para evitar que as atrocidades do nazismo e a redução do homem ao estado de coisa fossem esquecidas. Levi foi feito prisioneiro aos 25 anos em um campo de concentração na Itália. Permaneceu cerca de um ano em Auschwitz, onde exerceu a profissão de químico. Em seu relato autobiográfico, o autor judeu-italiano descreve as rotinas nos campos, o trabalho forçado e as tarefas a que eram submetidos os prisioneiros. Para Levi, é um imperativo de ordem ética articular um discurso que recupere essa passagem da vida dos sobreviventes, por mais doloroso que seja o ato de narrar. Esse suposto dever é rechaçado pelo avô no romance. Ele insiste em fugir do passado, anulando essa experiência, e, no limite, anulando-se no ato do suicídio.

A demissão de si próprio, o esquecimento, a denegação de parte da trajetória são aspectos também presentes no conto de Rawet. Diversas narrativas do autor tratam da incomunicabilidade, a exemplo de "Réquiem para um solitário" e "O profeta", de *Contos do imigrante* (1956). A ficção rawetiana problematiza de forma contundente a frustração na tentativa de resgatar as experiências pretéritas dos personagens, revelada no plano discursivo de diversas formas, seja pela alusão à dificuldade de articulação, à gagueira ou ao mutismo completo. O gosto de areia na boca (presente em Rawet e retomado na imagem de Laub), o fio que parece entupir a laringe são expressões que revelam o impasse de personagens impossibilitados de articular a fala. A natureza fluida do discurso é quase sempre interrompida pelo tropeço, por uma voz titubeante.

No caso de Rawet, percebe-se a situação paradoxal em relação à comunidade judaica e ao próprio judaísmo, uma vez que propõe ao leitor perguntas incômodas: em que medida é possível romper com uma tradição cultural? Até que ponto ela informa os textos que insistem em negá-la? A marca de escritor judeu seria um facilitador para a recepção do autor ou uma espécie de maldição? Conforme aprofundamos em outro estudo (CHIARELLI, 2007), sempre existiu atribulada relação de Rawet com o judaísmo: o autor reiterava um questionamento visceral a respeito da tradição engessada que não lhe parecia transmitir mais nenhum sentido.

A herança judaica, sobretudo aquela representada pelos rituais familiares, é alvo da crítica ferina do autor:

> Meu maior conflito, e não sei se isso me enriquece ou empobrece, é pessoal, é ligado à minha condição de judeu, ou de ex-judeu, que mandou o judaísmo às favas. De repente, percebi que estava sendo vítima de minha própria chantagem

afetiva. O judeu, a vítima de perseguições injustas, o mártir do nazismo alemão, o horror dos campos de concentração etc. Isso me fazia aceitar muita coisa como uma espécie de desculpa para certos comportamentos, e me fazia aceitar muita coisa naquela base do imigrante pobre que chega, luta e vence. Admirável! Apoteose final de alguma superprodução de algum Ziegfield qualquer. Hoje não sei distinguir bem o nazismo alemão do nazismo judaico (GOMES, 1979, p. 165).

Não é sem dor que Rawet encara essa herança, e por meio de seus escritos a problematiza insistentemente. "Réquiem para um solitário" encena a situação de impasse do imigrante que *fez a América*. O protagonista representa a parcela da comunidade judaica bem-sucedida e integrada à sociedade brasileira. A fartura na geladeira, a tranquilidade das crianças dormindo no quarto, a presença da companheira, todos indícios da estabilidade adquirida por anos de árduo sacrifício. "A inércia que não é do cansaço, mas da fartura, da vitória, da segurança em bloco" (RAWET, 2004, p. 54). Todas as conquistas já foram feitas. Mas resta a culpa. E cabe ao filho contestar a postura ética do pai em relação à história familiar e judaica. Configurando-se como um estranho que pela primeira vez desvela sua verdadeira face, o filho cobra um posicionamento frente ao passado que o pai insiste em negar, apontando o triunfo da figura paterna como sinônimo de um "acanalhamento dos sentidos", expressão cara a Rawet.

O protagonista deste conto passa por processo doloroso ao entrar em contato com aspectos que insiste em negar. Uma carta recebida e o embate com o filho propiciam esse encontro adiado no conto. Nele, vão surgindo fragmentos de memória que remetem ao passado – a viagem de navio, o país novo, o trabalho, a língua estranha – a que se mesclam situações do presente, como as várias interrupções da mulher. "Como comunicar-lhe a sensação de esboroamento? Como dar-lhe a ideia de insegurança que o dominara, substituindo a solidez arrogante?" (idem, p. 59). A ordem é perturbada pela rememoração das imagens daqueles que permaneceram e sofreram as atrocidades do nazismo: "E nos bosques dos arredores há valados e valados de corações roídos pelas balas, e há galhos de castanheiros que resistem ao balanço de olhos esbugalhados" (idem, p. 55).

Como não endoidecer?, indaga-se a personagem. A resposta parece vir da necessidade reiterada da ordem que a tudo disciplina, para que nada fuja do controle. Principalmente os sentimentos de culpa por ter sobrevivido – e enriquecido. Por duas vezes, tal segurança é ameaçada, no questionamento do filho – o presente da narrativa – e por meio da carta, recebida havia alguns anos, momento em que irrompe a lembrança de outra realidade, como forma de agenciamento do passado no presente.

"Tentava agarrar, com os olhos cegados pela pressão, os pedaços de ordem que desmoronava, mas compreendeu o inevitável. Inerte, corpo morto, prostração. Dormia" (idem, p. 61). Na conclusão do conto, o confronto com a dolorosa história pessoal da personagem e a confirmação do desmantelamento físico. O alvorecer, imagem da incerteza e da angústia, surpreende o homem em suas reflexões. Ele se oferece como cenário para o *réquiem* do título, alusivo à canção fúnebre a confirmar a morte em vida da personagem. A alusão direta ao gênero que faz parte do ofício dos mortos está presente na nomeação deste texto como espécie de protocolo de leitura, modo de ler uma narrativa que evoca o final metafórico da personagem. Nela, a música faz menção a um estado de alma, em que o indivíduo se encontra em conflito extremo, sem perspectiva de resolução do impasse. A sensação é de esfacelamento, de algo que se parte, corpo morto a desistir. É inútil a tentativa de seguir adiando o enfrentamento do dilema: aquele que parte e sobrevive carrega em si as memórias de quem ficou. O padecimento moral e a culpa podem ser negados, mas sua irrupção é violenta e dolorida.

O imperativo ético de articular um discurso que recupere passagens da vida do sobrevivente é rechaçado pela personagem do conto rawetiano, que insiste em apagar o passado, ou ainda, trair essa experiência, pactuando, de certa forma, com a infâmia. É preciso esquecer para seguir vivendo, parece atestar, da mesma forma que o avô de *Diário da queda*, a negar em seus relatos fantasiosos a própria tragédia. Ainda que não seja um sobrevivente dos campos de concentração, esse imigrante rawetiano pôde escapar à sina de seus pares justamente pelo fato de ter emigrado, buscando novas chances em terra estranha.

Entretanto, o passado irrompe sob a forma da carta, narrativa que traz consigo inúmeras lembranças desagradáveis bem como a postura questionadora do filho. A torrente de palavras, "relato impiedoso de um mundo que se foi", que traz "com ela uma onda de remorsos e imagens", e a fala do filho são elementos opostos ao silêncio do pai sobre sua dor. Inútil retardar o confronto com a tradição em que se inscreve. O resultado é a prostração violenta e o desmoronamento de certezas antes inabaláveis, quase a morte efetivamente.

Talvez o peso do passado familiar e sua relação com a memória coletiva possam ser lidos, em Rawet, na imagem poderosa desse corpo inerte. No romance de Laub, o suicídio do avô do narrador é fato a mobilizar as gerações posteriores. Um outro corpo morto. A autópsia dessas histórias se faz por meio de uma linguagem que interpela esses cadáveres, problematizando a imagética da morte a rondar a própria literatura pós-Holocausto.

O conflito com a ascendência e a inviabilidade de negar completamente as raízes culturais judaicas ocupam importante lugar tanto na obra de Rawet quanto no romance de Michel Laub. O estranhamento vivenciado pelos personagens advém inúmeras vezes da ruptura das cadeias de transmissão da tradição. A relação com o conjunto de valores culturais é todo o tempo problematizada nesses textos. Atos como lembrar, registrar, ocultar passagens, obliterar um legado comparecem em ambos os autores.

Em *Diário da queda*, o narrador decide mergulhar nos destroços do passado para dar algum sentido a tantas memórias em ebulição. A escrita da memória demanda permanente revisão do modelo paterno e da história familiar, mostrando que a renúncia à origem pode ser lida como modo de o personagem se relacionar com a tradição, encarando-a como memória crítica, não fossilizada. Para tanto, o narrador não abdica de se inserir no conjunto de valores judaicos, mas opta por quebrar paradigmas de comportamentos preestabelecidos. Uma nova vida o aguarda, não só aquela representada pelo filho que virá, mas também a possibilidade de reavaliar padrões. Há aposta na vida e na continuação, em um elo com o futuro, vislumbrado no diálogo imaginário com o filho em gestação, capaz de colocar em outra perspectiva um "passado que também não é nada diante daquilo que sou e serei, quarenta anos, tudo ainda pela frente, a partir do dia em que você nascer" (LAUB, op. cit, p. 151). Após tanta dor e frustração, Laub resgata a emoção no desenlace de seu romance, quebrando a expectativa de um final desencantado ou mesmo cético. O narrador dirige uma espécie de carta ao filho, projetando a vida agora livre do peso, apenas afeto e devaneio. Cheiros, ruídos e vivências táteis acompanham esse pai a imaginar a sensação corporal de ter uma criança junto de si.

Entretanto, a pergunta que paira sobre essas narrativas é a mesma: o que fazer com uma certa herança? No caso de Laub, o personagem recebe de maneira indireta o dinheiro familiar, mas a ele justapõe-se a culpa e um discurso terrível a se repetir infinitamente. Em Rawet, o protagonista sente a iminência do apagamento de si próprio ao perceber que, para seguir vivendo, anulara parte de sua trajetória. De um lado, a fala obsessiva que banaliza e apressa o esquecimento; de outro, o silêncio opressor de um discurso em estado de latência, cuja carga explosiva se manifesta repentinamente.

Como referimos, Rawet – imigrante judeu-polonês ele próprio, falante do ídiche na infância – vivenciou tensa relação com a comunidade judaica e com seu passado cultural, interpelando o tempo todo esse legado, ainda que em seus escritos a figura do judeu passe a não ser mais central como ocorre em sua estreia literária. O sentimento de inadequação e de estranhamento permanece, contudo, presente no restante de sua ficção.

Neste que é seu quinto romance, Michel Laub aborda pela primeira vez em seus escritos a temática judaica, e o faz de modo a ecoar o gesto de Rawet, inquirindo de forma visceral o peso do passado. Tanto em "Réquiem para um solitário" quanto em *Diário da queda*, a relação pai/filho surge como *topos* para se pensar esse embate: nesse lugar abrigam-se as tensões referentes ao conflito entre gerações, e, sobretudo, modos distintos de lidar com um passado que insiste em projetar sombras sobre o presente. De pai para filho transmitem-se relatos incompletos, mas também vazios e zonas de opacidade. Cartas que contêm um diálogo silencioso com o passado, cujo peso imobiliza sujeitos condenados à repetição, ou à rejeição completa desse legado. Kafka, na célebre carta nunca enviada ao pai, comparece como figura emblemática dessas conturbadas histórias que oscilam entre ódio e admiração, autoritarismo e afeição.

Vale lembrar que para Walter Benjamin importa menos o que se viveu, e mais como esse fato vivido é ressignificado no presente. A ação de rememorar, segundo o autor, requer sempre imaginação e fantasia, pois o importante não é o vivido, mas o tecido da rememoração, o trabalho de Penélope da reminiscência: "Pois um acontecimento vivido é finito, ou pelo menos encerrado na esfera do vivido, ao passo que o acontecimento lembrado é sem limites, porque é apenas uma chave para tudo o que veio antes e depois" (BENJAMIN, 1994, p. 37).

Diante do fim da narração, o filósofo entrevê uma necessidade política e ética na rememoração, categoria-chave da filosofia da história benjaminiana oriunda da tradição religiosa judaica. Jeanne-Marie Gagnebin chama a atenção para o estabelecimento de uma *nova ligação* entre o passado e o presente no ato da rememoração, uma vez que tal atitude não implica simplesmente a restauração do passado, mas também uma transformação do presente tal que, se o passado perdido aí for reencontrado, ele não fique o mesmo, mas seja, ele também, retomado e transformado (GAGNEBIN, 1994, p. 19).

O passado é reencenado por meio das cartas, diários, cadernos e livros referidos nas narrativas. A tudo isso se sobrepõe o tecer da reescritura. O sobrevivente desses dramas precisa – ainda que consciente da incompletude desse gesto – dar algum sentido a esse fio de história, não mais como relato vitimizado, objeto *kitsch* do fetiche alheio ou narrativa de superação, mas como espaço em que se estabeleça algum sentido, teia que cria a ponte entre gerações, na escuta sensível da fala do outro.

A literatura contemporânea parece assinalar que ainda há um propósito em ecoar essas vozes, apesar de reiteradamente afirmar, como o narrador de Laub, que "ninguém mais aguenta falar a respeito, quando até para mim soa ultrapassado escrever algo a respeito" (LAUB, op. cit, p. 101). A repetição obsessiva comporta um sentido, traduzido no gesto da reapropriação de um modelo aparentemente exaurido. É precisamente em tal espaço que reside a diferença – ainda que mínima, ainda que um pequeno rastro, vislumbrado na nota de pé de página.

REFERÊNCIAS BIBLIOGRÁFICAS

BARTH, John. *The literature of exhaustion*. The Atlantic. August, 1967, vol. 220, nº 2.

BENJAMIN, Walter. *Magia e técnica, arte e política:* ensaios sobre literatura e história da cultura. Trad. Sérgio Paulo Rouanet. São Paulo: Brasiliense, 1994.

CHIARELLI, Stefania. *Vidas em trânsito:* as ficções de Samuel Rawet e Milton Hatoum. São Paulo: Annablume, 2007.

ECO, Umberto. *Pós-escrito a O Nome da Rosa*. Rio de Janeiro: Nova Fronteira, 1985.

GAGNEBIN, Jeanne-Marie. *História e narração em Walter Benjamin*. São Paulo: Perspectiva, FAPESP: Campinas, 1994.

______. A (im)possibilidade da poesia. *Revista Cult*, São Paulo, junho, 1999, nº 23. pp. 48-51.

______. "Palavras para Hurbinek". In: Nestrovski, Arthur, Seligmann-Silva, Márcio (orgs.) *Catástrofe e representação*. São Paulo: Escuta, 2000. pp. 99-110.

GOMES, Danilo. "Na toca de Samuel Rawet, o solitário caminhante do mundo". In: ______. *Escritores brasileiros ao vivo*. Belo Horizonte: Comunicação, 1979. pp. 159-168.

LAUB, Michel. *Diário da queda*. São Paulo: Companhia das Letras, 2011.

LEVI, Primo. *É isto um homem?* Trad. Luigi del Re. Rio de Janeiro: Rocco, 1988.

RAWET, Samuel. *Contos e novelas reunidos*. Rio de Janeiro: Civilização Brasileira, 2004.

SELIGMANN-SILVA, Márcio. "A literatura do trauma". *Revista Cult*, São Paulo, junho, 1999, nº 23. pp. 40-7.

ESPIRAIS: A ESCRITA DE BERNARDO CARVALHO

Claudete Daflon

> Sua escuridão era impenetrável. Eu olhava para ele como quem espia um homem que jaz no fundo de um precipício onde nunca chega a luz do sol.
>
> Joseph Conrad, *O coração das trevas*

MUITAS POLARIDADES PODEM SOAR confortáveis e apaziguantes. Este, talvez, seja o caso de oposições como paraíso e inferno, em especial, quando constituem modelos de representação do *outro*. Afinal, tudo parece mais simples quando o desconhecido é reduzido a possibilidades dramáticas e autoexcludentes. A experiência ficcional, contudo, caminha, muitas vezes, em espirais que desmascaram a falsa simplicidade sugerida pelas dicotomias. É o que acontece, por exemplo, quando, com as lentes de Bernardo Carvalho, no romance *Nove noites* (2002), torna-se possível enxergar *O coração das trevas* (1899), de Joseph Conrad, e a descida ao inferno rumo ao *horror*.[1] Se a obra de Conrad está ali dada como referência contundente na narrativa do escritor brasileiro, está também a ambiguidade do paraíso e inferno.

---

1 No livro *O coração das trevas* (1899), Marlow trabalha para uma empresa que comercializa marfim e recebe a incumbência de encontrar Mr. Kurtz no âmago da floresta africana. O mergulho no desconhecido aparece, nesse caso, associado ao progressivo afastamento da civilização rumo a uma ameaçadora condição primitiva. Antes de morrer, contudo, Kurtz pronuncia "O horror! O horror!" (CONRAD, 1984, p. 88). E esta palavra última permanece inapreensível e enigmática.

O paraíso é cheio de armadilhas. Luiz Dantas, em texto sobre o romance naturalista brasileiro, considera que contradições e ambivalências estão vivamente presentes nas visões dos colonizadores sobre o Novo Mundo. O positivo e o negativo intercambiam-se de modo que o idílico possa, subitamente, tornar-se repugnante: "Ao lado das primeiras formulações maravilhadas surgia, com uma força comparável, o julgamento contrário, uma espécie de reverso da medalha idealizadora" (DANTAS, 1990, p. 457). Paraíso e inferno seriam, assim, indissociáveis: faces de uma mesma moeda.

A mobilidade das visões, por sua vez, apresenta-se como uma decorrência da perspectiva, afinal "o sonho é um ponto de vista" (CARVALHO, 2002, p. 48), assim como o pesadelo também pode ser. Esta é, no final das contas, a impressão que se tem quando se colocam na balança *Nove noites* e *Hotxuá* (2009), filme de Letícia Sabatella e Gringo Cardia sobre os índios Krahô.

O sacerdote-palhaço, que dá título à produção, representa a perspectiva escolhida para abordar a tribo do cerrado. O riso aparece como elemento diferenciador da cultura que os índios buscam preservar sob a ameaça constante da expansão da soja e da construção de barragens cujas consequências interfeririam no seu modo de viver. A simpatia do público é requisitada tanto pela fragilidade do povo ameaçado quanto pela alegria que, a princípio, faria parte do cotidiano da tribo. Avança-se, nesse sentido, ao propor a visita de uma personagem já conhecida das sociedades ocidentais: o palhaço. O entendimento entre Hotxuá e o ator caracterizado, entretanto, atribui outros significados às práticas observadas, sugerindo ao espectador um ponto de identificação importante. Há algo de convidativo nas gargalhadas das crianças.

Em *Nove noites*, a trama desenrola-se em torno da morte do antropólogo americano Buell Quain, que se suicidou quando atuava como pesquisador entre os índios Krahô no Brasil, em 1939. Ao refazer os passos do etnógrafo, o narrador, em sua obsessão por esclarecer o ocorrido, visita também a tribo. Todavia, a visão apresentada no livro de Bernardo Carvalho sobre os Krahô em nada parece ter a ver com aquela que é proposta pelos cineastas em *Hotxuá*, seja pela óptica do narrador obcecado por descobrir o porquê do suicídio, seja pela perspectiva do próprio Quain, tal como aparece formulada no romance. O estranhamento aparece como elemento desestabilizador e quase insuperável nas experiências com o *outro*, de modo que se é lançado da alegria da tribo ao desconforto decorrente da ausência de identificação. Entra em foco o agente da escrita (ou aquele que controla a câmera) no jogo de posições assumidas: ora antropólogo, ora ficcionista.

Em sua chegada ao Brasil, a opção de Quain por estudar, numa empreitada individual (e isso é bem significativo), os Trumai em vez de os Karajá, como previsto a princípio, exemplifica a busca por autenticidade, que teria na tribo isolada e à beira do desaparecimento uma representação ideal. Mas essa atitude está absolutamente inserida nas práticas da etnografia da época, revelando como a disciplina operava a relação com o *outro* e sua consequente escrita. De todo modo, na contramão de uma visão idealizadora dos índios e do próprio observador, o narrador de *Nove noites* aponta para a construção de modelos ideais conflitantes com a realidade da tribo:

> O fato é que no começo Quain achou os Trumai "chatos e sujos" ("Essa gente está entediada e não sabe"), o contrário dos nativos com quem convivera em Fiji e que transformara num modelo de reserva e dignidade. Julgava os Trumai por oposição a sua única outra experiência de campo (CARVALHO, op. cit, p. 54).

Duplicando as vozes narrativas, em *Nove noites*, o narrador compartilha o espaço do relato com um testemunho deixado por Manoel Perna, engenheiro que teria travado contato com Quain e que teria ficado especialmente interessado no estrangeiro. A mudança tipográfica organiza, no romance, o que seria a voz de Perna e a do narrador dedicado à solução do enigma da morte do americano. No entanto, é pela via desse narrador-testemunha que se obteria acesso a relatos de Quain e revelações como: "Ele estava cansado de observar, mas nada podia lhe causar maior repulsa do que ter que viver como os índios, comer sua comida, participar da vida cotidiana e dos rituais, fingindo ser um deles" (idem, p. 55). A declaração atribuída ao antropólogo revela uma indisposição significativa para desenvolver práticas próprias ao formato da observação-participante na etnografia. De fato, a aversão declarada sugere a desconstrução de um modelo ideal de pesquisador, do qual se esperaria uma atitude interessada e simpática em relação aos índios. Por outro lado, o sentimento de repulsa sinaliza a duplicação que se opera no romance quando o narrador refaz a viagem do etnógrafo e se vê obrigado a conviver com a tribo. Ao seguir os passos de Quain, desempenhando ele mesmo o papel do etnógrafo que se lança em campo, o narrador, diante da situação do estudioso inserido no ambiente que será estudado, experimenta, à maneira do antropólogo, um profundo estranhamento e rejeição em relação aos índios. Demonstra, então, reações negativas próximas às de Buell Quain: "Tudo o que eu queria era não ter que participar de nada" (idem, p. 98).

O narrador e o etnógrafo, em certo sentido, à maneira de Marlow e Kurtz, em *O coração das trevas*, vivem a descida ao inferno, confundido com o Xingu. Em outra instância, porém, a duplicidade entre um e outro se desenha na ambiguidade inerente à condição infernal e edênica. O narrador, assim como o antropólogo, tem um histórico de viagens com o pai. Essas experiências incitaram o segundo a viajar, graças a uma visão do exótico como paraíso que, no final das contas, é desconstruída em sua experiência no Brasil; o primeiro, no entanto, ainda criança, só consegue enxergar o inferno.

Por outro lado, James Clifford, no conjunto de ensaios publicados no Brasil sob o título *A experiência etnográfica: antropologia e literatura no século XX*, lembra que Malinowski, tomado como referência do método da observação-participante na etnografia do período, além da obra *Os argonautas do Pacífico Ocidental* (1922), resultado de sua permanência e estudo entre os Trobriand, deixou um diário íntimo em polonês que não se destinava à publicação. Quando este veio a público na década de 1960, causou impacto na imagem popularizada da antropologia: "Um dos fundadores da disciplina era visto sentindo uma raiva considerável de seus informantes nativos" (CLIFFORD, 1996, p. 106). Era notório o contraste entre o conteúdo do diário e o que havia sido publicado como relato do trabalho de pesquisa. Diante disso, pode-se tender a compreender que a verdade estaria no desabafo do etnógrafo. Mas não é bem assim:

> Além disso, em sua crueza e vulnerabilidade, sua inquestionável sinceridade e sua natureza inconclusa, o *Diário* parecia expor uma realidade sem disfarces. Mas esta é apenas uma importante versão de uma complexa situação intersubjetiva (que também produziu *Os argonautas* e outros relatos etnográficos populares). O *Diário* é um inventivo texto polifônico (idem, ibidem).

Não há uma versão *verdadeira* do que aconteceu dada pelo *Diário*, ele é apenas uma das peças da construção do encontro com os índios. Do mesmo modo que o filme *Hotxuá*, o que tenha permanecido dos escritos de Quain e que apareça resgatado em *Nove noites* ou mesmo o que seja resultado da imaginação do romancista são visões parciais e revelam a complexidade do processo de registro do *outro*. Pode-se falar em romantismo, talvez, na versão proposta por Sabatella e Cardia, mas os índios Krahô do filme e aqueles da ficção de Bernardo Carvalho encarnam, de qualquer maneira, o caráter inapreensível do *outro* como uma totalidade.

Tzvetan Todorov, em sua discussão sobre o etnocentrismo, expõe a complexidade de um discurso que, erigido sobre a alteridade, termina por ignorá-la para ser fundamentalmente uma reflexão sobre si. Como quando, no famoso ensaio sobre os canibais, Montaigne parece propor uma leitura diferenciada sobre os índios, mas coloca em pauta o pensamento europeu e as questões políticas da França de seu tempo. De fato, como assinala Todorov, a tolerância manifesta por Montaigne não decorre da aceitação do *outro*, mas de sua negação: "Na verdade, o outro jamais é percebido ou conhecido. O que Montaigne elogia não são os 'canibais', mas seus próprios valores" (TODOROV, 1993, p. 58). Talvez, por isso, sonho ou pesadelo, a experiência com a diferença seja, fundamentalmente, uma tentativa de confirmar ou restabelecer a identidade do *eu*.

Por outro lado, a iniciativa do registro encerra a tentativa de traduzir textualmente a experiência do encontro com o exótico. Se essa é uma questão importante para a etnografia, não deixa de ser também para a literatura. Desse modo, no palco da escrita, dramatiza-se o complexo processo de apreensão do *outro*. Não surpreende, portanto, que a relação entre literatura e etnografia seja uma questão diretamente associada à identidade dos antropólogos em atividade na primeira metade do século XX. Isso se faz claro quando James Clifford observa: "As identificações autorais de Malinowski (Conrad, Frazer) são bem conhecidas. Margaret Mead, Edward Sapir e Ruth Benedict viam-se tanto como antropólogos quanto como artistas literários" (CLIFFORD, 1986, p. 3).[2]

Porém, nos estudos antropológicos, especialmente no primeiro terço do século XX, a crença em uma *verdade*, expressa na busca pela objetividade do discurso, esbarra nos processos de ficcionalização implicados nos relatos dos etnógrafos. O escritor, por sua vez, experimenta e assume o ficcional que o etnógrafo busca negar. No entanto, a ambígua relação entre o pesquisador e o ficcionista aparece na escrita de Bernardo Carvalho como uma espécie de projeção recíproca entre romancista e antropólogo. Superfícies intercambiantes: o escritor empenhado em explicar o *outro* (que, no livro, é ironicamente o etnógrafo) escreve um romance sobre sua própria busca por respostas. Essa conduta, no que diz respeito à forma como se lida literariamente com um *outro* que se ambiciona apreender, ganha relevância em projetos que atravessam campos como a literatura e a etnografia. Isso, porém, já era perceptível em trabalhos modernistas como os diários de viagem de Mário de Andrade.

Em 1927, o poeta parte do Rio de Janeiro na companhia de dona Olívia Guedes Penteado, Dolur (filha de Tarsila do Amaral) e Margarida (sobrinha de dona Olívia) em viagem que o levaria à Amazônia, a bordo do *Pedro I*. Ainda que tenha desejado elaborar um relato das viagens realizadas ao Norte e Nordeste, não chegou a levar a cabo o projeto do livro a tempo

2 No original: "Malinowski's authorial identifications (Conrad, Frazer) are well known. Margaret Mead, Edward Sapir, and Ruth Benedict saw themselves as both anthropologists and literary artists."

de publicá-lo em vida. Todavia, entre 1942 e 1943, o autor retomou a elaboração do volume cujo título seria *O turista aprendiz:* viagens pelo Amazonas até o Peru, pelo Madeira até a Bolívia por Marajó até dizer chega. As anotações referentes à viagem de 1927 foram datilografadas e organizadas para o prelo com clara feição de diário, mas só vieram a público em edição organizada pela crítica Telê Ancona Lopez, em 1976.

A segunda viagem, que Mário chamou diretamente de *etnográfica*, serviu melhor a seus propósitos de estudo, dadas as condições em que ocorreu. Diferentemente do que ocorreu em 1927, Mário não se viu limitado por compromissos protocolares decorrentes da recepção, em cada porto a que chegavam, destinada à rainha do café, como era conhecida dona Olívia Guedes. Estava sozinho e pôde dedicar-se ao trabalho incansável de registro.[3]

O escritor, no papel de pesquisador dedicado, respondia à concepção de intelectual modernista, segundo a qual seria sua tarefa conhecer o Brasil e preservar manifestações culturais autênticas. A etnografia representaria uma contribuição importante na medida em que possibilitaria a realização desse projeto:

> [...] considera secundário para a "Etnografia" brasileira definir-se pró Tylor ou pró Lévy-Brühl, pois o importante seria conhecer o Brasil, recolher com fidelidade os dados na fonte popular, antes que a tradição se esgotasse com a invasão do progresso (LOPEZ, 1972, p. 102).

3 A crítica Telê Ancona Lopez, responsável pela publicação póstuma dos escritos de viagem, estruturou a edição de *O turista aprendiz*, em 1976, em duas partes: a primeira compreende as notas que foram deixadas para futura publicação, referentes à viagem de 1927; a segunda, sob o título de *Viagens etnográficas*, reúne as crônicas escritas durante a excursão ao Nordeste entre 1928 e 1929, publicadas no *Diário Nacional*.

Em sua formação, Mário de Andrade foi leitor de Sílvio Romero, Pereira da Costa, Mello Moraes Filho e Couto de Magalhães. Contudo, a ausência na obra desses autores de análise crítica que incluísse possíveis relações com os estudos folclóricos de outros países levou o escritor modernista a ampliar suas leituras para ser estudioso do folclore internacional: "Em 1928, tem portanto seu campo de estudos ampliado pela inclusão de Teófilo Braga, Tomás Pires, Sébillot, Leite de Vasconcelos" (idem, p. 81). Teria sofrido influência ainda de Tylor, Frazer, Lévy-Brühl, Euclides da Cunha e Gilberto Freyre.

Mário, por conseguinte, relacionou-se ativamente com a antropologia de sua época, e isso, de certa forma, legitimou o papel de pesquisador que assumiu. Entretanto, não é o escritor que serve à etnografia:

> Já afirmei que não sou folclorista. O folclore hoje é uma ciência, dizem... Me interesso pela ciência porém não tenho capacidade pra ser cientista. Minha intenção é fornecer documentação pra músico e não passar vinte anos escrevendo três volumes sobre a expressão fisionômica do lagarto... (ANDRADE, 1983, p. 232).

Não viaja para fazer ciência.

Mário, enquanto homem do seu tempo, expõe como, no modernismo, a literatura e a etnografia estiveram relacionadas. Isso porque o escritor, comprometido com um projeto intelectual modernista, percebia no trabalho do etnógrafo uma via para construção da identidade nacional. Não é de se estranhar, portanto, que vários elementos da etnografia dos anos de 1920 e 1930 estejam presentes no pensamento de Mário de Andrade. No entanto, há um que pode ser de especial interesse: a escrita como *resgate* do *outro* ameaçado de desaparecimento.

A ideia de paraíso perpassou, de forma importante, a empreitada europeia pelo novo continente durante o processo colonial. Isso, de certa forma, permanece no apelo edênico observável na escrita ou recepção de relatos etnográficos. Haveria, em certo sentido, a busca, ainda que evitada pelos etnógrafos científicos, por uma origem. Isso ocorre, principalmente, em "representações que não historicizaram seus objetos, retratando sociedades exóticas em um 'presente etnográfico' (que, na verdade, é sempre um passado)" (CLIFFORD, 1996, p. 81). No entanto, junto a esse apelo edênico vem a concepção de perda: o paraíso perdido, o primitivo, o autêntico, em vias de desaparecimento. Sobre esses pilares, edifica-se a etnografia de *resgate*, uma poderosa alegoria fundada na recuperação do *outro* perdido e que se associa a uma autoridade científica e moral (CLIFFORD, 1996).

Embora o *resgate* esteja diretamente associado à prática etnográfica das primeiras décadas do século XX, na visão de James Clifford, é possível afirmar que essa concepção ainda esteja enraizada. Por outro lado, como defende o historiador, a alegoria do resgate se institui no processo de textualização, em que muitas vezes se opera a passagem da oralidade para o registro escrito. Nesse sentido, o *outro* perdido subsistiria na escrita.

Todavia, o *resgate* seria uma demanda do *eu*, e não do *outro*. Em seu diário de viagem, Mário postula sua identidade como intelectual modernista, viajante aplicado à missão do registro: o erudito apto a preservar a cultura oral. Por outro lado, a escrita do narrador em *Nove noites* é também um movimento do resgate do *outro*, no caso, Buell Quain. Todavia, o fracasso dessa iniciativa termina por revelar que o resgate pretendido e urdido na escrita era, na verdade, do sujeito em busca de sentido. Se as explicações não são encontradas, restam apenas conjecturas, e é na ficcionalização que Quain parece sobreviver em suas múltiplas possibilidades.

Porém, ao se compreender, como propõe Clifford, a etnografia como um *palimpsesto*, caracterizado pela "estrutura hierárquica de poderosas histórias" (idem, p. 95), pode-se refletir como a ficcionalização participa dessa construção e aponta para a complexidade da leitura de um texto construído sobre o *outro*, uma vez que essas camadas de histórias estão dadas em experiências de escrita que tensionam as fronteiras entre ficção e realidade. Como escritor, por sua vez, quando Mário produz, ao lado da preocupação com a informação coletada, há o exercício experimental da ficção que, bem ao gosto modernista, duvida das formações estanques de gêneros.

Desse modo, a escrita põe em cena o embate da subjetividade que se constrói por fragmentos. A sua parcialidade vem diretamente associada à ausência de explicações, às muitas frestas que se acumulam na percepção de si mesmo e do mundo. Precisamente essa incompletude está no jogo da criação ficcional. Catherine Gallagher, ao discutir a ficção no século XX, conclui:

> O enigma de Kurtz, que nunca será resolvido, é emblemático quanto a esse propósito: o nosso desejo de descobrir o que não está dito (ou seja, o que Kurtz fez) pode ser lido como uma metáfora do encontro com o vazio (modernismo) ou como um sinal do caráter ficcional da personagem (pós-modernismo) (GALLAGHER, 2009, pp. 654-655).

Numa chave ou na outra, o que está dado é o fracasso do esforço hermenêutico em torno desse *outro*, que, como propõe Gallagher, representa a construção de uma alegoria do próprio processo de leitura do romance. O narrador-personagem, ao compartilhar sua insuficiência, "dá origem a uma afecção emotiva melancólica, reforçada pelo contraste entre a insistente exibição da subjetividade do narrador e o caráter obscuro e impenetrável da personagem, objeto do seu desejo" (idem, p. 653). Em que medida isso não se aplica ao narrador de *Nove noites*? A procura pela verdade mostrou-se inútil e, diante disso, a subjetividade do narrador confronta-nos com a impossibilidade de qualquer revelação. Bernardo Carvalho não só põe sob suspeita a verdade etnográfica, mas também a verdade do romance. As fotos, a referência a documentos e arquivos são pistas falsas no livro. Enquanto peças do jogo ficcional, apontam para a possibilidade de verificação fora do romance de informações que pudessem dizer algo sobre Quain, quando, na realidade, o antropólogo, no romance, existe enquanto personagem e, como tal, incompleto, feito de não ditos: um enigma de impossível solução. Kurtz ou Quain, ao incitarem o desejo da revelação do não dito, sinalizam o seu caráter de ficção.

A dúvida também é um mérito de Mário de Andrade. Se o cronista do século XVI era "mentiroso a valer", sem deixar de defender a veracidade do que escrevia, Mário, por sua vez, embaralhou os limites entre o real e o ficcional em seu relato. Assim, ao mesmo tempo que comenta um episódio ocorrido, como, por exemplo, o protocolo das homenagens à dona Olívia Penteado pelas cidades por que passavam, inventa incidentes e tribos indígenas. A ficcionalidade na composição da escrita que organiza as notas feitas durante a viagem é evidente tanto no caso da descrição cuidadosa dos costumes dos Pacaás Novos e dos índios Do-Mi-Sol, como quando Mário cria um suíço, também passageiro, que os teria acompanhado durante a viagem.

Mais de uma vez, a invenção, em *O turista aprendiz*, não se pretende passar por verdade, já que o tom satírico e surrealista não deixa dúvidas quanto ao caráter ficcional do texto. Ao contrário, este é um recurso que permite problematizar e instituir espaços de reflexão. Um bom exemplo de como a transposição irreverente das fronteiras entre real e ficcional ganha dimensão crítica no texto é a passagem em que Mário relata como teria sido a sua aproximação à tribo dos Pacaás Novos, na realidade, uma sátira à prática etnográfica do seu tempo. Essa dimensão irônica realiza-se precisamente na ficcionalização, já que o escritor, embora estude a etnografia, permite-se a dúvida e coloca em xeque a verdade dos relatos tanto dos viajantes quanto dos etnógrafos.

Se a história da aproximação com os Pacaás Novos é uma alegoria das relações entre pesquisador e povo nativo, Mário, no entanto, não para por aí, cria outro episódio, dessa vez, com a tribo dos índios Do-Mi-Sol. A ficcionalização é escancarada, assumida mesmo, e permite que o leitor participe, em certa instância, do processo de criação. Tomar ciência de como se realizou a invenção da tribo pelo autor mostra como é possível inventar toda uma sociedade primitiva, com riqueza de detalhes a respeito de sua língua, de seus costumes e crenças, e transformar isso em monografia.

Assim, os "mentirosos a valer" podem se referir tanto a cronistas quanto a etnógrafos. Por outro lado, a recriação assumida por Mário dá ao ficcional um espaço significativo na sua escrita mesmo quando resultado de uma pesquisa de campo. As viagens do escritor modernista, inclusive as declaradas etnográficas, vão se inscrever tanto na sua produção apresentada como literária quanto em seus estudos. A incursão do ficcional faz-se presente ainda na escrita justificada pela experiência de pesquisador, desrespeitando fronteiras, problematizando, no formato do diário, a veracidade dos dados coletados. A ficcionalização permite a um só tempo operar em direções aparentemente opostas: acentua o desejo de pesquisa e desmantela a confiabilidade do texto etnográfico.

Merece, contudo, destaque a compreensão da escrita sobre o *outro* como uma tentativa de reduzi-lo a algo plausível, ou àquilo que se supõe aceitável dentro do conjunto de parâmetros que rege o olhar do observador. Desejam-se explicações, antes de tudo. Por isso, não é de se estranhar a obsessão do narrador de *Nove noites* em desvendar o segredo de Buell Quain. Trata-se de domesticar esse *outro* que escapa à compreensão, para que assim possa o narrador viver o conforto que a ilusão do controle oferece. Em sua visita ao acampamento dos índios Krahô, em busca de respostas sobre o suicídio do antropólogo, o narrador inquieta-se diante da descoberta do nome que deram a Quain – *Cãmtwyon*. Anseia por um significado, mas tropeça na ausência de uma explicação clara e racional, já que os nomes dados pelos indígenas "nem sempre querem dizer alguma coisa" (CARVALHO, op. cit, p. 80).

Esta é uma necessidade do *eu*, não dos índios: conferir sentido. Diante da sua ausência, nos meandros da escrita, forjam-se caminhos de significação. Isso está especialmente dado nas estratégias narrativas. Como quando, em *Nove noites*, o narrador apropria-se de Manoel Perna, a partir de documentos e outros materiais de pesquisa, e converte-o em uma duplicação de si mesmo como narrador, mas com uma distinção: Perna teria uma carta deixada por Buell que esclareceria tudo. Em outras palavras, o narrador usa a máscara de autor e cria outro narrador, formando uma espiral que avança nas esferas do real e ficcional. Esse segundo narrador, por sua vez, escreveria seu testemunho a partir de nove noites passadas com Quain e de conversas derivadas desses encontros. Todavia, o discurso assim constituído dirige-se a um interlocutor: o possível destinatário de uma oitava carta que o antropólogo americano teria deixado antes de morrer (a princípio, haveria efetivamente apenas sete) e que elucidaria o mistério de seu suicídio. Uma oitava carta solucionaria tudo. E, ainda que perdida, não deixaria de ser uma solução. A questão, porém, é que a missiva e o relato deixado por Perna são invenções do narrador que, ao não encontrar respostas para as suas perguntas, recorre à ficcionalização para o preenchimento das lacunas.

Por esse viés, a carta inventada garantiria a existência de uma explicação, ainda que à espera de revelação. Então, caberia ao astuto narrador-investigador chegar à resposta, oculta em algum lugar. O leitor é assim lançado para a tradição da narrativa de enigma e sua filiação ao pensamento positivista: a verdade está dada; contudo, sem a mente habilidosa do detetive, não será possível revelá-la. Afinal, as narrativas policiais, na tradição legada pelo século XIX, organizam-se em torno do estabelecimento e da dissolução do enigma.

Outras estratégias podem ser desenhadas na escrita a fim de restaurar-se o sentido. A imaginação do narrador, também leitor do fim trágico do pesquisador americano, propõe conjecturas e encontra, por exemplo, na construção de uma trama amorosa um caminho para a interpretação do ocorrido. Todavia, narrador e leitor estão condenados à multiplicação das vielas que parecem dar na verdade, sem que esta nunca seja alcançada.

O que está, de fato, em questão é de que modo a escrita, como forma de conferir coerência, totalidade e sentido, apresenta-se também como modelo de controle. Todavia, quando a escrita reverte esse movimento, fundando-se na dúvida, propõe-se, no trabalho do escritor, a problematização da possibilidade de uma totalidade coerente. Ou seja, essa escrita não confere coerência, é feita de retalhos.

No diário de viagem de Mário de Andrade, a ficcionalização, que se realiza por mais de uma entrada e coloca em xeque a verdade etnográfica, representa uma rasura na construção de um retrato provável da realidade. A prática etnográfica do início do século XX propunha entrar no mundo do *outro* para conhecê-lo e, em certa medida, dominá-lo como uma verdade. A máscara da veracidade ofereceria a esse *eu* empenhado na revelação da alteridade precisamente o controle. Por outro lado, no exercício ficcional, entrar no mundo alheio é possível apenas como movimento especular que termina por demonstrar que o inapreensível, no final das contas, é esse *eu* que se fragmenta.

Se Mário, tendo em vista seu projeto intelectual, buscou na etnografia meios e conhecimento, ao escrever seu diário, abriu a lacuna ficcional de sua escrita e colocou sob suspeita seus relatos como retrato confiável do *outro*. Talvez como na sua famosa fotografia, em que registra sua própria sombra, pareça dizer que tudo o que tem a oferecer são projeções. No entanto, mais do que assumir a ficcionalização de sua escrita, o autor modernista procura explorá-la. Não se pode esquecer: o romancista viaja para escrever. Mas não é o que alega o narrador em *Nove noites*? Todavia, em sua busca pelo *outro*, duplo de si mesmo, o que encontrou foi a escrita incapaz de mostrar-se inteira, atravessada por inconsistências e conjecturas. De resto, o que se apresenta como documental assemelha-se a areia movediça: afundar nos registros apenas paralisa o sujeito enredado pela ideia de *verdade*.

James Clifford, contudo, observa o desenvolvimento, em tendências contemporâneas, de uma escrita polifônica na antropologia e o questionamento da autoridade etnográfica diante da multiplicação das leituras. Em outras palavras, as leituras estariam além do controle de qualquer autoridade única. Em

Bernardo Carvalho, a desconstrução dessa autoridade articula a projeção do sujeito no objeto da investigação: o romancista detetivesco que não alcança a verdade pretendida e o etnógrafo que se mata em meio aos índios. Daí a escrita expor, em *Nove noites*, a luta pelo controle sobre o que não pode ser controlado. O narrador debate-se contra a sua própria falta de autoridade sobre os acontecimentos, a sua incapacidade de reduzir monologicamente o acontecido. E este é um ponto importante para o etnógrafo.

Se a relação literatura-etnografia é uma questão de destaque nas primeiras décadas do século XX, experiências literárias como *Nove noites* sugerem um redimensionamento, em medidas contemporâneas, dessa relação e das discussões que implica. Para começar, ao tentar desvendar Buell Quain tornado objeto de desejo do narrador, a atitude investigativa que permeia o romance leva a registros, documentos, cartas, entrevistas que dizem respeito à prática etnográfica da época. O olhar volta-se para a tradição da etnografia do século XX.

O papel dado à ficcionalização na escrita etnográfica e o lugar do literário na interpretação do *outro* estão na raiz da espiral entre o real e o ficcional que o escritor desenha, seja na experiência modernista do diário de viagem de Mário de Andrade, seja no romance de Bernardo Carvalho. Inseridas em contextos de produção distintos, as obras indicadas, *O turista aprendiz* e *Nove noites*, ainda que de maneiras particulares, demonstram a trajetória também espiralada das experiências narrativas na história da literatura brasileira. Aqui e ali diálogos se esboçam e pouco sentido parece haver em se falar em ruptura ou novidade como norma, especialmente, para as produções das últimas décadas.

Diante disso, a imagem que se propõe construir, na tentativa de compreender como obras de autores atuais podem relacionar-se com outras de épocas anteriores, seria algo como a espiral feita de fumaça realizada pelo artista indiano Anish Kapoor, com o seu *Ascension*.[4] A partir daí, talvez seja possível desenvolver uma visão do movimento espiralado, em que, ao lado da fluidez, da mobilidade e da inconsistência do vapor, faz-se necessária a organização orquestrada de correntes de ar que, em velocidade, seguem em diferentes direções a fim de esculpir uma espiral. Essa movimentação permite que, lenta e progressivamente, vá se erguendo a forma que se mantém contínua precisamente por sucessivos abandonos e retomadas dos espaços. Assim, uma posição pode ser reassumida em um ponto equivalente (mas não idêntico) a outro já ocupado. As posições relacionadas entre si não se confundem, diferenciadas pelas circunstâncias que lhe garantem a existência. Todavia, uma situação anterior pode ser reassumida graças ao abandono de ainda outra, em um processo dinâmico de idas e vindas que não se confundem com a repetição do já feito nem com a recusa de deslocamentos antecedentes. Talvez seja esse o desafio crítico enfrentado num estudo sobre narrativas do presente no reflexo do retrovisor: lidar com uma espiral de fumaça. Uma construção que agudiza a complexidade de relações que, com alguma frequência, parecem petrificadas: paraíso e inferno, literatura e etnografia, ficção e realidade, passado e presente... o *eu* e o *outro*.

---

4 A instalação foi exposta pelo Centro Cultural Banco do Brasil, em 2006, na cidade do Rio de Janeiro. Trata-se de uma coluna de fumaça que sobe em espiral, atingindo uma altura de 36 metros, do chão à cúpula da rotunda do Centro Cultural, sugada por um equipamento especial, a 120 km/h de velocidade.

REFERÊNCIAS BIBLIOGRÁFICAS

ANDRADE, Mário de. *O turista aprendiz*. São Paulo: Duas Cidades, 1983.

CARVALHO, Bernardo. *Nove noites*. São Paulo: Companhia das Letras, 2002.

CLIFFORD, James. "Introduction: Partial Truths". In: CLIFFORD, James and MARCUS, George E. (org.) *Writing culture: the poetics and politics of ethnography*. Berkeley and Los Angeles: University of California Press, 1986.

_______. *A experiência etnográfica*: antropologia e literatura no século XX. Org. José Reginaldo Santos Gonçalves. Rio de Janeiro: Editora UFRJ, 1998.

CONRAD, Joseph. *O coração das trevas*. Trad. Regina Régis Junqueira. Belo Horizonte: Itatiaia, 1984.

DANTAS, Luiz. "As armadilhas do paraíso". In: NOVAES, Adauto (org.) *O desejo*. São Paulo: Companhia das Letras; Funarte, 1990. pp. 457-470.

GALLAGHER, Catherine. Ficção. In: MORETTI, Franco (org.). *O Romance 1:* A cultura do romance. Trad. Denise Bottman. São Paulo: Cosac Naify, 2009. pp. 629-658.

LOPEZ, Telê Porto Ancona. *Mário de Andrade: ramais e caminho*. São Paulo: Livraria Duas Cidades, 1972.

_______. "Viagens etnográficas de Mário de Andrade". In: ANDRADE, Mário. *O turista aprendiz*. São Paulo: Duas Cidades, 1983.

REIMÃO, Sandra Lúcia. *O que é romance policial*. São Paulo: Brasiliense, 1983.

TODOROV, Tzvetan. *Nós e os outros:* A reflexão francesa sobre a diversidade humana. Vol. 1. Trad. Sérgio Goes de Paula. Rio de Janeiro: Zahar, 1993.

LEITE DERRAMADO, ANTÍPODA DA LITERATURA MARGINAL

Alexandre Faria

> Reviu a história; viu as mutilações, os acréscimos em todos os países históricos e perguntou de si para si: como um homem que vivesse quatro séculos sendo francês, inglês, italiano, alemão, podia sentir a Pátria?
>
> Lima Barreto,
> *Triste fim de Policarpo Quaresma*

Um piscar de olhos para o rap

Chico Buarque incluiu no repertório de sua turnê, iniciada no final de 2011, uma referência à apropriação recente da canção "Cálice" (autoria sua e de Gilberto Gil, e originalmente gravada ao lado de Milton Nascimento). A apropriação, que não chega a ser exatamente uma paródia, mas uma estilização, foi criada pelo rapper Criolo e difundida na web através do site de vídeos Youtube. A letra de Criolo aproveita-se da mesma linha melódica e rítmica da canção original e modifica-lhe os versos.

> [...]
> A ditadura segue meu amigo Milton
> A repressão segue meu amigo Chico
> Me chamam Criolo e o meu berço é o rap
> Mas não existe fronteira pra minha poesia, pai.
> Afasta de mim a biqueira, pai

> Afasta de mim as biate, pai
> Afasta de mim a coqueine, pai
> Pois na quebrada escorre sangue (CRIOLO, 2011).

Antes de cantar os quatro últimos versos de Criolo, que correspondem ao refrão da canção original, Chico improvisa um com o seguinte conteúdo:

> Gosto de ouvir o rap, hip hop da rapaziada. Um dia vi uma parada assim, no Youtube e disse – que os pariu – parece o "Cálice", aquela cantiga antiga, minha e do Gil. Era como se o camarada me dissesse: "Bem-vindo ao clube, Chicão, bem-vindo ao clube." Valeu, Criolo Doido! Evoé, jovem artista. Palmas pro refrão do rapper paulista (BUARQUE, 2012).

Interessa indagar, a partir dessa conexão, sobre o sentido de permanência da ditadura, conforme declarado pela letra de Criolo, que incorpora, entre outras peças do hip hop brasileiro e da chamada literatura marginal, um sentido de resistência, de engajamento, de protesto muito caro às canções de Chico Buarque nos anos 1970, época em que a ditadura era explícita. Ao mesmo tempo, vale a pena investigar o flerte de Chico Buarque com a atual cultura periférica. Desde o CD *Carioca* (1996), em especial na canção *Subúrbio* (cf. FARIA, 2010), essa aproximação já vem se delineando. Outra canção do mesmo CD capaz de ilustrar essa reflexão é *Ode aos ratos*. Além dessa gravação ter o acréscimo de uma embolada que, pelo recurso da fala e do arranjo musical, fica muito próxima do rap, também recoloca o sujeito poético frente ao desvalido que tematiza. O rato de rua, metáfora por meio da qual o cantor menciona os "sobreviventes à chacina e à lei do cão", não é objeto apenas da simpatia do eu lírico, mas, reconhecido como "semelhante" e "irmão", o rato se torna, por alusão, seu leitor, considerando que os termos constituem citação explícita do poema "Ao leitor", prólogo das *Flores do mal*, de Baudelaire. Mas diferentemente do poeta e do leitor franceses do século XIX, não é o tédio que hipocritamente os dois compartilham, mas a inquietação e a luta pela sobrevivência.

No entanto, a leitura que aqui se propõe buscará uma relação menos evidente. Pretende-se abordar o romance *Leite derramado*, apesar de todas as possíveis distâncias existentes entre o universo da cultura periférica e o representado pela memória do narrador Eulálio Assumpção. O que une as duas perspectivas é a hipótese de que algumas das criações mais recentes de Buarque sejam derivadas da percepção de que o "povo brasileiro", os desvalidos, para cuja constituição e libertação o artista dedicou parte significativa de sua carreira, atualmente toma para si o discurso, a voz e a literatura, a ponto de, até, glosar seus versos. Além disso, sua obra ficcional, desde *Estorvo* (1991), vem apontando para uma estratégia romanesca que busca lugares alternativos para se pensar as transformações recentes da realidade brasileira, tanto em face do passado histórico, quanto das tensões geopolíticas do mundo atual, mas nem por isso deixa de problematizar as identidades culturais e as tensões da sociedade brasileira contemporânea.

Os meninos desembestaram

Os riscos de mapear o contemporâneo são inevitáveis. Mas há diferentes formas de corrê-los. A cena da literatura brasileira contemporânea é diversa o suficiente para tornar precoce qualquer tentativa de mapeamento. O crítico estará fadado a nunca ler o suficiente diante da quantidade do que se publica. Por outro lado, alguns quadros dessa cena, pela importância da discussão política que fomentam, não podem deixar de ser contemplados. Um deles é o segmento que vem sendo chamado de literatura marginal ou periférica, reveladora de autores como Ferréz, Sérgio Vaz, Allan da Rosa, Rodrigo Ciríaco, entre outros nomes que, se por um lado guardam suficientes diferenças entre suas propostas literárias para se duvidar da caracterização do quadro como um movimento, por outro compartilham um elemento ideológico forte o bastante para integrá-los em uma unidade que hoje já extrapola a cidade de São Paulo e encontra ecos em outras periferias urbanas brasileiras. Este quadro cria um diferencial suficientemente significativo que impede o crítico, cioso do papel social de seu trabalho de mediação entre as obras e o público, de ignorá-lo.

Em meio a projetos literários, política e esteticamente ambiciosos, de autores que vêm se consolidando a cada novo livro que lançam, e a promissores estreantes, surgem, lá de onde está a ralé brasileira (cf. SOUZA, 2009), romances, contos e poemas que se difundem, paralelamente aos livros, por meio da oralidade, em saraus diversos e letras de rap. Tal quadro evidencia mudanças na sociedade brasileira que, embora nada revolucionárias, são fortes o suficiente para fazer com que a literatura, objeto de cultura, e às vezes de culto, que quase nunca rompeu para baixo a fronteira da classe média escolarizada, se torne legítima manifestação dos herdeiros da escravidão.

"Aprender a ler para ensinar meus camaradas", o projeto político embutido nesses versos da canção *Yáyá Massemba*, de Roberto Mendes e Capinam, parece que foi cumprido a contrapelo, a despeito do campo minado em que as sucessivas ditaduras da república tornaram o outro projeto, iluminista, libertário e romântico, de semear livros à mão-cheia para o povo pensar. Pode ter sido um progresso por fatalidade, mas não há dúvida de que esse quadro deve-se, em alguma medida, a uma insistente luta pela democratização no Brasil, travada por políticos, artistas e intelectuais, seja nas frestas dos meios de comunicação de massa, seja na infiltração de células e comitês políticos, pré-vestibulares e outras ações sociais nas favelas e comunidades carentes do país. Os saraus pelas quebradas do Brasil, a literatura das favelas parecem demonstrar que aquele povo a que os intelectuais e poetas brasileiros davam forma e voz dispensa representações e toma, ele mesmo, as rédeas de sua dignidade.

Essa leitura é instigante, mas também corre riscos, entre eles o de sugerir que isso representa a solução para a injustiça e a iniquidade no Brasil; ou o de impedir, por benevolência social, que a crítica promova um diálogo honesto com certas realizações literárias das periferias; e ainda, o de que, por absoluto preconceito, prepotência, esnobismo ou racismo, os críticos se recusem a esse mesmo diálogo. Tudo aponta para as lutas que recomeçam mal rompe a manhã – com as palavras e contra os preconceitos. Nesse sentido, além de propor a leitura crítica de tais realizações, o que vem sendo objeto de diversos projetos de pesquisa no universo acadêmico, forçar o diálogo entre outras produções literárias contemporâneas e a literatura marginal pode ser uma estratégia válida para fomentar ainda mais a reflexão sobre cultura e identidade no Brasil contemporâneo.

Sem herdeiros para a eulalia

Se, em *Leite derramado*, há uma reflexão sobre a decadência de certa oligarquia fisiológica da tradição política brasileira, tal reflexão não se pretende realista – se assim o fosse, pouco se justificaria a escolha por um narrador de memória pouco confiável, prolixo, repetitivo, senil, doente. Há, nessa representação da decadência, o privilégio do enfoque irônico sobre a vocação racista, esnobe e prepotente que, longe de ser exclusividade das elites oligárquicas, perpassa a sociedade brasileira como um todo. É uma ideologia subjacente ao discurso da harmonia racial. A escolha do narrador e a estratégia do jogo de enunciação construída pelo romance são fundamentais para o que se pretende afirmar. Recorra-se, comparativamente, a dois clássicos narradores do romance brasileiro – Bento Santiago, de *Dom Casmurro* (1899), e Paulo Honório, de *São Bernardo* (1934). Ambos pretendem, na fase final da vida, dar conta de compreender a existência, prover de sentido o tempo vivido. No caso de Eulálio Assumpção, o momento em que produz a narrativa é tardio, posterior mesmo à possibilidade de compreensão. Isso, acrescido do fato de se tratar de uma narrativa oral, torna o discurso menos memorialístico e mais irônico em relação ao *status quo*, sobre a mentalidade escravocrata, da Primeira República, mas que perdurou nas repúblicas sucedâneas, e ainda marca as relações sociais no Brasil.

Essa leitura problematiza, inclusive, o referencial histórico que corre paralelamente à vida do protagonista. Vista de perto, a história é paisagem para o drama pessoal do narrador, funciona como slides da cidade que vai demarcando, além da passagem do tempo, a degenerescência da família, da idílica Copacabana dos anos 1920 à periférica morada, supostamente situada no mesmo lugar da antiga fazenda, na raiz da serra, cedida por um pastor evangélico nos "arredores da cidade" (BUARQUE, 2009, p. 176), no início do século XXI.

O *Angelus novus*, gravura de Paul Klee por meio da qual Walter Benjamin (1994, p. 226) pensa alegoricamente a impossibilidade de se interferir no fascismo do progresso pelo conhecimento do passado, parece, no caso da narrativa buarquiana, instaurar-se num momento em que o próprio pavor do progresso e a consciência de se viver em um tempo de exceção são atenuados pelo cinismo do gesto enunciativo. O narrador é incapaz de formular criticamente a compreensão da própria situação presente, já não tem perspectiva futura, e o passado, que sustentaria sua narrativa, vai sendo ironicamente corroído pela sua prepotência que oblitera a compreensão da realidade. Guardadas as devidas diferenças e considerando que Benjamin refere-se à social-democracia alemã, há na caracterização de Eulálio a mesma crença num conceito "dogmático de progresso, sem qualquer vínculo com a realidade" (BENJAMIN, 1994, p. 224). São diversas as passagens em que se percebe a desconexão entre a percepção do protagonista e o momento histórico, como, por exemplo, quando aborda dois policiais em uma viatura, na rua: "Opinei que servir na polícia era um grande progresso para os negros, que ainda ontem o governo só empregava na limpeza pública" (BUARQUE, 2009, p. 174).

Essa perspectiva de desencaixe do tempo histórico na ordem narrativa é um dos diferenciais dos narradores buarquianos em relação aos clássicos com os quais os comparamos. O tempo ocioso sobre o qual se sustenta a narrativa de Paulo Honório ou Bento Santiago é desconstruído, por meio de um processo de compressão, não só no romance de 2009, como, por exemplo, em *Benjamin* (1995), cuja narrativa se constrói no instante de fuzilamento do protagonista.

Em *Leite derramado*, vale destacar o jogo onomástico que ratifica essa condição do narrador. Há em Eulálio Assumpção tanto a referência à eulalia, a fala fácil, quanto ao ato de assumir. Ambas as referências são construídas ironicamente, uma vez que a desconexão com a realidade é tamanha, que muitas vezes interfere naquilo que o personagem tem de mais pungente, sua condição de enfermo:

> Mas hoje a moça não está para conversas, voltou amuada, vai me aplicar a injeção. O sonífero não tem mais efeito imediato, e já sei que o caminho do sono é como um corredor cheio de pensamentos. Ouço ruídos de gente, de vísceras, um sujeito entubado emite sons rascantes, talvez queira me dizer alguma coisa. O médico plantonista vai entrar apressado, tomar meu pulso, talvez me diga alguma coisa. Um padre chegará para a visita aos enfermos, falará baixinho palavras em latim, mas não deve ser comigo. Sirene na rua, telefone, passos, há sempre uma expectativa que me impede de cair no sono. E a mão que me sustém pelos raros cabelos. Até eu topar na porta de um pensamento oco, que me tragará para as profundezas, onde costumo sonhar em preto e branco (BUARQUE, 2009, p. 8).

Uma canção gravada originalmente em 1987, "O velho Francisco", já continha a estrutura narrativa em que o romance se sustenta e que fica explícita na passagem acima. Um velho escravo forro reconstrói suas memórias e seus dias de glória e os confronta com a situação presente:

> Já gozei de boa vida
> Tinha até meu bangalô
> Cobertor, comida, roupa lavada,
> Vida veio e me levou (BUARQUE, 1987)

Este último verso, que funciona como um estribilho, vai reafirmando a dramaticidade do destino do sujeito, na fatalidade da condição de dependência física – e moral – em que o personagem se encontra no momento das memórias:

> Hoje é dia de visita
> Vem aí meu grande amor
> Hoje nem deram almoço, né?
> Acho que o moço até
> Nem me lavou (BUARQUE, 1987)

Leite derramado inverte a condição social desse narrador, mas se na canção o clímax dramático está no contraste entre a boa vida de que o personagem gozou e sua débil condição presente, esse contraste, no caso do romance, vai se esgarçando pela hiperexposição. Tudo se atenua pela loquacidade. Dessa forma, o que está patente nas duas obras, mas que o romance parece enfatizar, é a impossibilidade de tradição dos discursos. A ênfase no momento final das vidas, tanto do velho Francisco quanto de Eulálio, parece indicar que morrem com os velhos suas histórias. Embora um tenha sido escravo e o outro herdeiro da oligarquia escravocrata, a natureza social de ambos os discursos é idêntica, na medida em que reafirmam a ideologia dominante, os hábitos e os costumes letrados, o convívio da elite que escamoteia a subalternidade, e a lição de moral, equiparadora dos homens, contida na doença e na morte. Dessa forma, quando, da canção para o romance, o autor produz a inversão social, o que obtém é justamente a explicitação dos índices do racismo implícito. Compare-se, por exemplo, a menção feita aos evangélicos, com a cena em que o protagonista, durante a missa de óbito de seu pai, conhece Matilde:

> (...) Maria Eulália expõe sua mãe ao juízo daquela gentalha da igreja. Não vai aí a intenção de ofender os mais humildes, sei que muitos de vocês são crentes, e nada tenho contra sua religião. Talvez até seja um avanço para os negros, que ainda ontem sacrificavam animais no candomblé, andarem agora arrumadinhos com a Bíblia debaixo do braço (BUARQUE, 2009, p. 193).

A percepção do código escrito, a Bíblia, como um processo de ascensão em relação à tradição oral dos cultos afrodescendentes, além de corroborar a ideia de fatalidade do progresso, na leitura benjaminiana, espelha inversamente a caracterização de Matilde, como motivo de transgressão da tradição cristã, de uma cultura e civilização que se fundam na repressão dos impulsos eróticos: "Eram as exéquias do meu pai, no entanto eu não sabia mais me libertar de Matilde, procurava adivinhar seus movimentos mais íntimos e seus pensamentos tão distantes" (BUARQUE, op. cit., pp. 30-31).

Nesse sentido é que a personagem de Matilde se estabelece no romance não apenas como um elo perdido da suposta harmonia racial brasileira, mas entre a cultura e a sublimação das pulsões eróticas, pois, lembrando Freud, é impossível não enxergar em que medida a cultura está alicerçada na renúncia aos impulsos, o quanto ela pressupõe não satisfação (repressão, recalcamento ou o quê?) de impulsos poderosos (FREUD, 2010, p. 101).

A escrita de Chico Buarque funda-se justamente na tensão entre a cultura e a pulsão erótica. O sujeito constrói a narrativa na intenção de compreender – e contar para a filha – por que foi abandonado pela mulher. Implicitamente fica claro que é a ascendência negra de Matilde que a torna volúvel, sujeita a deixar-se seduzir pelo francês e abandonar a família e a filha lactente e com elas a tradição e a propriedade. Dessa forma, a dissipação da fortuna dos Assumpção deveu-se à descendência de Eulálio e Matilde. Eulália, a filha do casal, dá ao pai um genro oportunista e um neto traficante de drogas.

Se, em certa medida, o título do romance pode remeter à expressão "não se deve chorar sobre o leite derramado", da tradicional fábula infantil sobre a camponesa e o balde de leite, torna-se mais proveitosa a leitura segundo a crença popular de que derramar leite sobre a chapa do fogão (durante a fervura) faz secar o da vaca. Sabe-se que a educação doméstica estava por trás dessas crendices e mitos e que muitos deles eram incutidos nos escravos responsáveis pelas tarefas do lar. A sabedoria popular, ou a dos antigos, reduzida a fórmulas, inculca os deveres como tabus para adequar o comportamento social. Assim, as superstições têm função educativa, visando à adequação às normas de boa conduta (cf. WEITZEL, 2007, p. 192).

Deixar o leite derramar resultaria no castigo maior que seria a perda da própria fonte do leite. Metaforicamente, não é Matilde quem derrama o leite que lhe abundava no seio, vertendo-o pela pia, como parecem sugerir diversas cenas repetidas na memória do narrador, mas é o próprio Eulálio quem compromete a tradição familiar, unindo-se a Matilde, cedendo aos seus impulsos eróticos.

Com isso, o romance pode ser lido como a indicação de que a prepotência e o esnobismo que sustentam o racismo no país estão com sua tradição minada, trata-se de uma ideologia que se vai esgotando numa fala vazia e histérica.

Não há brancos no Brasil

Chico Buarque exemplifica essa histeria dos herdeiros da ideologia racista brasileira, ao comentar a reação de uma senhora, num restaurante carioca, a partir de uma declaração que ele teria dado na imprensa, segundo a qual não há brancos no Brasil.

> Naquela semana [em que fizera uma declaração de que não havia brancos no Brasil], por acaso, eu fui a um restaurante e tinha, do outro lado da mesa, uma senhora com o cabelo pintado de amarelo, pensando que era branca, que começou a berrar "Eu sou branca!", isso num restaurante supostamente chique. "Eu sou branca! Eu sou branca!" É uma coisa muito mal resolvida no Brasil, o brasileiro não aceita o fato de ser mestiço, não aceita mesmo. Todo mundo fala assim... teoricamente... fulano diz "ah eu tenho um pé na cozinha", mas não tem. Isso é uma maneira de falar... É um democra-

> ta... mas na verdade todo mundo tá vendo que ele é branco (BUARQUE, 2006).

A despeito da referência jocosa à fala do ex-presidente Fernando Henrique Cardoso, sobre ter um pé na cozinha, vale também ressaltar que a histeria da personagem real citada pelo autor equivale ao esvaziamento do discurso provocado pela eulalia do narrador de *Leite derramado*. Sintomaticamente, esse depoimento gravado por Chico Buarque está num DVD dedicado a documentar o tema da infância em sua obra. Parte de uma reflexão sobre ações racistas com que o compositor conviveu depois do nascimento de seu neto, Francisco, filho de Helena Buarque e do músico Carlinhos Brown. No mesmo DVD, ao reportar aspectos da própria infância, o compositor rememora suas primeiras percepções da injustiça social, mencionando o namoro de sua babá com o lixeiro e comparando o trabalho deste com o de seu pai:

> Como é que meu pai, que ficava sentado [escrevendo], pode se casar e ter sete filhos e o lixeiro, que trabalha muito mais, carregando aquelas latas e se sujando todo, não tem dinheiro pra constituir família? Aí eu fiquei... foi minha primeira revolta, assim... esse mundo é injusto (BUARQUE, 2006).

Infere-se que a consciência de classe, no Brasil, associada com o universo trabalhista, desdobra-se, por memória da escravidão, numa consciência étnica. Essa interface é fixada, no romance, novamente pela tensão entre relações socioculturais e eróticas, por exemplo, por meio da personagem do negro Balbino, que na onomástica oposta à de Eulálio pouco fala, ou apenas balbucia. A figura do negro, filho de escravos que cresceu ao lado de Eulálio, em certa medida, funde-se social, étnica e eroticamente à de Matilde:

> Durante um período, para você ter uma ideia, encasquetei que precisava enrabar o Balbino. [...] Então lhe pedia que fosse catar uma manga, mas tinha de ser aquela manga específica, lá no alto, que nem madura estava. [...] E eu já desconfiava que ele também se movia ali no alto com malícias, depois tinha um jeito meio feminil de se abaixar com os joelhos juntos, para recolher as mangas que eu largava no chão. Estava claro para mim que o Balbino queria me dar a bunda. [...] Mas por esse tempo felizmente aconteceu de eu conhecer Matilde, e eliminei aquela bobagem da cabeça (BUARQUE, 2009, pp. 19-20).

Essa passagem ajuda a refletir, ainda, sobre como a construção de uma sociedade etnicamente híbrida fundamenta-se num processo de dominação de gênero. A miscigenação, que no senso comum é pensada como uma mistura de raças independentemente de gêneros, efetiva-se de fato por meio da dominação do homem branco sobre mulheres negras ou índias. O negro e o índio ainda podem ser objeto de sevícias sexuais, submetidos ao desejo e ao poder do colonizador. E da mesma forma que o romance destaca a crença de que haveria uma vocação para a escravidão, o protagonista constrói a tendência homossexual em Balbino, como se não fosse o seu jugo que definisse a relação de poder, mas o desejo do outro.

A ginga do cantor de *Sinhá*

Subvertendo essa relação de gênero, a recente canção *Sinhá*, parceria de João Bosco e Chico Buarque, expõe a violência das relações de poder sobre o negro no Brasil, a partir da vingança de um senhor contra um escravo que teria seduzido (ou sido seduzido?) pela Sinhá:

Para que me pôr no tronco
Para que me aleijar
Eu juro a vosmecê
Que nunca vi Sinhá
Por que me faz tão mal
Com olhos tão azuis
Me benzo com o sinal
Da santa cruz
[...]
Por que talhar meu corpo
Eu não olhei Sinhá
Para que que vosmincê
Meus olhos vai furar (BUARQUE, 2011).

Interessa especialmente nessa construção narrativa, em cotejo com a do romance, justamente o fato de a canção ter sido capaz de relativizar a prepotência e o esnobismo das elites e de seus valores, que permaneceram os mesmos em "O velho Francisco" e em *Leite derramado*. O procedimento narrativo, em "Sinhá", recusa a asserção absoluta e fundamenta-se na sugestão e na ginga que acaba por caracterizar um processo de resistência, de permanência do discurso. Se as narrativas de Eulálio e do velho Francisco anunciam-se fadadas a se esgotarem em si, sem possibilidade de tradição, o conto do escravo que é mutilado pelo senhor recupera-se na voz de seu "herdeiro sarará", filho de dois pais, um biológico outro social, e da Sinhá:

E assim vai se encerrar
O conto de um cantor
Com voz do pelourinho
E ares de senhor
Cantor atormentado
Herdeiro sarará

> Do nome e do renome
> De um feroz senhor de engenho
> E das mandingas de um escravo
> Que no engenho enfeitiçou Sinhá (BUARQUE, 2011).

No último verso, o verbo enfeitiçar, na voz ativa, reforçaria que a capacidade de enfeitiçar é unidirecional, apenas do escravo para a Sinhá. Por que, o leitor poderia indagar, não teria a Sinhá enfeitiçado o escravo? Por outro lado, a estratégia de mudança de narrador na conclusão da canção revela-se como procedimento de resistência e de sobrevivência. O que o pai negou, por motivos óbvios de autoproteção, o filho pode descobrir, revelar. Mas isso significa renunciar à exclusividade da paternidade branca, senhorial, ao nome e renome, e afirmar-se por meio da assunção das mandingas, da ginga, da esperteza que teria garantido a sobrevivência e a tradição de toda uma cultura. Nesse sentido, o poder da sedução e o feitiço ganhariam sinais positivos, contrários à violência e à ferocidade do senhor. Essa ginga como forma de resistência já estaria fixada na primeira parte da letra com relação ao aspecto religioso, como sintetizam os seguintes versos: "Eu choro em iorubá / Mas oro por Jesus" (BUARQUE, 2011).

Hoje, com seus netos e bisnetos, a cultura afro-brasileira ainda busca sua afirmação plena, não só com a ginga da capoeira e do samba, mas também na literatura, seja de parabélum em punho, seja falando do passarinho, ou para recuperarmos metáfora de Allan da Rosa, quando se refere, em entrevista, ao movimento da literatura periférica:

> Acho que a princípio o movimento falava mais da parabélum e hoje está percebendo que é importante falar dos passarinhos. Natural. A espiral vai crescendo e a gente pode

> desconfiar das parabélum que a gente mesmo confeccionou, sabe? [...] Quando você ouve uma pessoa rimar quilombo e liberdade e na hora de construir a liberdade para além da palavra, que ergue outras escoras, essa pessoa não está presente. [...] Então eu acho que a gente vai desenvolver mais, o passarinho segurando a parabélum, ou a parabélum soltando o passarinho (ROSA, 2011, p. 10).

A memória é uma vasta ferida ao passo que o tempo futuro se estreita

A proporcionalidade inversa entre o tempo futuro e a memória, que pode ser a síntese da condição de Eulálio Assumpção, também funciona como alegoria das transformações políticas e culturais que a sociedade brasileira vivencia. Movimentos inclusivos, ações afirmativas, processos reivindicatórios são formas de reparação que tendem a estreitar o futuro do racismo no país. No entanto, para que não tenham apenas efeitos paliativos, é necessário de fato que junto com tais ações se exponha, como consciência histórica, a vasta ferida que é a memória das relações trabalhistas no país, sobre cujos desdobramentos, desde a escravidão, o romance leva a refletir.

Nesse sentido, é de desejar que o tipo de consciência promovido pelos atuais movimentos afirmativos reformule radicalmente a compreensão das relações de trabalho, principalmente aquelas dos trabalhadores doméstico e rural, os herdeiros mais diretos da escravatura, os mais tardiamente regulamentados no Brasil. Ainda há grandes hiatos nesse futuro que pretende emparedar o racismo no Brasil. O viés das produções culturais talvez seja o que melhor possa desempenhar esse papel. É possível, pelo jogo de alteridades que a criação poética proporciona, não apenas aceitar o outro, mas ser o que o outro é, viver o que o outro vive. Sendo assim, mesmo que operando no polo social oposto ao das temáticas mais caras à literatura marginal e construindo seu discurso por meio de recursos que dinamitam a estética realista, predominante por enquanto nas obras oriundas de nossas periferias, *Leite derramado* apresenta uma alternativa romanesca com a qual os autores da periferia também podem flertar, tal qual Chico Buarque anda fazendo com o rap. São vozes diferentes, mas não opostas; participam da mesma luta. E essa troca de linguagens, de percepções críticas e de compreensões distintas dos limites da opressão e do fascismo são imprescindíveis para a transformação de valores que atualmente vive a sociedade brasileira.

REFERÊNCIAS BIBLIOGRÁFICAS

BENJAMIN, Walter. "Sobre o conceito de história". In: *Magia e técnica, arte e política*. Tradução: Paulo Sergio Rouanet. São Paulo: Brasiliense, 1994, pp. 222-232.

BUARQUE, Chico. *Francisco*. LP. Rio de Janeiro: BMG Ariola, 1987.

_____. *Saltimbancos*. DVD. Rio de Janeiro: EMI Music Brasil, 2006.

_____. *Leite derramado*. São Paulo: Companhia das Letras, 2009.

_____. *Chico*. CD. Rio de Janeiro: Biscoito Fino, 2011.

_____. *Cálice*. Vídeo na internet. Acesso em 30/1/2012. Disponível em http://www.youtube.com/watch?v=GUpyIvhydLo

CRIOLO. *Cálice*. Vídeo na internet. Acesso em 30/1/2012. Disponível em: http://www.youtube.com/watch?v=utJENUg2NJ4&feature=related

FARIA, Alexandre Graça. "Periferia LTDA. A representação do espaço privado em 'Morada' - Fotografias de Guma e escritos de Allan da Rosa". In: Rose Mary Abrão Nascif; Verônica Lucy Coutinho Laga (org.). *Literatura, Crítica e Cultura IV - Interdisciplinaridade*. Juiz de Fora: Editora UFJF, 2010. v. único. pp. 71-80.

FREUD, Sigmund. *O mal-estar na cultura*. Trad. Renato Zwick. Porto Alegre: L&PM, 2010.

ROSA, Allan da. "A parabélum e o passarinho". In: *DARANDINA Revisteletrônica*. v. 3, nº 2. Entrevista concedida a Alexandre Graça Faria, Carolina de Oliveira Barreto, Fernanda Pires Alvarenga Fernandes e Waldilene Silva Miranda. Acesso em 30/1/2012. Disponível em http://www.ufjf.br/darandina/files/2011/07/Entrevista-Allan-da-Rosa.pdf

SOUZA, Jessé et al. *A ralé brasileira – quem é e como vive*. Belo Horizonte: UFMG, 2009.

WEITZEL, Antônio Henrique. *Magia, religiosidade e superstição na cultura popular:* breve estudo das simpatias, tabus, rezas, benzeções e crendices do povo. Juiz de Fora: Franco Editora, 2007.

CAROLA SAAVEDRA: DA (IM)POSSIBILIDADE DE ALCANÇAR O OUTRO

Diana Klinger

(para Paloma)

> [a narrativa] distrai e invade, consola e descobre, acomoda e tortura, adormece e atiça. Traça identidades e acelera corações [...] A narrativa é um laço com o outro.
>
> Antônio Paulo Rezende, *Ruídos do efêmero*

NO ROMANCE DE ESTREIA DE CAROLA SAAVEDRA, *Toda terça* (2007), Laura é uma mulher jovem, que está meio perdida na vida. Não faz quase nada, a não ser raramente ir para a faculdade e "toda terça" ir à sessão de psicanálise. Com Otávio, seu psicanalista, ela fala primeiramente sobre sua relação com um homem casado, Júlio, e depois com outro homem que conheceu no cinema e pelo qual se apaixonou. O romance vai alternando as falas de Laura nas sessões de análise e as narrativas, também em primeira pessoa, de Javier. Javier é um latino-americano que mora em Frankfurt, onde conhece Ulrike; tem um caso com ela e acaba se mudando para o apartamento que ela divide com mais quatro pessoas. Ele está escrevendo sua tese de doutorado e não trabalha, passa o dia no apartamento que "toda terça" está "quase" vazio, apenas lá está uma das colegas de Ulrike, Camila. E ela acabará sendo a terceira voz narrativa, que aparece só na parte final do romance, unindo as duas histórias que aparentemente não têm conexão entre si (a de Laura e a de Javier), mas também desfazendo a credibilidade de tudo o que acabamos de ler, de tudo o que Laura contou para o analista. Não é com o homem do cinema que ela está morando, mas com uma velha amiga, Camila, que voltou de Frankfurt, onde se apaixonara por um homem, Javier, que sua colega Ulrike conhecera na saída do cinema e que lhe prometera ir com ela para o Rio de Janeiro... Há mais histórias na história que lemos, as coisas são diferentes de como a protagonista as contou e nunca teremos acesso às histórias "reais" (o que aconteceu entre Camila e Javier? O que aconteceu entre Laura e Camila?).

No romance seguinte de Carola, se repetem dois procedimentos do primeiro: o mecanismo de alternância e o final em aberto. Em *Flores azuis* (2008), Marcos acabou de se separar e de se mudar, quando começa a receber, na caixa de correio, as cartas desesperadas que A. manda a "meu querido". As cartas estão dirigidas ao antigo morador do apartamento, mas Marcos não resiste à tentação de lê-las. No romance, as cartas se alternam com os capítulos em que um narrador em terceira pessoa conta como Marcos vai ficando cada vez mais envolvido na leitura, "se deixando seduzir, aos poucos, pela ilusão de ocupar o lugar do receptor ideal" (cf. SÁ, 2008). Mas quem é, no final das contas, esse receptor ideal? Quando Marcos finalmente se decide a procurar o antigo morador do apartamento e levar as cartas para ele, este diz que não faz ideia do que se trata, que nada do que está aí escrito lhe diz respeito. De novo, um final em aberto, alguma coisa que o leitor nunca saberá. Então para quem estavam dirigidas as cartas? "Pensando bem", diz o antigo morador do apartamento, "o meu nome nem aparece na carta, só no envelope" (SAAVEDRA, 2008, p. 162).

Em *Paisagem com dromedário* (2010), o terceiro do que se poderia considerar uma trilogia da separação, Erika - uma artista plástica - está numa ilha para se recuperar de uma grande crise, de uma grande perda, e grava mensagens para Alex, um artista plástico famoso com quem tem ou teve uma relação longa e muito íntima. Nas gravações, ela tenta reconstruir e explicar sua atitude, sua fuga quando soube que Karen estava com câncer e ia morrer em breve. Karen era uma menina, uma aluna de Alex com quem os dois acabam se envolvendo até o ponto de não conseguirem mais imaginar a relação deles sem ela. Ao saber do câncer, Erika foge, evita todo contato com Karen, não responde a seus telefonemas. Quando Karen morre, Erika viaja para uma ilha onde tenta recompor esse passado recente e, sobretudo, tenta começar uma nova vida, uma vida "normal", afastada da arte, que já não lhe interessa. Ela deixa entrever, no entanto, que todas as gravações não são, na verdade, dirigidas a Alex, mas são o material para uma nova instalação.

A confissão

> O medo, essa era sempre a solução. Para fazer as pazes com Otávio, era só falar dos meus medos, reais ou imaginários, que ficava tudo bem. [...] para deixá-lo feliz, era necessário confessar, confessar sempre o medo, muito medo, tudo estaria perdoado (*Toda terça*, p. 92).

Alguém se confessa. Em todos os romances de Carola, alguém se confessa. Laura, nas sessões de psicanálise; A., nas cartas para o ex; Erika, nas gravações para Alex. E, no entanto, todas essas confissões sempre aparecem de algum modo como falsas: Laura mente nas sessões de psicanálise, se apossando de uma história alheia; as gravações de Erika são transformadas numa instalação (se é que elas não foram desde o início feitas para isso); a remetente – e até o destinatário – é um completo mistério em *Flores azuis*. A confissão não funciona como normalmente, como forma de expor uma intimidade, mas apenas como estratégia para atingir – afetar – o outro. Assim acontece com Marcos, quando lê ansiosamente as cartas que são para outra pessoa: "Ali no elevador, em silêncio, percebia que, pela primeira vez em muito tempo, algo realmente o atingia, o alcançava" (SAAVEDRA, op. cit., p. 55). Até no consultório de psicanálise, em que a "confissão" deveria funcionar como cura, a verdade é deliberadamente escamoteada. Quando Laura mente para Otávio, ela tenta prever suas interpretações, joga com ele, inventa as narrativas que considera convenientes, e o único jogo que parece estar jogando é o da sedução e da evasão. Laura mente e inventa, porque para ela parece ser mais interessante a relação que estabelece com o analista do que o mergulho nas profundezas do eu.

> Não havia saída, a única coisa que me restava era admitir que acabou e esquecê-lo, nunca mais Otávio, nunca mais aquela sala, as nossas conversas. Mas era necessário, era necessário manter um mínimo de decência, de distância. Era necessário vingar-me, de algum modo... (idem, p. 120).

De maneira que nos três romances que Carola Saavedra publicou até hoje acontece alguma coisa no final que instala a dúvida no leitor acerca do que foi lido: de quem (e, sobretudo, para quem?) eram as cartas em *Flores azuis*? As gravações eram dirigidas a Alex ou foram desde o início pensadas como uma instalação em *Paisagem com dromedários*? E, por fim, a constatação de que não teremos acesso à verdadeira história, a que interessa, em *Toda terça*. A evidência de que estamos perdendo algo, como Erika que tem a sensação de ouvir menos que os outros, de sempre estar perdendo alguma coisa. Nesse sentido, *Toda terça* é o mais instigante dos três romances porque nele a história principal não é narrada, mas apenas sugerida no final, quando o leitor percebe que, assim como o analista, tinha sido enganado por Laura. Além disso, no início do romance, no momento em que Javier conhece Ulrike, ele está lendo uma história em que um colombiano chamado Javier conhece uma mulher nórdica chamada Ulrike. A partir daí, ele começa a representar para ela um personagem colombiano... sua verdadeira identidade, o leitor nunca saberá. Então também Laura, a que engana o analista e o leitor, é uma personagem enganada, porque acredita numa história, num personagem, que também está fazendo uma *performance* de si mesmo (sutil vingança do leitor...).

As relações triangulares

Alguém se confessa. Paradoxo: alguém mente ou inventa, ou não se sabe a identidade de alguém. Mas o que parece mais interessante é que, em todos os romances de Carola, há um destinatário (interno ao romance) dessa confissão: uma carta destinada a alguém, uma fala dirigida ao psicanalista e uma gravação feita para um ex-namorado. De maneira que, em todos esses romances, há uma narrativa em segunda pessoa. E, no fundo, possivelmente o único narrador verdadeiramente verossímil seja o narrador em segunda pessoa. Porque o narrador em terceira pessoa, onisciente, parece falar com objetividade, mas ele não existe, não é ninguém, enquanto o narrador em primeira pessoa, que em geral é um personagem da história, na maioria das vezes não tem nenhuma justificativa para falar. Quem fala ou para quem? E, sobretudo: por quê? Para quê? Os narradores de Carola resolvem essas inverossimilhanças quase intrínsecas da ficção: seus narradores são personagens e têm, dentro da história, seu destinatário.

Pois bem, quando a narrativa se dirige a alguém dentro da história, o leitor se transforma num terceiro, alguém que parece ouvir indiscretamente coisas que são destinadas a outra pessoa. A literatura como uma carta destinada a alguém, a respeito da qual o leitor se transforma num *voyeur*. Em *Paisagem com dromedário*, Erika conta no gravador coisas que Alex já sabe, coisas que viveram juntos. Então realmente não parece muito verossímil, a menos que no fundo as esteja contando para o leitor, quero dizer, para o espectador de sua instalação. Isso me faz pensar que talvez ele, o leitor – o espectador –, seja o terceiro necessário para que a relação exista, para que a comunicação aconteça. Talvez a arte sempre pressuponha uma relação triangular: artista-público-destinatário. E não deixa de ser curioso apontar que nos três romances de Carola há relações triangulares: a mais óbvia e explícita é a relação entre Erika, Karen e Alex em *Paisagem*. Mas também em *Flores azuis* há um triângulo entre A., o "verdadeiro destinatário" e Marcos. E em *Toda terça*, a relação entre Javier e Ulrike se revela apenas uma cortina de fumaça que esconde a outra relação que Javier vai ter, toda terça, com Camila. Inclusive, Erika diz que no fundo toda relação é a três. Parece possível, então, pensar que nessas relações triangulares se espelha a relação entre a literatura e o leitor. Por isso parece significativo, também, que os destinatários, nos romances de Carola, sejam sempre esquivos. Eles nunca chegam a ser realmente destinatários. Há sempre alguém que se transforma em destinatário, alguém que ouve ou que lê algo que não lhe é destinado. Há um ruído na comunicação entre a fala e a escuta, ou entre a escrita e a leitura. Nesse processo, destinatário e autor vão perdendo suas feições, se transformando em anônimos. Nesse aspecto, essas relações se parecem com a comunicação literária, com a literatura que, "sem ser carta aberta, abre no entanto lugar para um destinatário que, apesar de ser sempre singular, não é pessoal porque necessariamente anônimo", como disse Silviano Santiago no texto intitulado precisamente "Singular e anônimo" (2002, p. 61).

"A escrita é cheia de mal-entendidos, como a fala", comenta "A." numa das cartas em *Flores azuis*. E é assim que talvez se possa pensar a recepção artística: alguém ouve ou lê algo que não lhe é destinado. O leitor, aquele terceiro que lê algo que não lhe é destinado, em teoria poderia reparar essa falha na comunicação, porque ele tem alguma informação a mais que os destinatários, porque ele pode juntar os fios soltos. Mas não é assim que funciona nos romances de Carola, talvez porque, no fundo, a literatura é ela mesma a evidência de uma falha na comunicação. É assim que Alex entende a arte, como se percebe numa das gravações de Erika em que ela assiste a um documentário em que ele está sendo entrevistado:

> Voz [de Alex]: é preciso lembrar que o fato de criarmos esse espaço, colocarmos setas, indicarmos formas de leitura, nada disso significa que a recepção pode ser realmente manipulada. Aí está talvez uma das questões cruciais da obra de arte, a questão do outro. *Como lidar com a impossibilidade de alcançar o outro. A impossibilidade de uma comunicação real.* Esse foi meu questionamento principal ao planejar, desenvolver este meu último trabalho. Voz de Érika: essa gravação deve ter uns três, quatro anos. Você está usando aquele

> teu blazer preto de lã, aquele que eu te dei de presente, acho que foi no teu aniversário. (Pausa.) É, foi sim, no teu aniversário. Voz: Porque o discurso do artista é sempre um discurso não realizado. *Um discurso que precisa do outro para existir* (SAAVEDRA, 2010, p. 147, itálicos meus).

Será que as palavras de Alex podem ser levadas em consideração para pensar o romance mesmo em que ele é personagem? Os comentários de Alex lembram o que Nicolás Bourriaud define como uma "estética relacional", isto é, uma "forma vinculante, transitiva" em que o espectador é chamado a participar de uma interação em lugar de "se confrontar com um objeto acabado e exterior a ele" (BOURRIAUD, 1999, p. 105), o que "atesta uma inversão radical dos objetivos estéticos, culturais e políticos postulados pela arte moderna", diz Bourriaud (2009, p. 20). A arte moderna procurou se afirmar a partir de um espaço simbólico autônomo, diferentemente da estética relacional que "toma como horizonte teórico a esfera das interações humanas e seu contexto social" (BOURRIAUD, op. cit., p. 19). Da mesma forma, tem se postulado a modernidade literária como "mise en ouvre" de um uso intransitivo da linguagem, por oposição a um uso comunicativo (cf. RANCIÈRE, 2011, p. 17).

Evidentemente, as possibilidades de uma estética relacional são maiores para as artes plásticas do que para o romance, porque a arte estreita o espaço das relações (e, por isso, pode problematizá-las), ao contrário da literatura, que remete a um espaço de consumo privado. Ademais, no caso da obra de arte, o espectador pode mesmo vir a interferir de uma forma tal que esta exista apenas na dependência dele, enquanto o romance é um objeto fechado em si mesmo, materialmente autônomo e independente da sua recepção. No entanto, essa não deixa de ser uma interpretação parcial, e o romance pode sim ser pensado sob esse olhar, se entendermos que a forma é "apenas uma propriedade relacional que nos liga aos que nos reificam pelo olhar" e que por meio dela, da forma, "o artista inicia um diálogo" (BOURRIAUD, op. cit, p. 30). Este diálogo entre o artista e o receptor, entre autor e leitor, é metaforizado na trama dos romances de Carola Saavedra, a partir de uma ideia de abertura, de incompletude, de não identificação.

Como apontava Paul Valéry, na arte é essencial que haja algo de irredutível entre o produtor e o receptor, que não haja comunicação direta e que a obra "não aporte à pessoa que afeta nada que possa se reduzir a uma ideia da pessoa e do pensamento do autor".[1] Esse "algo irredutível" entre o autor e o leitor (que é a literatura mesma) está presente nas tramas dos romances de Carola, na forma de uma incomunicação, de uma mensagem que não chega ou que chega de forma distorcida a seu destinatário.

Essa incompletude da comunicação é paralela ou complementar à ideia de confissão desligada da noção de verdade, de exposição da intimidade, como acontece com os personagens nos romances de Carola: o que se apresenta como confissão resulta ser falso, incompleto ou, no extremo, sem sujeito. De maneira que nesses romances "se escova a contrapelo" o terreno da comunicação contemporânea como propiciadora de um imaginário fetichista em relação com o acesso à intimidade do outro. Assim, por meio da desconstrução da tríade intimidade-confissão-comunicação, Carola se inscreve criticamente na linhagem de uma literatura moderna, ao mesmo tempo negando a intransitividade da linguagem literária e evitando o seu oposto, isto é, a comunicabilidade imediata, a "indiferenciação

1 Paul Valéry. *Pièces sur l'art.* Paris: Gallimard, 1934, citado por Reinaldo Laddaga. *Estética de laboratorio.* Buenos Aires: Adriana Hidalgo, 2010.

entre arte e vida" (cf. RANCIÈRE, op. cit., p. 85) ou identificação do leitor com aquilo que ele lê (*à la* "Madamme Bovary", poderíamos dizer). Pois aí reside um dos paradoxos da literatura moderna, de acordo com Rancière:

> se o futuro da arte[2] busca uma nova forma de indiferenciação entre a arte e a vida não artística, e se esta indistinção está disponível para qualquer um, o que resta para a arte fundar a sua especificidade? A nova fórmula que funda a diferenciação da arte significa também sua queda na indiferenciação de uma vida que em todas as partes se mistura com a arte assim como a arte se mistura, em todas as partes, com a vida (op. cit., p. 85, tradução minha do espanhol).

Lembremos que esse é precisamente o paradoxo que subjaz em *Paisagem com dromedário*, em que se sustenta até o final a ambiguidade: o que lemos são mensagens privadas ou são materiais de uma instalação? Ou são as duas coisas ao mesmo tempo? Se assim for, então quer dizer que é a possibilidade mesma dessa relação triangular entre o autor, o destinatário e o público o que abre os sentidos, o que potencializa a obra.

De maneira que a literatura, entendida como falha na comunicação, ou como "algo irredutível", tal como postulava Valéry, produz uma interdição tanto no regime de verdade quanto no regime de identificação. Sem identificação não há lugar para um "receptor ideal", no qual se completaria o sentido. Assim, nessa trilogia da separação, a literatura é o que resta *da impossibilidade de alcançar o outro*. O que resta e o que resiste, isto é: o que persiste.

2 Refere-se ao futuro para Flaubert, ou seja, à arte e literatura modernas.

REFERÊNCIAS BIBLIOGRÁFICAS

BOURRIAUD, Nicolás. *Formas de vida. El arte moderno y la invención de si.* Murcia: Condeac, 1999.

_____. *Estética relacional.* São Paulo: Martins Fontes, 2009.

LADDAGA, Reinaldo. *Estética de laboratorio.* Buenos Aires: Adriana Hidalgo, 2010.

RANCIÈRE, Jaques. *Política de la literatura.* Buenos Aires: Libros del Zorzal, 2011.

SÁ, Sérgio de. "O poder transformador da palavra". Resenha de *Flores azuis.* Em Caderno Prosa & Verso. Jornal *O Globo*, 4 de outubro de 2008.

SAAVEDRA, Carola. *Toda terça.* São Paulo: Companhia das Letras, 2007.

_____. *Flores azuis.* São Paulo: Companhia das Letras, 2008.

_____. *Paisagem com dromedário.* São Paulo: Companhia das Letras, 2010.

SANTIAGO, Silviano. "Singular e anônimo". In ____. *Nas malhas da letra.* Rio de Janeiro: Rocco, 2002.

Literatura, vida, cena literária

RICARDO LÍSIAS: VERSÕES DE AUTOR

Luciene Azevedo[1]

NÃO É INCOMUM ENCONTRAR O NOME de Ricardo Lísias associado à sua condição de "jovem autor" do cenário literário brasileiro contemporâneo. A fortuna crítica do escritor também não é grande, e não vai muito além das resenhas por ocasião da publicação dos textos. Talvez por esse mesmo motivo, as edições insistam na oferta de um comentário crítico na orelha da publicação ou na forma de posfácio, como acontece com a edição de *Anna O. e outras novelas,* em que Leyla Perrone-Moisés chancela o que reconhece como "um dos melhores escritores brasileiros revelados nos últimos anos" (2007, p. 195).

Há vários elementos que contribuem para o surgimento e a fixação de um autor no campo literário. A recepção crítica especializada é apenas um desses elementos, mas pode exercer papel fundamental na construção da figuração autoral e na recepção da obra.

A positividade da recepção de Perrone-Moisés, respaldada pela premiação de terceiro lugar no prêmio Portugal Telecom concedido a *Duas praças* (2005a), inscreve também algumas das marcas da assinatura dessa nova voz. Os textos tramados a par-

1 A autora agradece a Antonio Marcos Pereira, ele mesmo um dos integrantes da "lista on-line de admiradores de literatura", o acesso aos textos de Ricardo Lísias aqui comentados e ainda "inéditos". Muitas especulações desenvolvidas neste ensaio nasceram de nossas conversas sobre a leitura compartilhada dos textos.

tir do entrelaçamento de duas linhas narrativas, a escolha de temas políticos (a questão dos sem-teto, a referência à tortura e às ditaduras latino-americanas), a fala repetitiva e cortada por anacolutos, enfim, a escrita cuidadosamente trabalhada vai aparecer reiterada não apenas nos depoimentos do autor, mas também por outros comentários críticos sobre sua obra.

Tais características são facilmente identificadas nos textos ficcionais publicados. Em *Duas praças*, duas histórias paralelas que se encontram muito sutilmente a partir das inferências extraídas da condição de descaso a que é relegada Maria, moradora de rua, que vive em uma casa imaginária em plena praça da Sé, e dos entraves para a obtenção de informações sobre o paradeiro de Marita, uma estudante universitária, argentina, desaparecida e procurada pelas Mães da Plaza de Mayo. A mudança do foco narrativo (em primeira pessoa, para a história de Marita, e em terceira pessoa, para narrar Maria) a cada dez capítulos e a exacerbação da linguagem nervosa, suspensiva, de Maria provocam o entrave de leitura: "Maria não gosta nem de." (2005a, p. 39) "Por isso, inclusive, os dois. Claro, ele jamais," (op. cit, p. 43).

Além disso, as referências sarcásticas ao mundo acadêmico também constituem uma marca do autor e já aparecem no conto "Café", publicado no jornal da FAPESP, também em 2005, quando o próprio Lísias fazia seu doutorado na USP.

Do mesmo modo que o sistema acadêmico aparece ridicularizado por meio de personagens como o professor, apelidado Bocage em *Duas praças*, em "Café", a cena prosaica de um café na cantina da universidade derramado sobre o caderno de anotações para compor a tese de doutorado é mais uma oportunidade para o escracho:

> banca alguma aceita uma tese de doutorado com menos de trezentas notas, não por nada, mas porque as notas demonstram o conhecimento bibliográfico indispensável para qualquer um que esteja querendo ostentar o título de doutor (2005b).

A tão elogiada dicção política da temática de suas histórias já está presente no primeiro livro, *Cobertor de estrelas* (1999). As epígrafes de Beckett e Vitor Hugo parecem apontar para o casamento perfeito entre o labor técnico e a verve comprometida, dois esteios importantes da produção ficcional de Lísias. Embora esses paratextos, principalmente o trecho do prefácio de Hugo a *Os miseráveis*, citado como epígrafe, possam levantar suspeitas sobre a instrumentalização da literatura para a exaltação ao engajamento e a denúncia das mazelas sociais ("enquanto houver na terra ignorância e miséria, não serão os livros como este, decerto, inúteis"), o texto de Lísias, autenticado pela citação e mesmo assumindo a temática do abandono social das crianças de rua, "impressiona por ser desprovido de *pathos*, de tragédia e de revolta", como notaria Perrone-Moisés falando sobre o conto "Capuz" (2007, p. 198).

Mas a característica mais notável entre as marcas de reconhecimento de um estilo, de uma assinatura de autor, constituindo-se por meio dos textos, é quase imperceptível. Refiro-me a certa recorrência, a certas mínimas repetições ou evocações a personagens, falas, cenas ou acontecimentos que se disseminam pela obra e que parecem constituir uma estratégia de composição.

Pois já em *Cobertor de estrelas* podemos ler o esboço da situação dramática vivida por Maria em *Duas praças*:

> Lá pertinho, no canteiro do meio da rua, mora uma velha doida, coitada. Ela pensa que tem uma casa bem ali, com parede e tudo. O mais engraçado é que a mulher, todo dia, abre

> a janela do quarto, depois de puxar a cortina, vai para a cozinha direitinho pelo lugar que ela pensa que tem uma porta e, depois, sai para o quintal, para cuidar do jardim (1999, p. 72).

O procedimento é interessante ainda mais porque, em *Duas praças*, para chegarmos à conclusão de que a casa de Maria na rua é imaginária, precisamos nos acomodar ao personagem, ao próprio texto, interpretando a alienação da fala como própria à condição mental da personagem.

A estratégia da dispersão, da diluição de enredos em outros enredos, está disseminada em vários trechos dos dois livros. No próprio *Duas praças*, Maria refere-se aos meninos que vivem a perturbá-la: "Preocupada, Maria resolveu ficar olhando de longe os moleques para ter certeza de que eles não tentariam subir no muro e jogar uma pedra no vidro da janela de sua casa" (2005a, p. 35). O mesmo episódio já aparecia em *Cobertor de estrelas*: "De vez em quando, os meninos ficam passando perto dela, só para ela ficar desesperada, gritando que eles não podem ficar por ali, fazendo bagunça, porque é a casa dela" (1999, p. 72).

A reiterada preocupação do personagem de *Cobertor de estrelas* com a sujeira dos pés, que era considerada pelo menino como um empecilho à possibilidade de mobilidade social, é, curiosa e ironicamente, ressaltada na fala de Maria em *Duas praças*: "Sem falar na sujeira: aqueles moleques todos têm manchas no pé que não saem nunca" (2005a, p. 35).

O procedimento merece realce por insinuar uma estratégia de composição que trabalha a partir da reapropriação do próprio texto, um texto "plagiando" o outro, insinuando a reelaboração permanente, fazendo *mashup*[2] da própria criação.

---

2 O termo é comumente usado na música eletrônica para sugerir a combinação, a mistura de diferentes elementos de outras canções para dar origem a uma nova música.

Como em "Corpo", uma das novelas do livro *Anna O. e outras novelas* (2007), que parece um pequeno *sketch* de *Duas praças* (2005a). O personagem Manequim, que efetivamente parece apenas um manequim, produto das alucinações inventivas de Maria, ganha voz e divide o foco narrativo com ela, que reitera obsessões largamente exploradas no livro de 2005, e com o próprio narrador onisciente que contava a história da personagem.

Em *Dos nervos* (2007), a estratégia de reapropriação também está presente, mas se desloca, acrescentando mais um ingrediente à repetição. A mesma estrutura de duas linhas narrativas (os intrincados lances das partidas de xadrez, outro tema caro a Lísias, estão entremeados aos surtos histéricos e às alucinações da personagem), o discurso suspensivo ("A vizinha devia comentar que eu tinha um, mas minha mãe nunca foi tão direta, ela que sempre evitou fazer fofocas e detesta os", 2007, p. 151), presentes em *Duas praças*, aparecem naquela novela que reitera uma das obsessões temáticas do autor: uma professora universitária é a chance para a crítica ao sistema universitário.

Mas aqui aparece uma pequena alteração no procedimento. A repetição, em especial nesse texto, é a marca mimetizadora da histeria da personagem: "Não sei se já disse, mas posso repetir, que cheguei em casa, vindo da universidade, e encontrei a porta aberta e a luz da sala acesa" (idem, p. 153). A frase, ligeiramente modificada, já tinha sido repetida em capítulos anteriores e realça a compulsão da personagem. Mas o próprio discurso parece contaminado: "Eu nunca acreditei, não preciso repetir, não preciso repetir, em Deus" (idem, p. 149) ou "Essa gente só consegue falar da pesquisa que está fazendo: padre Vieira, padre Vieira, Deus que me perdoe" (idem, p. 150).

A velha retórica identificava a preterição como uma figura de estilo que parece se encaixar perfeitamente no procedimento sob análise. A preterição é definida como um procedimento capaz de afirmar que não se vai dizer algo ao mesmo tempo que se diz. Mas o que parece em jogo aqui vai além do drible linguístico que consiste em falar alguma coisa sobre a qual se afirma que não se falará (da descrença em Deus, do tema da pesquisa), pois, além de afirmar-se o que se nega ("Deus que me perdoe"), o que se repete, ao menos no momento da afirmação, não é o conteúdo da afirmação (não acredito em Deus), mas a própria negativa de que não é preciso repetir: não preciso repetir, e não se repete efetivamente o que se está dizendo, mas insiste-se na própria negativa: não preciso repetir, não preciso repetir, repetidas vezes. A reiteração paranoica é, portanto, mimetizada pelo discurso enlouquecido e performada estilisticamente.

A performance narrativa também é evidente em outro texto, publicado em *Anna O. e outras novelas*. Em "Diário de viagem", o narrador afirma que "escreveria uma novela neutra sobre alguma cidade do Velho Mundo" e efetivamente é o que o "diário" nos conta. Aí aparecem também duas outras marcas do retrato de Lísias como escritor: a ampla pesquisa para a escrita dos textos e a discreta menção a dados biográficos ficcionalizados: "Eu faço muita pesquisa histórica para escrever meus textos. Veja no conto de *Anna O.*, 'Diário de viagem', a foto é mesmo a do túmulo do Salazar. Fui até lá!"[3]

Mas é *O livro dos mandarins* (2009) que mais claramente delineia a assinatura de Lísias no contexto da literatura contemporânea. A aposta formal na reescritura e reelaboração dos mesmos processos de composição parece fundamentar um projeto insistente, que desemboca na fatura desse romance. Já a dicção

3 "Ricardo Lísias, o contorcionista da narrativa". Entrevista concedida a Walber Schwartz em 8/10/2009. Disponível em http://paginacultural.com.br/entrevista/ricardo-lisias-o-contorcionista-da-narrativa/ Acesso em 22/8/2011.

comprometida fica evidente na crítica ao mundo competitivo-alienado dos executivos, representado, por meio da caricatura, pelo personagem Paulo, cujo grande ídolo é o ex-presidente Fernando Henrique Cardoso. Paulo investe todas as suas fichas profissionais em uma promoção que lhe daria a oportunidade de trabalhar na China e, além disso, tem outra grande ambição: escrever um livro-farol para futuros executivos, uma espécie de bíblia da autoajuda empresarial, cujo título é homônimo ao livro que estamos lendo.

A crítica à academia também volta com força total. O poeta Paulo, parente da mulher Paula (em um universo ficcional em que todos os personagens são Paulos, Paulas, Paulinhos ou P****), é contratado para atuar como *ghost-writer*, depois de

> ter peregrinado por alguns departamentozinhos de teoria literária, deixando envelopes com a edição artesanal do seu primeiro livro de poemas e uma cartinha simples para os professores. A maioria sequer se dava ao trabalho de abrir, mas um deles achou a foto do rostinho liso do poeta atraente e marcou um café (LÍSIAS, 2009, p. 176).

A aposta experimental consegue driblar a aridez mimética da rotina reificante de *Sexo*, livro de André Sant'Anna, publicado em 1999, ao qual *O livro dos mandarins* já foi aproximado, porque o discurso do narrador, conivente com os delírios do personagem que, mesmo estando no Sudão, insiste em tratar seus futuros funcionários como gueixas e samurais, provoca primeiro o desconcerto do leitor e, logo depois, o riso.

Enfim, aos olhos de uma crítica mais tradicional, *O livro dos mandarins* poderia ser considerado o romance da maturidade de um "jovem" autor, por meio do qual um estilo literário estaria se consolidando. Sem dúvida, na biografia da obra de

Lísias, esse é o romance capaz de arrematar a figura de escritor de Ricardo Lísias para o campo literário, tornando possível a recapitulação dos passos de construção da autofiguração desse nome de autor por meio de seus textos ficcionais.

Mas será viável ao projeto de construção de uma carreira autoral o desvio, a opção por um atalho ainda não totalmente explorado na biografia de sua própria obra? Vale a pena a peripécia estilística que resulta num borrão da figura já esboçada?

Refiro-me aqui a uma série de textos escritos pelo autor a partir de 2010, muitos deles com proposta gráfica artesanal elaborada pelo próprio Lísias, e que circulam quase clandestinamente, enviados por correio ou correspondência eletrônica para uma lista de nomes, "apreciadores de literatura",[4] selecionados por ele. Há aqui uma aposta clara na reinvenção de estratégias de divulgação e circulação de seus textos, também acompanhada por uma insistência temática que parece desdenhar ou minorar a importância de certas características laboriosamente construídas ao longo de sua produção literária e associadas ao "estilo" Lísias, pois as plaquetes, apesar de insistirem em elementos formais aqui comentados, apresentam uma guinada subjetiva (a expressão é de Beatriz Sarlo) fundamental, incorporando o próprio Ricardo Lísias, o nome próprio do autor, à cena da construção ficcional. Não deixa de ser irônico o fato de que a chancela crítica de Leyla Perrone-Moisés ao surgimento do "jovem autor" realce justamente o repúdio à incorporação de dados biográficos como marca de excelência da produção do escritor: "Lísias não tira histórias de si mesmo [...] princípio básico da boa ficção" (2007, p. 205).

4 A expressão é utilizada em "Sobre a arte e o amor" (2011g) para referir-se a uma lista *on-line* da qual Lísias participa e através da qual divulga seus textos.

A unidade estilística capaz de instaurar uma assinatura, um nome-figura de autor, reforçada pelo procedimento crítico, parece contrariada pelo próprio jogo da assinatura fundamentado na tensão entre a marca de redundância necessária a qualquer gesto signatário e a necessidade de deslocamento da própria vontade e das maneiras de se assinar uma obra. A reinvenção da assinatura em Lísias incorpora o jogo com a biografia, e nem mesmo o reiterado apelo à chancela crítica de Perrone-Moisés, cujos elogios à obra de Lísias reaparecem na quarta capa do último romance, parece conter a pulsão pela reviravolta no projeto literário que vinha sendo posto, com sucesso, em execução: "Até o momento, meus personagens não eram eu de nenhuma maneira, mas agora talvez venham a ser. No próximo romance um deles vai se chamar Ricardo Lísias, mas não sei bem o que vai acontecer."[5]

Isso não significa que pequenos detalhes autobiográficos (a paixão pelo xadrez, o drama da redação da tese) não pululem pelos livros até aqui comentados, mas a pergunta mais instigante que ronda um procedimento tão radical no que tem de avesso às características de sua obra prévia, dada a centralidade que a primeira pessoa vai assumir nos textos publicados em plaquetes, é: por que apostar na mobilidade da marca autoral, inscrevendo uma contra-assinatura, quando a própria assinatura, como marca de um nome de autor, ainda se consolidava, encontrava seu lugar no campo literário brasileiro tão competitivo?

É instigante pensar a deriva de rumo da própria inscrição inicial da assinatura a partir da "guinada subjetiva" de Lísias que aparece de forma incipiente em um detalhe paratextual

5 Entrevista concedida a José Chrispiniano com colaboração de Julián Fuks. Disponível em http://www.viceland.com/br/v2n11/htdocs/ricardo-lisias-632.php. Acesso em 22/8/2011.

presente em *O livro dos mandarins*. Na nota final de agradecimentos, pode-se ler a gratidão do autor a muitas pessoas que colaboraram para garantir a verossimilhança do livro: desde aqueles que vivem de perto a rotina empresarial, executivos e funcionários de bancos, até uma médica, um psicanalista e professores de árabe que consultara. O parágrafo final da nota é também uma homenagem a André Silva, "grande amigo" do autor de quem se informa que, tendo colaborado com a discussão para os primeiros esboços do livro que lemos, cometera suicídio durante a fase final de escrita do romance.

A homenagem poderia passar quase despercebida se não fosse o retorno do dado biográfico em uma miríade de textos que não se restringem ao universo ficcional, pois não é apenas aí no paratexto do romance que ficamos sabendo do luto vivido pela perda do grande amigo do autor. A mesma menção reaparece insistentemente no espaço biográfico, tal como Leonor Arfuch (2010) o compreende, e não apenas nas entrevistas concedidas pelo autor ("eu acho importante dizer que tive um amigo chamado André que de fato se suicidou da maneira como os textos descrevem. Ele do mesmo jeito se matou sem ter lido o grande livro de Roberto Bolaño").[6]

Em um texto publicado no jornal *O Globo*, cuja pauta exigia o comentário sobre a importância dos prêmios literários para a vida literária, Lísias inicia sua crítica com a marca biográfica:

> Apesar de me faltarem alguns anos para os 40, já vivi o suicídio de um grande amigo, um divórcio cuja crueldade roubou-me a pele e um par de cerimônias de entrega de prêmios literários. As três circunstâncias carregam o explosivo po-

6 "Somos pessoas em trânsito". Entrevista concedida a Schneider Carpeggiani em 10/1/2011. Disponível em http://jc3.uol.com.br/jornal/2011/1/10/not_407443.php. Acesso em 22/8/2011.

> tencial de revelar a verdade. Todas precisam virar literatura, portanto (2011h, p. 3).

O parágrafo inicial parece deslocado em relação à verve demolidora empregada contra os "autores oficiais, simpáticos e bonzinhos", mas a insinuação dessa excrescência só faz sentido se desconsideramos a produção quase subterrânea que o autor vem desaguando de forma sistemática em circuitos alternativos de divulgação e cujo teor faz vacilar não apenas seu estatuto: é tudo ainda ficção? O diálogo propositalmente estimulado entre os textos de diferentes gêneros (entrevistas, crítica cultural, contos) por meio da reiteração de opiniões e temas provoca um curto-circuito na fronteira entre o literário e o não literário.

Alguns desses textos já foram publicados. *Sobre a rapidez* (2011b) e *Fisiologia da memória* (2011c) foram acolhidos pelo *Diário de Pernambuco*. Em ambos, a menção ao suicídio de André aparece integrando a trama: "Quando acordei, fui chamar o André para tomar café e o flagrei cortando a mão esquerda com um canivete... me ligaram dizendo que o André tinha se enforcado" (*Sobre a rapidez*) ou "o meu amigo André iria se matar [...] a polícia encontrou o corpo do meu amigo André, enforcado lá naquele lugar [...] o André nunca mais iria aos meus lançamentos" (*Fisiologia da memória*).

A reiteração do episódio em diferentes gêneros textuais faz vacilar o estatuto dos próprios gêneros. É claro que, em se tratando de ficção, podemos recorrer à boa e velha fórmula crítica que recomenda ignorar qualquer sinonímia entre autor e narrador, evitando falácias, ou ainda podemos apelar para a incidência "natural" de dados biográficos em toda e qualquer ficção. Mas o jogo sugerido aqui parece ainda mais complicado, pois se o autor, cujo nome aparece na capa, insiste em apresentar-se como personagem, seja pelas menções aos títulos dos livros publicados, seja pelo uso de seu nome próprio ou de suas iniciais, R.L., que protocolo de leitura deve ser seguido?

O curto-circuito ainda é estimulado pela dispersão de opiniões sobre os escritores, sobre a literatura, sobre a vida literária que aparecem disseminadas em diferentes suportes, na matéria jornalística ("O resultado de tanto asseio é uma literatura organizada, limpa, de fácil digestão e nenhum incômodo." *O Globo*, 2011h), ou na plaquete cuidadosamente preparada ("acho patético os ficcionistas que continuam claros no século XXI, aqueles que fazem romances límpidos" (2010a, p. 6).

Fisiologia da solidão (2010a) assemelha-se a uma declaração de como e por que o autor-personagem escreve. Aí, aparece a preocupação com a importância social da literatura ("Escrevo [por] motivos políticos, por exemplo", p. 5), associada a uma justificativa de cunho pessoal ("crio histórias sobretudo porque sou muito solitário... escrever é a melhor forma de autoconhecimento que encontrei", p. 5), à crítica à literatura fácil, ao comentário sobre seu *modus operandi* ("a técnica, portanto, é uma obsessão: é a mesma coisa repetida incontáveis vezes com algumas variações mínimas", p. 7). O que se assemelha a um inventário de escrita que comenta motivos, procedimentos e afinidades eletivas, de repente parece trair sua própria intenção. A certa altura do texto, o investimento no labor técnico é comparado ao sexo. Logo depois dessa declaração, a narrativa descamba performaticamente para uma incrível história de relação sexual durante uma viagem de ônibus até Dublin, empreendida pelo narrador-autor-personagem (?) para conhecer a cidade de Beckett e Joyce. O episódio é detalhadamente narrado de forma desdramatizada e parece desconectado do que lia o leitor até a história começar: "A foda toda iria se dar apenas com o movimento do ônibus. Fiz uma força insuportável para não ejacular e devo ter aguentado por um pouco menos de uma hora... mantivemos a penetração por mais uma hora" (2010a, p. 9). O procedimento parece sugerir um desvio brusco de rota, mas que desliza insidiosa e distraidamente pelo texto, atiçando a curiosidade do leitor, já capturado pela proximidade estabelecida com a narração em primeira pessoa e pela marca de identidade entre narrador e autor ("Escrevi, na cidade em que eu achava que a garota tinha descido, a última versão da minha novela *Dos nervos*", idem, p. 10). A intempestiva associação do sexo à técnica narrativa é devidamente performada pelo texto, pois parece conjurar não apenas a crítica à superexposição da intimidade, mas também o forte apelo à evasão de privacidade que domina o contemporâneo. O que parece disrupção (afinal, o que aquela história tinha a ver com a dicção de declaração de intenções que o texto vinha assumindo?) pode ser lido como mais uma chave de leitura no deciframento da assinatura de Lísias – "Vai ser possível fazer diferente e com algumas variações. Talvez inclusive fique melhor" (idem, p. 10) –, funcionando como uma dica de como devemos compreender a "guinada subjetiva" na ficção do autor: "Nunca escrevi de maneira pessoal. As minhas questões pessoais eu sempre tinha deixado de lado nos textos, até aqui. Comecei agora com esse projeto, não exatamente autobiográfico. Curiosamente as pessoas gostam mais disso."[7] Assim, a dicção autobiográfica é também um laboratório para a autofabulação.

A mudança não é apenas temática com pequenas variações técnicas. Lísias arrisca-se também como agente de promoção

7 Entrevista concedida a José Chrispiniano com colaboração de Julián Fuks. Disponível em op. cit.

de sua obra. Se a tão esperada profissionalização do escritor no Brasil não parece ter se efetivado a contento, Lísias arregaça as mangas para fazer circular sua produção. O gesto do autor que se empenha na divulgação de sua produção recente por meio de uma espécie de lista de favoritos, ao enviar suas investidas experimentais a alguns leitores eleitos, estimula a velocidade de circulação do texto, acelerando-a em todas as suas etapas: produção, divulgação, publicação e crítica: "A literatura está encontrando novas formas de circulação e, como autor, quero ainda compreendê-las" (*Sobre a arte e o amor*, 2011g, p. 9). O percurso é interessante e apresentado em detalhes por Lísias: a fabricação de publicações artesanais pelo próprio autor; a divulgação, segundo as normas do *copyleft* ("Permitida a reprodução, desde que integral e com a fonte citada"), "entre leitores interessados" na produção que circula material e/ou digitalmente ("eu soube dias depois que um arquivo PDF de 'Meus três Marcelos' estava circulando", 2011g, p. 9); o contato de um editor, que leu o arquivo *on-line,* e mostra interesse na publicação em papel. Tudo isso monitorado por Lísias, atuando como agente literário de si mesmo, encarregando-se também da divulgação de todos esses passos nas redes sociais.

Fisiologia da solidão tem uma tiragem de oitenta exemplares carimbados pelo editor (o próprio Lísias) e uma reprodução de um quadro de Ronaldo Polito na capa. O cuidado artesanal do preparo para a apresentação do suporte textual é o mesmo quando o texto chega à casa do destinatário escolhido por Lísias em folhas de papel ofício soltas. É o que acontece com *Artes plásticas* (2011a). Novamente, o leitor escolhido se depara com a primeira pessoa: "Estou cansado e acho que vou deitar logo." O texto está materialmente cindido em duas partes: as folhas brancas parecem o desabafo do artista plástico decepcionado com o fracasso de um empreendimento artístico. Aqui também se trata de estimular a criação de uma mitologia pessoal, já que o narrador da "primeira parte" se diz professor, tradutor, jogador amador de xadrez, como o próprio Lísias. A cisão não é apenas material ou causada pela dúvida sobre a dicção confessional. Ao descrever a obra de arte, o narrador garante a excelência das partes, mas assume que o projeto "ficou tosco". Só aos poucos o leitor se dá conta de que pode estar enredado na própria performance que o texto realiza. Afinal, o narrador descreve as ações empreendidas para a realização do projeto – "Enquanto eu ainda estava pensando nos documentos, encomendei o carimbo que daria título à pasta e abriria o projeto" – e vai constatando que o que lhe chegou pelo correio imita o objeto fracassado comentado pelo narrador: "Cada um dos envelopes teria um selo comum, esse carimbo, que imitava exatamente o dos correios... e o endereço escrito à mão, para reproduzir a autenticidade que eu estava planejando." O carimbo é reproduzido na primeira parte do texto, mas a autenticidade alegada é desfeita, não apenas porque a elaboração do artifício é revelada, mas principalmente porque na pasta, na qual chegam os textos ao leitor escolhido, há um outro carimbo, com a palavra *sold*.

A crítica ao cenário contemporâneo de produção artística perde o tom enraivecido e corteja o humor. O fracasso do projeto é realçado com veemência, no entanto o narrador afirma que a satisfação da elaboração do projeto da obra, mais do que a efetivação da própria obra, é o que o faz sentir-se um verdadeiro artista. A caricatura sutil é esboçada não apenas no estereótipo do artista sofredor ("uma dor intensa, prolongada e muito profunda me derrubou"), mas também por meio da crítica à fome de real do público que é cortejado pela busca da autenticidade ratificada pelo próprio texto, já que, depois de acompanhar o relato da preocupação do narrador com a encomenda de selos a um filatelista, o leitor depara-se com um selo colado à página que é apenas uma pequena mostra do funcionamento de toda a máquina textual, pois o texto apresenta a própria obra (incompleta, "tosca", fracassada) em pedaços (um selo, um carimbo), e sua concepção está, na verdade, sendo descrita para o leitor no texto que este tem em mãos.

Depois do relato hilário da primeira tentativa frustrada do artista de conceber sua grande obra-prima, o texto parece assumir estratégia semelhante à analisada em *Fisiologia da solidão*. A narração apela, então, à confusão entre a identidade do autor e do narrador, estampando em nota de pé de página o e-mail do próprio Lísias para um possível contato de Andrey Arnoldian (uma brincadeira com o nome de Levon Aronian?) com quem o narrador-autor-personagem teria participado do mundial de xadrez em 1988.

A confusão não é facilmente solucionada. Não se trata de assumir a postura do "idiota da objetividade", como diria Nelson Rodrigues, e procurar evidências biográficas do interesse de Lísias pelo xadrez. Qualquer consulta rápida à internet poderia atestá-lo, mas acreditar que isso solucionaria o impasse é ingenuidade. O problema reside justamente em um indecidível que solicita do leitor atitudes incompatíveis: a suspensão da descrença e, ao mesmo tempo, a idiotia da objetividade. A representação do eu que se elabora aqui vai além da mera exposição da intimidade e diz respeito a um autorretrato como autor que lança mão de dados autobiográficos, empregando, inclusive, o nome próprio, para transformá-los em uma engenhosa arquitetura textual.

Por meio de leve variação, de pequenas mudanças, como um *ritornello* reaparece a menção ao suicídio de seu amigo André de forma muito semelhante à evocada em outros textos.

Essa estratégia dispersiva, que dissemina a obra como parte de uma pequena coleção de textos, fica mais evidente se pudermos conectar a segunda parte de *Artes plásticas*, escrita nas folhas amarelas e intitulada "O projeto", não com a primeira parte desse mesmo texto, com a qual só colateralmente mantém relação, uma vez que se trata de um projeto fracassado, assinado por João Tobias, de realizar uma série de documentários sobre a ascensão da esquerda bolivariana, apresentando entrevistas com presidentes latino-americanos.[8] Essa segunda parte aparece realçada obliquamente por um outro texto também enviado a alguns dos "admiradores de literatura" por correio, com o título de *Bienal* (2009-2010). Digitado em papel quadriculado e intitulado "Projeto de Caixa", o texto é, na verdade, um conjunto de anotações, uma espécie de plano de realização de um projeto artístico rascunhado ("A pasta será um diálogo entre cartas, imagens – sobretudo fotos e mapas – e alguns outros documentos", 2010b, p. 1), da autoria de Fernando Tobias que, na dedicatória do projeto, identificamos como irmão de João Tobias, "assassinado de um jeito brutal no último mês de outubro de 2010 no Equador". A intrincada teia de relações entre os textos alimenta informações dispersas que desnorteiam o leitor, pois, apesar de cada um deles permitir a leitura autônoma, algo pare-

8 O que lemos, na verdade, é a caricatura de um resumo acadêmico, a reprodução dos e-mails com as respostas desaforadas de Tobias às negativas de orientação do projeto pelo professor consultado, a fotocópia da nota de compra de uma filmadora, a reprodução do tíquete eletrônico de uma passagem aérea para Quito, uma troca de mensagens com um funcionário do consulado equatoriano, uma carta endereçada a Rafael Correa, presidente do Equador, e a reprodução de duas notícias de jornal, uma das quais informa sobre o traslado do corpo de Tobias, encontrado baleado na periferia de Quito.

ce sugerir a conexão, deixada sempre incompleta, entre o conjunto de textos dispersos: a remissão a João Tobias, personagem da segunda parte de *Artes plásticas*, a reflexão sobre a condição e função da arte na atualidade, tematizada em *Bienal* (2009-2010) por meio da evidente sátira à hipocrisia de propósitos artísticos engajados solidariamente na suposta denúncia da pobreza e indigência social. Pois o projeto de Fernando Tobias quer tematizar a história de Juliard Aires Fernandes e Hermínio Cardoso dos Santos, dois jovens mortos durante a tentativa de imigração ilegal para os Estados Unidos. O grande contraponto à suposta preocupação com a denúncia social é a caracterização estereotipada dos pobres pelo próprio "artista" Fernando Tobias. Em uma folha avulsa com o timbre do hotel Le Meurice de Paris, lemos uma carta de Fernando Tobias endereçada à síndica de seu condomínio, relatando constrangimentos infringidos pelo zelador do prédio, depois da proposta feita pelo artista de que a mulher do zelador redigisse, mediante pagamento, um conjunto de cartas, a fim de garantir a verossimilhança de seu projeto artístico, já que, sendo também pobre e não tendo estudado o suficiente, a carta redigida pela mulher do zelador garantiria o número de erros de português e a caligrafia "original" de uma "pessoa de pouco estudo". A recusa indignada do zelador e a insistência da solicitação – "O zelador ficou puto e disse que a esposa não é nenhuma analfabeta. Comprar panetone para ele" (2010b, p. 2) – revelam a artificialidade dos bons propósitos artísticos: "O que um simplório desse entende de arte?" (2010b, p. 4). A disrupção entre as estratégias para a realização do projeto e sua intenção é largamente explorada: "eu detesto preconceito e inclusive acho que o que o zelador está fazendo é por preconceito, esses nordestinos ignorantes não percebem que estamos no século XXI" (idem, p. 7).

Apesar da cor realista que Tobias pretende imprimir ao projeto, planejando realizar pesquisas sobre as famílias dos rapazes e insistindo na verossimilhança da redação das cartas, contratando um linguista depois de muitas negativas veementes do zelador em aceitar sua proposta, o leitor parece seguro em relação ao que esperar do texto: trata-se de ficção, sem dúvida. Por isso, pode sorrir ironicamente da apresentação de Tobias quando afirma que seu projeto é um "trabalho que conta com diversos documentos e objetos de natureza diferente". A artificialidade e os artifícios do texto, além da proposta tosca da caixa-pasta como objeto artístico não dão tempo ao leitor de pensar em Juliard ou Hermínio. Mas construindo a obra como *hiperlink*, dispersando-a em fragmentos, Lísias retoma os nomes dos personagens cujas fotos em formato três por quatro, com as respectivas datas de nascimento e morte carimbadas no verso, chegam pelo correio ao leitor desavisado, em um pequeno envelope azul, anexadas a outro texto, com o qual, aparentemente, as fotos não mantêm relação, pois não há qualquer menção a elas.

Qual a função das fotos? Quem são essas pessoas?, pergunta-se o leitor, que é obrigado a retomar a leitura de *Bienal* (2009-2010), em que os nomes aparecem pela primeira vez. Se a ficção não parece dar explicação suficiente quando questionada pela evidência referencial da fotografia, uma breve pesquisa feita por um leitor com pendores sherlockianos no Google revela que os personagens foram vítimas na vida real de uma associação criminosa mexicana, os Zetas, que assassinou os dois brasileiros, que tentavam atravessar a fronteira do México com os Estados Unidos, em agosto de 2010. O mote para a sátira à condição da arte no contemporâneo, portanto, é baseado em fatos reais, na trágica chacina cujos detalhes, apropriados pela ficção, foram amplamente divulgados por reportagens. O envio das fotos junto a outro texto, que, por sua vez, não as menciona, parece uma pista mal plantada para o leitor. Há um *delay* e um deslocamento, ou melhor, um deslocamento causado pelo *delay*, já que só agora é possível reler o próprio projeto de Lísias como um "trabalho que conta com diversos documentos e objetos de natureza diferente", pois as fotos ou o trágico episódio não aparecem utilizados pela ficção de forma meramente documental e, então, como uma espécie de *mise en abyme*, podemos entender o projeto literário de Ricardo Lísias.

Os últimos três textos produzidos por Lísias podem ser considerados uma espécie de trilogia. "Meus três Marcelos", "Divórcio" e "Sobre a arte e o amor" bagunçam definitivamente as fronteiras entre a realidade e a ficção ao assumirem escancaradamente a ambiguidade autoficcional:

> a proposta da prática autoficcional [...] se fundamenta de maneira mais ou menos consciente na confusão entre pessoa e personagem ou em fazer da própria pessoa um personagem, insinuando, de maneira confusa e contraditória, que esse personagem é e não é o autor. Essa ambiguidade, calculada ou espontânea, constitui uma das mais marcantes características da autoficção, pois, apesar de autor e personagem serem e, ao mesmo tempo, não serem a mesma pessoa, seu estatuto postula uma exegese autobiográfica, toda vez que o real se apresenta como um simulacro romanesco sem camuflagens ou com evidentes elementos fictícios (ALBERCA, 2007, p. 32).

No primeiro número de *Silva* (junho de 2011e), um jornal semestral idealizado pelo próprio Lísias, é possível ler, em uma espécie de nota editorial, que o lançamento da publicação "comemora os meus três meses de casamento com Ana Paula Sousa". Assim como a menção ao suicídio de André vai aparecer em diferentes gêneros textuais, a menção ao casamento, ou melhor, a seu fim, aparecerá logo depois como elemento central da trama dos três textos acima mencionados. Após o anúncio do divórcio, feito pelo próprio Lísias nas redes sociais de que participa na internet, "Meus três Marcelos" passa a circular. O texto trata da dor do personagem, identificado como Ricardo, depois da leitura do diário escrito por sua mulher. A plaquete, distribuída aos alunos do curso "Os contos clássicos do século XX", ministrado por Lísias, incorpora à própria narrativa o episódio factual: "Comecei a dar um curso de contos 34 dias depois de quase ter-me matado" (2011f).

As entradas pouco lisonjeiras do diário (que aparecem em itálico no texto) mencionam opiniões sobre o curto período matrimonial e a figura do marido ("imagina eu tendo um filho com o autista com quem casei", 2011f). Os três Marcelos do título, identificados ao final, paratextualmente ("são o Moreschi, o Ferroni e o Mirisola", 2011f), são amigos que restabelecem ao narrador a pele roubada pelo sofrimento.

Embora a leitura torne evidente a possibilidade de associação indubitável entre o Ricardo do texto e o próprio autor, não apenas pelas próprias declarações de Lísias nas redes eletrônicas sobre o divórcio, mas por outros inúmeros elementos biográficos espalhados pelo texto, a nota final carimba o conto e orienta o procedimento de leitura: "O texto, incluindo os trechos em itálico, é ficcional." Aqui, o autobiográfico aparece como jogo, "a própria peripécia, ancorada no lugar da ficção ou convivendo com ela" (Arfuch, 2010, 78), lançando dúvidas sobre os critérios de avaliação estética.

Em "Divórcio", a mesma situação dramática aparece reescrita. No lugar dos três Marcelos, a evocação da amizade do amigo André torna possível a superação da dor e da solidão enfrentadas pelo personagem principal: "Minha ex-mulher roubou-me a pele depois de um mês de casamento, cheia de indiferença pelo resto do meu corpo e orgulhosa por falar um pouco de francês" (2011d, p. 66). Sem a homonímia ou a menção a qualquer diário, o texto publicado na revista *piauí*, em novembro de 2011, é muito mais sutil em relação à dicção escancaradamente autobiográfica. Aqui, o texto parece muito mais "ficção", menos dependente do rendimento autoficcionalizante, menos ambíguo, ou melhor, a ambiguidade não parece ser engrenagem fundamental à máquina ficcional como em "Meus três Marcelos".

Mas a grande volta do parafuso é dada com a circulação de "Sobre a arte e o amor". Trata-se de uma carta, assinada por Ricardo Lísias, como resposta à notificação extrajudicial enviada pelo advogado de Ana Paula Sousa, ex-mulher do autor. A carta, que se diz escrita em "registro afastado do tom jurídico" (2011g, p. 1) e traz uma epígrafe de Lacan ("Só é verdadeiro o que tem um sentido"), responde, ponto a ponto, à notificação extrajudicial que vem anexada ao texto, juntamente com uma procuração de Ana Paula Sousa, dando poderes ao advogado para interpelar Lísias. O ponto principal da queixa diz respeito à invasão de privacidade da ex-mulher pela divulgação de parte de seu diário em "Meus três Marcelos" e à alegação de que a nota final apensa ao texto, alegando a ficcionalidade da publicação, é mentirosa, pois, na verdade, reproduz trechos do diário: "O senhor diz que a nota de que o texto *Meus três Marcelos* é ficcional não convence. Ou seja, o senhor afirma que *Meus três Marcelos* não é ficção... Pois eu discordo: é ficção! "(idem, p. 3).

Rebatendo ainda a possibilidade de ter invadido a intimidade de sua ex-mulher nas declarações divulgadas na internet, Lísias é veemente na defesa da liberdade de criação ficcional: "um escritor elabora suas questões internas a partir de seus textos. Minha ex-mulher sem dúvida brincou com a minha vida, eu escrevi (e vou escrever) para entender o que aconteceu. Se ela vê minha ficção como afronta à sua imagem, então que fosse brincar com a vida de alguém que não escreve" (idem, p. 4).

"Não posso controlar o que falam de um texto de ficção" (idem, ibidem). Essa é a resposta à alegação do advogado de que a ex-mulher é identificada como autora do diário por amigos e colegas de trabalho, e que, portanto, a recepção estaria ignorando a ficcionalidade do texto. A réplica alega irônica e paradoxalmente (já que o libelo pretende ser a prova definitiva de que tudo é ficção) que um autor não pode controlar o modo de recepção de seus leitores e, de forma sagaz, vira o jogo e exige o ônus da prova em contrário:

> Portanto, parece-me razoável o senhor provar que meu texto não é de ficção. Se o senhor afirma que fiz apenas algumas 'pretensas modificações' no que seria hipoteticamente o tal diário da minha ex-mulher, o ideal teria sido apresentar o cotejo (idem, p. 3).

O leitor desse texto deve estar se perguntando: toda essa roupa suja lavada em nome da ficção merece ainda atenção crítica? É bem verdade que aos mais céticos tudo pode apenas se resumir a um engodo, simples má-fé ou fraude literária em nome de um desabafo ressentido. Mas casos semelhantes estão espalhados por aí.

Desde 2007, o livro *Esra*, de Maxim Biller, publicado na Alemanha, está banido do mercado editorial por decisão judicial. Vendido como ficção e narrando a história do fim de um relacionamento amoroso, o livro foi acusado pela própria ex-namorada do autor de ser um relato verídico da relação amorosa entre os dois, expondo com riqueza de detalhes as mais escabrosas minúcias de um relacionamento em decadência. Depois de anos na justiça, a suprema corte alemã decidiu acatar a denúncia. Rejeitando como motivo a simples alegação de que a denunciante era descrita de forma muito negativa, concordou com a extrema semelhança entre a personagem e a pessoa real e decidiu por condenar o livro por violação do direito à privacidade, "parte integrante do núcleo da dignidade humana", concluía a sentença. O argumento dos juízes que deram votos contrários à sentença final é semelhante ao alegado na resposta extrajudicial de Ricardo Lísias: qualquer "restrição à liberdade da arte é inaceitável [...] mesmo que pessoas reais tenham sido identificadas aos personagens, o romance, antes de tudo, deve ser considerado uma obra de ficção".[9] O próprio Doubrovsky, ficcionista e crítico francês, reconhecido por ter inventado o termo autoficção, foi acusado de ter provocado a morte de sua mulher, Ilse, por ter exposto em *Livre Brisé*, sua dependência alcoólica.

A exposição espetacularizada de um episódio privado pode ser entendida como mera estratégia para a vingança do ressentido, tomando a ficção como escudo. No entanto, talvez haja algum rendimento se apostamos que, na profusão exibicionista da primeira pessoa, há um jogo. Pois como entender que a segunda parte do texto de Lísias, intitulada "Resposta ao caos: sobre o amor", seja sonegada ao leitor com a indicação de que é de "interesse apenas da 'notificante'"? Como é possível trair a cumplicidade curiosa do leitor, estrategicamente conquistada pela exposição da intimidade, reservando-se o silêncio?

9 Reportagem de Dagmar Giersberg, *A Novel Is Banned: Esra by Maxim Biller*. Disponível em: http://www.goethe.de/kue/lit/aug/en2815556.htm Acesso em 22/8/2011.

A brincadeira quase perversa parece estar em estreita conexão com as demais esferas dos campos literário e cultural contemporâneos que muitas vezes servem de palco a um verdadeiro "show do eu".[10] Também o uso da citação de Wittgenstein como argumento ("o mundo resolve-se em fatos", p. 3), respaldando a fome de real dos leitores, parece impróprio num texto que defende a ficção: "escrevi um texto de ficção sem a menor revelação da verdade" (idem, p. 5).

O texto não parece acomodar-se facilmente a nenhum protocolo de leitura. A aposta de que tudo não passa de mera carta-resposta a uma demanda judicial convive com a dúvida renitente de que a ficção é capaz de fagocitar outros gêneros, simular sua estrutura, *fingere* ("dar forma" é uma das acepções da palavra) o próprio fato. Por outro lado, o acesso do leitor à compreensão do que está lendo não pode depender apenas da ficcionalização operada pela escrita, porque essa mesma operação inscreve-se a partir do flerte com a referencialidade propagada. Afinal, qual é a função da reprodução dos documentos ao final do texto? Esta pode ser uma estratégia da autoficção: "o conceito funciona no entrelugar, reenviando-se incessantemente para um lugar impossível e incompreensível para além da operação do texto" (GASPARINI, 2009, p. 39). Assim, a condição literária, ficcional, do texto está, ela própria, condicionada ao jogo com a factualidade.

Por isso, a afirmação de que "a obra de arte sempre recoloca em outros termos a realidade" (LÍSIAS, op. cit., p. 7) e a reprodução da foto de Marcelo Mirisola, usadas como contra-argumento à retórica advocatícia que apontou a referência a Mirisola como

10 A expressão dá título ao livro de Paula Sibilia, *O show do eu: a intimidade como espetáculo*. Rio de Janeiro: Nova Fronteira, 2008.

prova de que "Meus três Marcelos" não podia ser lido como ficção, soam como blague, pois, se o uso da verossimilhança parece expropriado, é bem verdade que é o esteio para o artifício.

Após essas considerações, poderíamos perguntar: qual seria a grande marca distintiva de Lísias como autor? Ora, se pudermos apostar na "guinada subjetiva" como um gesto performático de inscrição de um nome de autor, de inscrição de uma assinatura literária, então, temos várias evidências da estratégia dispersiva aqui comentada: os mesmos motes temáticos – o apelo a uma intimidade *mezzo fake*, o retorno do narrador solitário e dolorido com a morte de seu melhor amigo, com a separação conjugal –, recuperados em publicações distintas, entregues quase sem intervalo, parecendo todas reescrever, reelaborar o mesmo texto.

REFERÊNCIAS BIBLIOGRÁFICAS

ALBERCA, Manuel. *El Pacto Ambiguo. De la novela autobiográfica a la autoficción*. Madri: Editorial Biblioteca Nueva, 2007.

ARFUCH, Leonor. *O espaço biográfico. Dilemas da subjetividade contemporânea*. Trad. Paloma Vidal. Rio de Janeiro: EdUERJ, 2010.

GASPARINI, Philippe. Autofiction. *Une aventure du langage*. Paris: Éditions du Seuil, 2009.

LÍSIAS, Ricardo. *Fisiologia da solidão*. Rio de Janeiro: Espectro Editorial, maio/2010a. 10p. (plaquete carimbada pelo autor, nº 36, de 80 exemplares). Publicado também na revista *Granta* em português/número 6. Longe daqui. Ficção. Rio de Janeiro. Alfaguara, 2010.

_____. *Bienal (2009-2010)*. Texto digitado e inédito, 2010b.

_____. *Artes plásticas*. Texto digitado e inédito, 2011a. Sem indicação de páginas.

_____. *Sobre a rapidez*. Pernambuco. Suplemento do diário oficial do estado. 01 jan. 2011b. Disponível em http://www.suplementopernambuco.com.br/index.php option=com_content&view=article&id=387&Itemid=2. Acesso em 14/12/2011.

____. *Fisiologia da memória*. Pernambuco. Suplemento do diário oficial do estado, 1 mar. 2011c. Disponível em http://www.suplementopernambuco.com.br/.

index.php?option=com_content&view=article&id=279&Itemid=2. Acesso em 14/12/2011.

_____. “Divórcio”. *piauí*. nº 62, nov. 2011d. pp. 66-7.

_____. *Silva*. nº 1 Jornal semestral do escritor Ricardo Lísias. Junho/2011e.

_____. *Meus três Marcelos*, Plaquete de encerramento do curso “Os contos clássicos do século XX”. Ed. Extraordinária de Silva #1. nº 34, assinado pelo autor, novembro de 2011f. Sem indicação de páginas.

_____. *Sobre a arte e o amor*. Arquivo PDF. 2011g.

_____. “Reflexo do país”. *O Globo*. Prosa e Verso. 8/10/2011h. p. 3.

_____. *O livro dos mandarins*. Rio de Janeiro: Alfaguara, 2009.

_____. *Anna O. e outras novelas*. São Paulo: Editora Globo, 2007.

_____. *Duas praças*. São Paulo: Editora Globo, 2005a.

_____. *Dos nervos*. São Paulo: Hedra, 2004.

_____. “Café”. Disponível em http://revistapesquisa.fapesp.br/?art=3310&bd=2&pg=1&l Ed. Impressa 114. Agosto de 2005b. Acesso em 14/12/2011.

_____. *Cobertor de estrelas*. Rio de Janeiro: Rocco, 1999.

PERRONE-MOISÉS, Leyla. “Posfácio”. In. Lísias, Ricardo. *Ana O. e outras histórias*. São Paulo: Editora Globo, 2007.

ADRIANA LUNARDI: ASSINATURA, FILIAÇÃO E INSCRIÇÃO NA CENA LITERÁRIA

Ana Cláudia Viegas

> Em 11 de dezembro de 1977, no Cemitério Israelita do Caju, não muito longe do porto onde Macabéa passava suas raras horas vagas, Clarice Lispector foi sepultada de acordo com o ritual ortodoxo. Quatro mulheres da sociedade funerária, a Chevra Kadisha, limparam seu corpo por dentro e por fora, envolveram-no num lençol de linho branco, pousaram sua cabeça num travesseiro cheio de terra, e a cravaram dentro de um caixão simples de madeira. Foram lidos o Salmo 91, a oração fúnebre "*El malei rahamim*" e o Kadish dos enterros. Não houve discursos por parte dos presentes. Três pazadas de terra foram lançadas sobre o caixão enquanto soavam as palavras do Gênesis: "Da terra vieste e à terra voltarás".
>
> Na lápide, gravado em hebraico, o nome oculto: Chaya bat Pinkhas. Chaya, filha de Pinkhas (MOSER, 2009, p. 557).

É ESSE CENÁRIO – DESCRITO NO EPÍLOGO da biografia de Clarice Lispector escrita por Benjamin Moser – que a narradora-personagem do conto "Clarice", do livro *Vésperas*, de Adriana Lunardi, vindo morar no Rio de Janeiro com o pai desconhecido após a morte de sua mãe, escolhe para visitar logo após sua chegada. Diante do túmulo de Clarice Lispector, essa leitora apaixonada afirma: "essa é a minha história. Tinha ido até ali para vivê-la, para fazer-me do que gosto, ceder à mínima manifestação do meu ser difícil, áspero, desesperado. Sobretudo, tinha ido ali para me filiar" (LUNARDI, 2002, p. 77). Parto da atitude dessa jovem de 17 anos – a filiação – para transpô-la à autora Adriana Lunardi na composição desta obra.

Após a estreia como escritora com o premiado livro de contos *As meninas da torre Helsinque* (1996) e a participação em algumas antologias, Adriana ganha, em 2000, uma bolsa da Biblioteca Nacional, cujo resultado é a publicação de *Vésperas* (2002), em que explora a criação literária como tema e inspiração, a partir da morte de nove escritoras da literatura mundial: Virginia Woolf, Dorothy Parker, Ana Cristina Cesar, Colette, Clarice Lispector, Katherine Mansfield, Sylvia Plath, Zelda Fitzgerald e Júlia da Costa. Cada um dos nove contos que compõem a obra desenvolve-se em torno da presença espectral dessas escritoras, eleitas por Adriana, por meio desse "ato autobiográfico"[1] de filiação, como suas precursoras.

Diante de um tema comum a todos os contos, a morte, Adriana se utiliza de diferentes estratégias narrativas para criar cada um dos textos. O ponto de vista da narração varia entre a primeira e a terceira pessoa e, em cada um desses focos, assume diferentes nuanças. Em "Ginny", apelido de infância de Virginia Woolf, um narrador-observador acompanha os derradeiros momentos da escritora: a elaboração das últimas cartas, o caminho até o rio, a pedra no bolso, o mergulho para o fim. Os momentos finais de "Kass" ou Katherine Mansfield, "Flapper" ou Zelda Fitzgerald e "Dottie" ou Dorothy Parker são igualmente narrados em terceira pessoa, sendo que, nesta última história, o narrador segue o ponto de vista de Troy, poodle de estimação

1 O "ato autobiográfico" é um termo de Elizabeth Bruss, em textos como BRUSS, Elizabeth W. "L' Autobiographie considérée comme acte littéraire". *Poétique*, Paris, nº 17, pp. 14-26, 1974.

da escritora. Ao final de "Minet-Chéri", apelido materno de Colette, a narradora em primeira pessoa se nomeia: "Meu nome é Claudine, nasci em 1884, em Montigny, e nunca hei de morrer" (LUNARDI, op. cit, p. 64). Dessa vez, portanto, a voz narrativa provém da obra de Colette, *Claudine à l'école*, fundindo e ressignificando criadora e criatura.

Um outro elemento do sistema literário, o leitor ou mais especificamente a leitora, é a narradora do já citado conto "Clarice". Também em "Victoria", pseudônimo de Sylvia Plath, é do ponto de vista da recepção da obra da poeta que se narra, sendo que este narrador não é exatamente um leitor, mas um sexagenário cuja mulher tem o mesmo nome de Sylvia e que, embora nunca tivesse lido nenhum livro de Sylvia Plath, conhecia alguns versos seus, ouvidos em um programa da rádio BBC.

Em "Ana C.", a narração em primeira pessoa fica a cargo de um homem à beira da morte, em cujos delírios encontra a poeta Ana Cristina Cesar, que o conduz na passagem para além da vida. Várias referências textuais - Audrey Hepburn, a contracultura, o muro caiado, a rainha de copas do tarô, o "mapa para sempre incompleto" das viagens pelo mundo, o vírus e a peste - nos permitem nomear esse narrador como o escritor Caio Fernando Abreu, morto em consequência da Aids em 1996. Em mais um jogo entre biografia e ficção, dessa vez sem oferecer chaves de leitura como as que aparecem no item "Sobre as personagens" ao final do livro, o amigo Caio F. é chamado a compartilhar o texto dedicado a Ana C., em intertextualidade com as "Cartas para além dos muros", publicadas n' *O Estado de S. Paulo*, em 1995, após "O Teste" e "o resultado: HIV positivo". Se na última dessas cartas Caio vê a cara da morte e "ela estava viva" - "Ela se debruçou sobre mim, tão próxima que consegui ver meu rosto inteiro refletido em suas pupilas dilatadas.

Era bonita?" (ABREU, 2006, p. 199) –, como narrador no texto de Adriana, Caio vai reconhecendo o rosto "cheio de dúvidas e inseguranças, mas cada vez mais certo de estar diante do olhar eternamente encoberto de Ana C." (LUNARDI, 2002, p. 49). Desse encontro ainda participam outros autores e personagens: Alice, Ulisses, Allen Ginsberg, Rimbaud, Sísifo, Machado. Deste, o monóculo e o "primeiro verme que há de me roer". A lembrança do "defunto autor" Brás Cubas, "para quem a campa foi outro berço" (ASSIS, 2001, p. 17), puxa mais um fio dessa intrincada rede de palavras: no livro de Adriana, as escritoras defuntas se tornam personagens e, no caso específico do conto "Ana C.", narra-se a passagem de um narrador-autor-personagem ao outro lado da vida.

Ao misturar narradores, escritores e personagens, Adriana borra os limites entre ficção e biografia, arte e vida, e compõe a si mesma como personagem. Que imagem de si a autora Adriana vai traçando ao criar seus textos a partir dessas outras vozes? Que concepções de literatura podem ser entrevistas na composição de *Vésperas*? Assumindo-se como escritora-leitora (papel anunciado e ao mesmo tempo reiterado pela bela foto da capa), Adriana Lunardi assume a criação a partir de diversos outros textos. Em vez de fruto de uma originalidade absoluta, a criação literária se apresenta, nessa obra, como resultado de diversas leituras e reescrituras, embaralhando-se na trama final dados biográficos das autoras, personagens, frases, referências das mais diversas ordens. Aproxima-se, portanto, da concepção bakhtiniana de autor que guia as reflexões de Leonor Arfuch a respeito do "espaço biográfico"[2] contemporâneo: no intervalo

2 Termo formulado por Leonor Arfuch para caracterizar a articulação entre os diversos gêneros discursivos contemporâneos ligados aos relatos de experiências pessoais e à exposição pública da intimidade.

"entre herança e criação – nem um Adão que trabalharia sob inspiração divina, nem um mero reprodutor do já dito –, entre a imposição dos gêneros instituídos e a marca de sua subjetividade" (ARFUCH, 2010, pp. 210-211). A exposição de algumas informações "Sobre as personagens", ao final do livro, dá dicas ao leitor a respeito de elementos aproveitados e reelaborados ao longo dos contos. O próprio título dessa seção joga com o estatuto de autoras/personagens dessas mulheres, já que muitas edições apresentam o item "Sobre o(s) autor(es)", com alguns dados a respeito da formação deste(s) e de suas publicações.

Na verdade, antes de serem transformadas em personagens dos contos de Lunardi, essas escritoras já haviam se constituído como personagens da vida literária. Mesmo durante o predomínio de uma perspectiva imanente nos estudos literários, que procurava apagar a presença do autor e fazer prevalecer a concepção do texto como pura linguagem, os leitores sempre desejaram ter acesso à pessoa real por trás da página escrita, lendo muitas vezes as ficções como "*fantasmas* reveladores de um indivíduo" (LEJEUNE, 2008, p. 43). Roland Barthes, ao mesmo tempo que assinala a "morte do autor", reconhece sua permanência "nos manuais de história literária, nas biografias de escritores, nas entrevistas dos periódicos, e na própria consciência dos literatos, ciosos por juntar, graças ao seu diário íntimo, a pessoa e a obra" (BARTHES, 1988, p. 66). Se antigamente era o leitor que "tomava a iniciativa e assumia a responsabilidade desse tipo de leitura", esse "pacto fantasmático" (LEJEUNE, op. cit., pp. 43-44) vem se difundindo cada vez mais pelos próprios autores e editores, como já reconhecera Philippe Lejeune no início dos anos 1970, afirmando, ainda, que os jogos entre ficção e autobiografia podem ser encontrados, em diversos graus, em muitos escritores modernos. Nas últimas décadas, observa-se uma tendência, tanto acadêmica quanto do mercado de bens culturais, de revalorização da primeira pessoa como ponto de vista. Impõe-se, nas palavras de Beatriz Sarlo, uma "guinada subjetiva", em que "a identidade dos sujeitos voltou a tomar o lugar ocupado, nos anos 1960, pelas estruturas" (SARLO, 2007, pp. 18-19).

A essa "guinada subjetiva" no campo dos estudos literários se liga intrinsecamente a leitura crítica da correspondência entre escritores, de seus diários, entrevistas, manuscritos, anotações pessoais. A nova crítica biográfica, sem retornar ao biografismo oitocentista, "ao escolher tanto a produção ficcional quanto a documental do autor - correspondência, depoimentos, ensaios, crítica - desloca o lugar exclusivo da literatura como *corpus* de análise e expande o feixe de relações culturais" (SOUZA, 2002, p. 111). O autor retorna ao campo dos estudos literários não como origem e explicação última da obra, mas como "ator no cenário discursivo": "A figura do escritor substitui a do autor, a partir do momento em que ele assume uma identidade mitológica, fantasmática e midiática" (idem, p. 116). Retoma-se, dessa forma, um elemento fundamental da literatura como prática social, o escritor como personagem.

A criação de autoimagens aproxima vida e arte, ficção e realidade, desdobrando o autor em diversos personagens. No contexto da cultura midiática, a imagem do autor não se constrói apenas de tinta e papel, de modo que, ao lermos um texto, não temos somente o nome do autor como referência, mas sua voz, seu corpo, sua imagem veiculada nos jornais, na televisão, na internet. A obsessão contemporânea pela presença nos afasta da concepção barthesiana do autor como um "ser de papel" (BARTHES, op. cit, p. 76). As informações apresentadas "sobre as personagens", ao final de *Vésperas*, poderiam ser encontradas num dos sites de busca disponíveis para a curiosidade dos leitores a respeito dessas e de outras escritoras. Em relação a Adriana Lunardi, somadas às breves indicações sobre a autora expostas, como de praxe, na orelha do livro, o leitor que quiser buscar mais dados sobre ela os encontrará em seu site, em sua comunidade no orkut, em resenhas, entrevistas. No "espaço biográfico" contemporâneo, mais do que o conteúdo dos relatos, importam as estratégias de autorrepresentação. Ao propor uma leitura autobiográfica de *Vésperas*, entendo que esta obra pode ser considerada um gesto da própria Adriana na formação de sua figura autoral. As cenas de leitura – tão recorrentes em relatos autobiográficos e até ficcionais de escritores de diferentes épocas que se tornam, segundo Arfuch, "fábulas de identidade" (ARFUCH, op. cit., p. 225) – são aqui dramatizadas e servem de mote para a criação dos contos. Essas leituras, no entanto, se misturam a biografemas das nove escritoras escolhidas, isto é, a "alguns pormenores, alguns gostos, algumas inflexões", como Barthes (1979, p. 15) define tais unidades mínimas da biografia.

No caso das representantes da literatura brasileira – Clarice Lispector, Ana Cristina Cesar e Júlia da Costa –, temos três imagens autorais bastante peculiares, sugestivas ao fascínio biográfico motivado pela vida literária. Em comum, a atuação pública, incluindo a colaboração na imprensa de suas respectivas épocas, traço digno de nota, sobretudo, em relação à poeta paranaense, morta em 1911, vivendo num período em que o papel social atribuído à mulher era bastante restrito.

Clarice Lispector, embora pertença ao cânone modernista, sempre suscitou polêmicas quanto ao valor desigual de seus textos. Seu primeiro romance, *Perto do coração selvagem*, ao mesmo tempo que foi recebido com entusiasmo por alguns críticos, como Antonio Candido – que louvou suas ousadias experimentais, saudando o livro pela sua novidade –, foi duramente criticado por outros, como Álvaro Lins, que o considerou uma "experiência incompleta", criticando o "romance bem feminino" pelo seu confessionalismo excessivo e narcísico (ROCHA, 2003, pp. 47-60). Essa oscilação da crítica perante os textos de Clarice acompanha toda sua produção, sendo seus últimos escritos novamente alvo de reprovação, relativa à excessiva pessoalidade, que colocaria em questão, inclusive, seu valor literário. No texto "Explicação", espécie de prefácio ao livro de contos *Via crucis do corpo*, recebido pela crítica como "obra menor" se comparado às demais publicações de Clarice, a própria autora responde a esse tipo de avaliação de sua obra: "Uma pessoa leu meus contos e disse que aquilo não era literatura, era lixo. Concordo. Mas há hora para tudo. Há também a hora do lixo" (LISPECTOR, 1974, p. 11).

A escrita de Ana Cristina Cesar em forma de cartas, diários e "cadernos terapêuticos" também levou a associarem-na a uma literatura intimista, confessional e a procurarem em seu texto pistas reveladoras de sua individualidade. O aspecto aparente de "confissão", de uma "escrita do eu", parece corroborar para a construção de Ana C., cuja "morte repentina" em muito contribuiu para sua aura. Compondo versos que nem ocultam "sintomas, segredos biográficos" nem são "literatura pura", sua obra se constitui nessa tensão, nessa "contramão". Assim como Clarice, Ana C. ocupa um lugar entre os mitos femininos de nossa literatura: figuras belas, enigmáticas, contraditórias, referências da produção literária nacional da segunda metade do século XX.

Elegendo suas filiações, Adriana Lunardi elege um modo de se inscrever na cena literária, acompanhada de escritoras brasileiras e de língua inglesa ou francesa, marcantes não só pela produção literária, mas também pela inserção no cenário cultural de seu tempo, sendo a morte de cada uma delas um fator importante para sua dimensão mítica. As cenas de leitura, desdobradas em escrita, definem, assim, um lugar para a jovem escritora, a trama genealógica em que quer se situar, sua valoração da literatura, alimentando a (auto)produção da imagem da autora "como suporte do gesto da assinatura" (ARFUCH, op. cit., p. 236).

A morte e a literatura continuam no centro da cena de seu romance mais recente, *A vendedora de fósforos* (2011). Macondo, Édipo, Tirésias, Riobaldo, Diadorim, Brás Cubas, Zelda Fitzgerald, Clarissa, Proust, Borges – autores e personagens habitam as páginas deste livro, cujo título evoca o conto de Andersen, recriado ao final da narrativa. Também da morte e da (re)criação de mundos e histórias trata o clássico conto infantil. Se o calor do fogo aceso pelo riscar dos fósforos aquece o corpo da pobre menininha, sua luz lhe acende a imaginação e a transporta para outras paisagens. Duvidando do poder do realismo, "último lugar onde as coisas estão" (LUNARDI, 2011, p. 54), a narradora criada por Lunardi afirma a superioridade da literatura diante da realidade: "A literatura sempre há de perder para a realidade, não tenham dúvida; porém, quem escolhe a realidade acaba, cedo ou tarde, se sentindo um tolo" (idem, p. 124).

Tolice também atribuída àqueles que quiserem ver, por trás das falsas pistas dispersas ao longo do texto, traços biográficos da autora: "O que digo aqui é com voz de ventríloquo. O único perigo é alguém olhar de fora e me enxergar no centro. Seria um engano" (idem, p. 109). A garantia de sinceridade do discurso em primeira pessoa é colocada sob suspeita desde a epígrafe do romance: "Escreverei as lembranças de minha irmã para falar de mim com mais verdade."

Dialogando, dessa forma, com marcas frequentes nas narrativas atuais – como o "retorno do autor" –, essa escritora-leitora continua a tecer seus textos equilibrando-se nos limites entre biografia e ficção, realidade e invenção, vida e literatura.

REFERÊNCIAS BIBLIOGRÁFICAS

ABREU, Caio Fernando. "Primeira carta para além dos muros; Segunda carta para além dos muros"; "Última carta para além dos muros"; "Mais uma carta para além dos muros". In: _____. *Pequenas epifanias*. Rio de Janeiro: Agir, 2006. pp. 106-114; 199-201.

ARFUCH, Leonor. *O espaço biográfico:* dilemas da subjetividade contemporânea. Trad. Paloma Vidal. Rio de Janeiro: EdUERJ, 2010.

ASSIS, Machado de. *Memórias póstumas de Brás Cubas*. São Paulo: Ática, 2001.

BARTHES, Roland. "A morte do autor"; "Da obra ao texto". In: _____. *O rumor da língua*. São Paulo/Campinas: Brasiliense/Editora UNICAMP, 1988. pp. 65-78.

_____. *Sade, Fourier, Loyola*. Lisboa: Edições 70, 1979.

LEJEUNE, Philippe. *O pacto autobiográfico:* de Rousseau à internet. Belo Horizonte: Editora UFMG, 2008.

LISPECTOR, Clarice. "Explicação". In: _____. *A via crucis do corpo*. Rio de Janeiro: Artenova, 1974. pp. 11-12.

LUNARDI, Adriana. *Vésperas*. Rio de Janeiro: Rocco, 2002.

_____. *A vendedora de fósforos*. Rio de Janeiro: Rocco, 2011.

MOSER, Benjamin. *Clarice, uma biografia*. Trad. José Geraldo Couto. São Paulo: Cosac Naify, 2009.

ROCHA, Fátima Cristina Dias. "*A hora da estrela*, de Clarice Lispector: singularidade e transgressão". In: _____ (org.). *Literatura brasileira em foco*. Rio de Janeiro: EdUERJ, 2003. pp. 47-60.

SARLO, Beatriz. *Tempo passado:* cultura da memória e guinada subjetiva. São Paulo: Companhia das Letras; Belo Horizonte: Editora UFMG, 2007.

SOUZA, Eneida Maria de. "Notas sobre a crítica biográfica". In: _____. *Crítica cult*. Belo Horizonte: Editora UFMG, 2002. pp. 111-120.

EM DIREÇÃO AO ANIMAL: JOÃO GILBERTO NOLL, ESCRITA E *BIOS*[1]

Gabriel Giorgi

I. Duas interrogações: o eu e o animal

Dois impulsos, talvez seja melhor dizer duas ênfases, parecem conjugar as questões contemporâneas em torno da interseção entre literatura e vida. O primeiro deles diz respeito às chamadas "escritas do eu" que têm marcado muitas conversas críticas recentes e giram em torno de uma evidência formal: aquela que nos lembra que a vida é irredutível a um eu, que esse *bios*, que é um impulso autobiográfico que quer sempre ser reapropriado sob o signo de uma subjetividade – uma assinatura, uma "pessoa" no sentido teatral e jurídico do termo –, revela-se insubmisso. Essa descoberta marca todo um percurso dos anos 1970 até o presente, de *En breve cárcel*, da escritora argentina Sylvia Molloy, até as "escritas do eu" mais recentes. Estas escritas, como foi assinalado, trabalham com uma intimidade que se revela enganosa: o íntimo é menos o espaço de reapropriação da vida por parte do sujeito do que uma dobra a partir da qual essa interioridade se abre a intensidades e afetos impessoais, comuns, em todo caso não atribuível a um eu. As escritas funcionam, assim, em torno da defasagem ou desarticulação do próprio: a dobra autoafetiva e autorreflexiva que

1 Tradução de José Antonio Castellanos Pazos.

constrói a subjetividade aparece aqui atravessada por intensidades que são exteriores, coletivas, neutras; dessa não coincidência sistemática são feitas tais escritas. O que conta nelas é o questionamento sobre essa "matéria de vida" cujo estatuto foi colocado em questão, e cuja natureza - entre o corpo, a cultura e a experiência - deixou de ser o fundamento pressuposto da subjetividade; por isso torna-se instância de pesquisa e de interrogação. São escritas que nascem da verificação de que a vida já não se pode resumir ou conter no formato do indivíduo, como se a cultura tivesse descoberto que a noção de "vida própria" tornou-se insustentável, e, por isso, precisasse elaborar outros modos de registro, de captura, de percepção e de reflexão sobre o vivido; toda vida, parecem dizer estes textos, é alheia, porém ao mesmo tempo íntima. Estas escritas não dão, assim, somente o testemunho de um eu ficcional, performativo, que se oporia a um sujeito ontológico e a sua capacidade de verdade; também não dão conta da construção de "novas identidades"; dão conta, acima de tudo, da impossibilidade de determinar o *bios* em torno da figura de um eu. Fazem do eu menos a instância de uma demarcação interior, uma topografia do privado, do que uma zona de fluxos e de passagem: um umbral entre uma enunciação e um "passo de vida" que excede toda apropriação. Logo, a partir do modelo das escritas do eu, a relação entre literatura e vida é uma relação de dissimetria, de não coincidência; o vivido nunca coincide com o sujeito da memória, e o "eu" é, paradoxalmente, o mecanismo ou o instrumento para pensar essa defasagem.

O outro impulso é, ao menos na aparência, mais literal: pensa a vida em termos de corpos, de materialidade biológica, de organismos, e de forças e intensidades vivas; põe em cena a relação entre um "vivente" e a escrita. É a saúde e a doença, a sexualidade, a fome, o corpo diante da sua sobrevivência: modos do viver e do morrer dos corpos *enquanto tais*. Se as "escritas do eu" pensam a partir do hiato inconciliável entre *autos* e *bios*, essas escritas trabalham a incomensurabilidade entre o eu e seu corpo, entre a pessoa e seu ser vivente - entre, para dizê-lo de uma vez, o sujeito de linguagem e o corpo vivente. Nesse percurso, literatura e vida se enlaçam sob o signo do animal: do rumor, do afeto, do impulso do animal que habita os corpos. A escrita ensaia modos de relacionamento com *isso* que traça os limites do humano, e o faz a partir de uma crise formal: o animal perde forma, torna-se um contorno indeterminado, mutante, aberto; ilumina corpos irreconhecíveis, potências corporais e forças sem nome, no limite mesmo da espécie humana, em zonas de indeterminação entre espécies e entre corpos. Pensemos em um arco que vai de Clarice Lispector e Osvaldo Lamborghini a, por exemplo, Marosa di Giorgio e João Gilberto Noll: ali a vida não remete à experiência vivida por um eu, mas à vida do corpo, ao campo de forças singulares e múltiplas que fazem e desfazem os corpos. Trata-se de biologias abertas, de corporalidades cujo lugar mesmo torna-se instância de interrogação; ilumina o encontro com potências orgânicas, com forças opacas, que retraçam constantemente os contornos dos corpos e mapeiam seus campos de relação e de devir: o desejo, o afeto, a sensação, a pulsão, o que arrasta a consciência para sua linha de sombra que aqui é também sua linha de criação. Impessoal, assignificante, neutro: o rumor do vivente nas alternativas da sexualidade, do desamparo, da doença; disso falam os animais que assomam, como figuras incertas, em muitos textos da literatura recente. São animais íntimos, interiores: emergem, como a célebre barata de *A paixão segundo GH*, no interior das casas, no mundo doméstico, ou em um mundo rural onde o selvagem se reconverteu em intensidade desejante, como nos textos de Marosa. O animal deixa de ser um outro radical - o outro da natureza - para se tornar um corpo contíguo, imediato, de uma proximidade para a qual não existe um lugar próprio: essa contiguidade é o que a literatura pensa, porque a partir dela afirma uma ética e uma política dos corpos mais que dos indivíduos ou das identidades. Essa vida é uma zona de indiscernibilidade entre *bios* e *zoé* - o ponto em que, como diz Esposito, já não é possível traçar essa distinção (ou onde a distinção mesma revela-se incompreensível para a nossa época); é esse o umbral que a literatura interroga pela via do animal.

Vida apessoal do sujeito, vida animal do corpo: entre esses dois limites ou umbrais parecem se traçar os modos em que vida e escrita se amarram na cena contemporânea. A insistência e a proliferação destas indagações - que, podemos dizer, cobrem grande parte das escritas mais interessantes desde os anos 1970 - indicam que se está pensando algo mais profundo.

II. A luz animal: amnésia e escrita

Talvez uma resposta a essas indagações se encontre na escrita de João Gilberto Noll. A modernidade irredutível dessa escrita reside, creio, no fato de combinar e trabalhar a tensão entre os dois impulsos de que falávamos antes: sua escrita pensa, como já tem apontado a crítica,[2] o estatuto da subjetividade

2 Ver Aguilar, Gonzalo, "*Lorde* de João Gilberto Noll: la experiencia del despojo", em Cronopios - Portal de literatura e arte, http://www.cronopios.com.br; Klinger, Diana, *Escritas de si, escritas do outro: o retorno do autor e a virada etnográfica : Bernardo Carvalho, Fernando Vallejo, Washington Cucurto, João Gilberto Noll, César Aira, Silviano Santigo*, Rio de Janeiro, 7Letras, 2007; Laddaga, Reinaldo, *Espectáculos de realidad. Ensayo sobre la narrativa latinoamericana de las últimas décadas*, Rosario, Beatriz Viterbo editora, 2007; Vidal, Paloma, "La posibilidad de lo imposible", Revista Iberoamericana, Vol. LXXV, Núm. 227, abril-junho 2009, 435-443.

– são textos que põem em cena uma subjetividade performativa, flutuante, móvel, no limite da autoficção – e, ao mesmo tempo, interroga os avatares de uma corporalidade tornada matéria narrativa; suas ficções narram *estados de corpos* em que as alternativas do relato passam sempre por uma materialidade orgânica que as realiza e potencializa. Como se sua escrita trabalhasse tanto a extenuação do eu – em um universo ficcional pós-subjetivo – como uma *crítica do corpo*, abrindo espaço a percursos de sensações e intensidades orgânicas irredutíveis a um corpo e a um organismo *próprio*.

Esse duplo jogo se condensa em Noll em torno da amnésia como procedimento formal. A amnésia parece estar na origem de muitas de suas narrativas: o esquecimento torna-se, paradoxalmente, matéria da narração. Como o protagonista de *Lorde* (2004), muitos dos seus personagens são "candidatos ao Alzheimer": trazem à narração situações que não podem nem sequer identificar, como se a perda da memória, mas também da identidade, do nome, do pertencimento (a uma nação, uma família, uma memória compartilhada etc.), inclusive o reconhecimento do "próprio" corpo, abrisse o impulso a partir do qual se pode narrar. Personagens órfãos, desamparados, abandonados, sonâmbulos que se descobrem em situações que não conseguem acabar de decifrar. Diferentemente de modos mais convencionais de narrar a amnésia, aqui o "buraco da memória" é uma espécie de *switcher* de intensidades e de dimensões: em vez de tentar substituir o que falta ou o que se perde, a amnésia põe o personagem ante um vazio a partir do qual narra.

Esse vazio de memória funciona, no entanto, como um mecanismo narrativo que ilumina os corpos em sua materialidade vivente, orgânica. Ali onde o "eu" – como história e como interioridade – está vacante, o que fica é um corpo e suas forças: esse umbral de animalidade é o que Noll persegue na sua escrita. O umbral do animal não remete às figuras clássicas do selvagem, do instintivo, do irracional, mas sobretudo a um princípio de mutação e de desfiguração: o animal aqui é menos uma "figura" reconhecível do que um campo de intensidades, uma potência informe que arrasta os corpos para além de si mesmos. Como se a amnésia do eu liberasse algum tipo de memória pura dos corpos: uma vida autônoma, independente do eu, que arrasta os personagens e traça o eixo da narração. Esse animal e vivente emerge no "vazio" da amnésia; narra-se a partir desse limite.

Não é que o corpo ofereça uma nova liberdade, como se se liberasse de antigas constrições e reencontrasse uma potência de metamorfose e devir que promete uma nova autonomia ao sujeito – uma emancipação ou uma liberação. A escrita de Noll passa por outro lugar: pensa o corpo e a vida que o atravessa como uma força ou potência que resiste a toda apropriação, que põe em questão a possibilidade mesma de fazer do corpo algo próprio, dominável, sujeitável. O corpo impróprio, o corpo como impropriedade: é isso que investiga a escrita de Noll.

"Escrevo isso que meu organismo está em condições de me dar",[3] diz Noll, como se a relação entre escrita e corpo fosse uma relação de subordinação na qual o organismo é o germe de eventos e de intensidades que constituem ao mesmo tempo a matéria e a possibilidade mesma da escrita. Organismo e escrita: o tema recorrente da escrita de Noll será o enlace – e o permanente deslocamento – entre o "sujeito da linguagem" e o "animal mudo", entre a linguagem e o vivente, entre falar e viver; essa relação sempre precária e nunca completamente

3 "Escapo de la prosa neutra", entrevista, *Revista Ñ*, 29 de novembro 2008.

conciliável de hóspede e anfitrião, entre o corpo e o sujeito falante que o habita, onde o corpo vivente, o corpo animal, irrompe como uma sombra e um tensor da linguagem. Em Noll, a "parte animal", a existência biológica parece sempre traçar um limite, um contorno de forças que se arrastam na direção do indeterminado não só do "eu" e da sua precária consciência, como também da narração e da linguagem: como se a possibilidade de narrar e de falar se originasse nessas forças desencadeadas, cegas, elas mesmas mudas, mas que desde seu fundo opaco "fazem" falar e "fazem" narrar. Na direção do animal, na direção do vivente: os amnésicos de Noll, as escritas que eles possibilitam, vão nessa direção que, no entanto, nunca coincide completamente nem com a linguagem, nem com a consciência. Elas repõem nenhuma origem, uma força originária, uma pureza: o animal aqui não repõe uma natureza perdida e reencontrada, uma plenitude ou essência vital. Os corpos amnésicos de Noll, pelo contrário, emergem sob a luz do abandono, da precariedade, do irreparável, do irredimível, como o "quieto animal da esquina" que protagoniza o romance do mesmo nome de 1991, e que trabalha sobre os sentidos do animal como figura do abandono. Seus textos combinam a precariedade e a destituição com uma potência cega, que se afirma na sua incerteza: essa escura afirmação é o que acontece nos itinerários sonâmbulos dos personagens, a de uma força ou potência sem função, sem destino, sem teleologia.

Os corpos em Noll estão feitos de organismos e fisiologias instáveis, de contornos ambíguos: "Eu parecia de fato me encontrar na passagem do estado bruto da vida para uma espécie de existência mais difusa e elementar" (1996, p. 142), diz o narrador de *A céu aberto*, enunciando um impulso que parece atravessar a maioria dos corpos nos textos de Noll. São corpos que parecem mover-se para um tipo de desmaterialização, ou, melhor dizendo, para uma mudança de estado de matéria: aparecem-lhes substâncias incógnitas, tornam-se luminosos, derramam-se em secreções e humores, como se o corpo estivesse orientado a pontos de tensão nos quais o orgânico ou o físico se transmuta, se liquidifica em outra coisa mais difusa, informe e irreconhecível, porém que se inscreve como um acréscimo de vida, um excedente, uma reserva potencial e enigmática. Uma transmutação para um "extrato de mais vida" (NOLL, 2004, p. 110) que atravessa os corpos e os arrasta na direção do indeterminado, disso quase imperceptível mas real, "as entranhas do zero", lugar a partir do qual se relança a narrativa: como se a escrita fosse o registro desse vértice cego, desse umbral ou contorno de forças que impele os corpos, uma pulsão que os empurra e os torna instância do relato. Trata-se menos de uma metamorfose entre espécies, gêneros, entre formas corporais, do que entre experiências e ações que põem em crise as formas mesmas dos corpos e que dão testemunho de uma potência ou força de indeterminação – mais próxima à noção deleuziana de "virtual", que concebe a vida não como um conjunto de funções biológicas predeterminadas, mas como uma pura memória, uma memória absoluta, que se alberga nos corpos como potencialidade nunca totalmente atualizada ou realizada. Essa visibilidade do corpo em processo, do corpo em devir imperceptível, esse contorno que se desvanece e libera uma linha molecular, líquida, difusa – essa visibilidade aponta para uma vida que não responde nem à "vida natural" nem à "vida humana", que não tem um corpo ou uma figura definitivos, mas que parece empurrar todo corpo para sua indefinição; uma epistemologia da vida entre o atual e o virtual, entre a potência e a materialização: essa zona intermediária é o que emerge nesta escrita.

Os textos de Noll já foram lidos como relatos de perda da experiência: o lugar da subjetividade como instância de saber fica ali sempre vacante. Contudo, creio que a chave está em outro lugar: os personagens de Noll são a ocasião, ou o protocolo, não só para uma crise da identidade subjetiva, mas para um trabalho estético sobre as bordas, os contornos, as zonas de vizinhança entre corpos – uma espécie de microscopia do vivente entre os corpos, nessa zona imperceptível ou quase imperceptível, onde um corpo tem lugar perante outro, a linha que separa e conecta os corpos. Esse é o saber que produz esta escrita: o saber do entrecorpos, o saber do que passa entre corpos.

E é ali, nesse entrecorpos, nessa zona liminar, nessa vizinhança estranha dos corpos, que aparece o animal. *Acenos e afagos*, de 2008, é especialmente ilustrativo desse movimento. O narrador, já adulto (casado e pai de família), retoma uma paixão por um amigo de infância com quem mantinha jogos sexuais, e a quem estivera ligado por algum tipo de amor platônico. Depois de diversos episódios (os romances de Noll são romances de "ações" incessantes, puro movimento narrativo), acabam vivendo juntos, em uma zona afastada, na selva. Lá, o narrador entende que nessa nova vida tem a função de "mulher", e começa a sofrer uma mutação corporal: o corpo se torna uma caixa de ressonância dos eventos exteriores, aos quais materializa, ou literalmente corporaliza. No entanto, essa mutação, essa transformação corporal, em vez de uma mudança de gênero, em vez de uma transformação de "homem" em "mulher", torna-se uma saída para uma corporalidade nos limites do humano, entre o humano e o animal, na direção de uma dimensão onde não há "espécie" reconhecível: *o corpo se torna uma linha de saída da espécie.* Vejamos como o narrador descreve este novo corpo: "Tratava-se de um pequeníssimo animal incrustado sob o pentelho, quase na base de meu pau. Tinha a saliva morna e densa. O meu novo sexo parecia um viveiro de esdrúxulas infracriaturas [...]" (NOLL, 2008, p. 188).

Ele compara o sexo a um berçário ou a um cemitério. O narrador começa a desfrutar do espetáculo desses micro-organismos em sua faina por mais um dia de vida: uma verdadeira batalha contra as forças invisíveis da extinção. Esse "bichinho", essa "microvida" é uma criatura prazerosa, porém independente do narrador: "não havia – diz – sincronismo erótico entre o hospedeiro e o hóspede" (idem, p. 190). Mais adiante, o define como um "povo acampado no meu púbis". E conclui: "Não poderia mais viver sem que essa biologia mínima continuasse a enaltecer ainda mais a promessa da fusão" (idem, ibidem).

Duas observações, entre muitas outras possíveis, em torno desta citação. Primeiramente, uma questão chave: a encenação ou um modo de visibilidade do corpo vivente no qual qualquer pressuposto de unidade, delimitação, isolamento ou fechamento sobre um si-mesmo, qualquer noção do corpo como entidade centrada sobre si e como unidade orgânica é deslocada por uma visibilidade do corpo como multiplicidade, como sociedade, como agenciamento entre presenças viventes heterogêneas. Não há um corpo individual, apropriável, privatizável: o corpo é um "acampamento", um "povo", uma ensamblagem de criaturas; é sempre um ponto de encontro, de aliança, de enlace (ou de choque, de guerra) entre forças viventes. O animal "em mim", o animal que habita "comigo", em um umbral entre o próprio e o impróprio, e que interrompe toda noção de unidade corporal, esse animal ilumina o corpo como sociedade, o “próprio” corpo como unidade de heterogêneos. A ficção funciona ali como um laboratório da percepção corporal: a ficção como uma máquina de ver.

A segunda questão, consequência do que foi dito anteriormente: a crise de gênero, a crise da adequação entre o corpo e a norma de gênero, interrompe de uma vez a legibilidade da espécie: sair do gênero é sair da espécie. Aqui, evidentemente, seria possível ler uma inscrição do monstro: o corpo que não entra no binarismo genérico é o corpo monstruoso, o corpo excepcional que desafia a ordem da natureza e a ordem social. Contudo, gostaria de sublinhar outro ponto: na realidade, o que acontece a partir da crise do gênero é uma *mudança de escala* na percepção corporal. Em vez do corpo e de sua legibilidade a partir do binarismo genérico como norma da espécie, aparece, pelo contrário, uma microscopia múltipla do vivente, uma percepção do corpo sexual que materializa, literalmente, esses “mil sexos” que pediam Deleuze e Guattari – em todo caso, a crise do gênero é um mudança de escala para uma molecularidade do vivente em que todo binarismo se revela como multiplicidade, onde não existe modo de sustentar o binarismo, e o que aparece é uma micrologia do múltiplo. Essa visibilidade molecular ou micrológica do corpo diz então que o corpo é resultado de alianças, cruzamentos múltiplos; que não existe vida *do* corpo senão *entre* corpos – e que é essa multiplicidade aberta, esse processo e essa microscopia poderosa – essa “biologia mínima”, diz Noll – são o que a escrita explora. Ali não existe vida própria, vida individual, não há corpo apropriado, subjetivado, privatizado por um “eu” ou por um indivíduo; existem agenciamentos, ensamblagens, formas de vida nas quais não se pode isolar, distinguir, separar uma “vida própria” que seria o fundamento do eu.

É esta visibilidade do corpo – que é um saber sobre o vivente – que interessa: em vez da ideia romântica da sociedade como organismo, aparece a ideia barroca do organismo como sociedade (cf. VIVEIROS DE CASTRO, 2011), como coletividade de singularidades e como combinação de múltiplos corpos, forças e intensidades; não mais o corpo como individualidade, porém como sempre articulado em *formas de vida*. Logo, surge uma ontologia do corpo vivente como multiplicidade, em que o corpo é irredutível à unidade, ao eu como norma do humano.

III. Biopolítica

"Escrevo ao correr da máquina. Muita coisa não posso contar. Não vou ser autobiográfica. Quero ser bio" (LISPECTOR, 1999, p. 9), escreveu Clarice Lispector em *Água viva*. A expressão adquire uma ressonância mais vasta se a pensamos em relação às vicissitudes da noção de vida. O que significa esse "bios" que Lispector contrapõe à autobiografia? E como identificar isso que evita a captura no autobiográfico da experiência vivida como vida própria ou apropriada? Lispector escrevia isto pouco depois de *A paixão segundo GH*, onde, como devemos lembrar, trabalhava os sentidos dessa "vida neutra" ou "vida crua" sobre a qual baseava sua hipótese da "desistência", como uma instância de despersonalização que não implicasse uma pura indiferenciação; uma vida que passa entre o humano e o animal, mas que não é um retorno à natureza nem a um substrato primário. Bios, então, como umbral que não coincide nem com o "eu" nem com a "natureza"; não é humano nem animal; não excede o domínio do sujeito, mas também não se funde a uma ordem orgânica indiferente e homogênea ou totalizadora. Esse *bios* é, podemos pensar, um *horizonte de diferença*: uma linha, umbral, movimento onde toda forma, todo ordenamento enfrenta sua linha de deformidade, sua carência de contorno e de identidade, a linha de devir, o espaçamento do corpo na sua extensão, a potência de uma força que nunca coincide consigo mesma, que sempre está além de si, que existe nas suas bordas, enquanto borda.

Um impulso semelhante atravessa a escrita de Noll, e marca, como vemos, uma zona de pesquisa estética sobre a qual é necessário pensar. Esse *bios* que se interroga nestas escritas não coincide com o sujeito da experiência vivida (o sujeito da memória) nem com o corpo "próprio" como sede da autonomia do sujeito – isto é, não coincide com nenhuma das figuras que a modernidade reservou para pensar a individualidade. Também não conduz, evidentemente, a um fundo orgânico indiferenciado: o vivente é aqui justamente proliferação de diferença, espaçamento, produção de singularidades entre corpos. Muda a escala de representação do corpo: os corpos tornam-se moleculares, no limite do perceptível, atravessados por processos múltiplos, por linhas de intensidade, de força, de impulsos que não se deixam capturar por um organismo nem por uma forma estável, nem, muito menos, por uma imagem do humano. *Uma epistemologia dos corpos como multiplicidade*: esse saber é o que se interroga nessa escrita.

"Biopolítica" nomeia uma modernidade que busca fazer do *bios* um objeto de racionalização, de controle, de *management*: moderna será, nessa perspectiva, a época que torna a vida um objeto de cálculo e de gestão mensurável, reduzindo-a a um repertório de funções previsíveis e maximizáveis; que faz da "defesa da vida", da proteção e gestão de *life itself* seu horizonte de valor indiscutível: dali deriva seus sonhos e pesadelos; satura de "saberes bio" a esfera pública, para reforçar o que será seu principal impulso, o de pensar o *bios* como objetivável, conhecível e manipulável. Concebe o vivente como um princípio individuado: um organismo, um corpo já demarcado, fechado sobre si mesmo, que funciona como sede e fundamento do indivíduo proprietário e soberano; um *bios*, em outras palavras, apropriável, privatizável que reflita o indivíduo. A literatura contemporânea trabalha sobre essa mesma matéria para contestar essas operações de saber e pluralizar os sentidos desse *bios*. Se, por um lado, a escrita da intimidade, como vimos no começo, verifica a impossibilidade de individualizar essa matéria de vida que põe em cena, por outro lado, pelo lado do animal que se investiga em outras escritas como a de Noll, o que aparece é uma epistemologia do vivente que revela o corpo como multiplicidade irredutível, em devir, e, portanto, sempre em excesso no que diz respeito a toda apropriação; um saber que descobre, toda vez, a potência inapropriável do vivente e faz disso a instância de uma afirmação radical, irredutível, a instância mesma do impensado. Se a biopolítica faz desse *bios* docilizável o fundamento de suas apostas, a literatura lhe responde com uma política do vivente que faz desse fundamento um solo que se desvanece – isto é, uma potência que se afirma em sua mesma indeterminação.

REFERÊNCIAS BIBLIOGRÁFICAS

VIVEIROS DE CASTRO, Eduardo. *Metafísicas caníbales.* Buenos Aires: Katz Editores, 2011.

ESPOSITO, Roberto. *Bios. Biopolítica e filosofia.* Turim: Einaudi, 2004.

LISPECTOR, Clarice. *Água viva.* Rio de Janeiro: Rocco, 1999.

NOLL, João Gilberto. *O quieto animal da esquina.* Rio de Janeiro: Rocco, 1991.

_____. *Lorde.* São Paulo: Francis, 2004.

_____. *A céu aberto.* Rio de Janeiro: Record, 1996.

_____. *Acenos e afagos.* Rio de Janeiro: Record, 2008.

SAUVAGNARGUES, Anne. *Deleuze.* L'empirisme transcendental. Paris: PUFF, 2010.

Releituras da tradição, reescrituras do moderno

RODRIGO LACERDA E A ARQUITETURA DA GENEROSIDADE

Sérgio de Sá

I

"Apodreceu tudo lá dentro" (LACERDA, 2004, p. 145), anuncia o porteiro do edifício Estrela de Ipanema, eixo arquitetônico modernista que deixa marcas no narrador e nas personagens do romance *Vista do Rio*, de Rodrigo Lacerda. Agora já não existe mais projeto de futuro que suporte as pressões da mediocridade brasileira. Há um bairro, uma cidade. O país, bem, o país é quase uma caricatura: seus exageros não são risíveis.

O indivíduo também apresenta problemas. Uma doença, nunca nomeada, corrói a mordacidade do iconoclasta diretor de teatro Virgílio, amigo de Marco Aurélio, o narrador, desde a infância, tempo em que os dois se divertiam entre as modernas armações de concreto. Nas primeiras páginas do livro, eles atiram um beija-flor dentro do liquidificador. E o que ocorre depois é mais do que uma rima contraditória entre a beleza e o sufoco.

Constitui-se a luta da natureza contra o motor de um *gadget* da modernidade. A força da máquina puxa as asas para baixo sob o olhar da crueldade humana em sua faceta infantil. É como o *Angelus Novus* de Paul Klee, "que parece querer afastar-se de algo que ele encara fixamente", diz Walter Benjamin (1994,

p. 226). O anjo-pássaro da história de Lacerda, leve e delicado, sucumbe dentro desse espaço tão real quanto metafórico.

No texto, as marcas das trajetórias individuais estão rodeadas pelo apelo do nacional. O Estrela de Ipanema, que existe de fato, foi erguido em 1970, em plena ditadura. Os pais do narrador têm importantes questões políticas incorporadas à identidade. São as experiências subjetivas, contudo, que aprofundam as dores e delícias dos protagonistas. O liquidificador funciona normalmente depois que o bicho vira "uma pasta grossa e molhada" (LACERDA, op. cit, p. 13).

Em seguida, é a vez de o motorista da casa burguesa enrabar (o verbo é do narrador) o próprio filho, cena testemunhada por Virgílio, contada a Marco Aurélio e jogada na cara do leitor. Enquanto isso, o prédio que representa a arquitetura moderna brasileira – "nosso preceptor" – é "antenado, veloz e cosmopolita" (idem, p. 16). O transcorrer das horas fará com que ele se desgaste, não sem obrigar "a espécie humana a crescer mais rápido" (idem, p. 53).

Assim, dois episódios de força extraordinária impulsionam, em duplo sentido, as hipóteses de uma literatura aberta a reflexões ensaísticas. Discutem-se vida e arquitetura. Em rampas e corredores, a razão literária escancara a vontade pendular, entre a caricatura que necessariamente distorce e o realismo "suave" que coloca os pés no chão, ambos propostos pelo narrador. Ao que equilibra os dois polos rumo à comunicação com o leitor, gostaria de dar aqui o nome de *generosidade*.

II

A primeira frase do romance infantojuvenil *O fazedor de velhos* avisa: a literatura é parte incontornável e principal da formação. "Eu não lembro direito quando meu pai e minha mãe começaram a me enfiar livros garganta abaixo. Mas foi cedo" (LACERDA, 2008, p. 7). As tediosas sessões de leitura promovidas pela família do narrador acabam dando certo. O leitor se constitui e elege preferências literárias. A mídia, bem a propósito, não entra na constituição.

Assim, vindo lá do século XIX, aparece o português Eça de Queirós, que, "além de um bigodão típico, enroladinho nas pontas e tudo, tinha ritmo, música, piadas, amor e tragédia" (idem, p. 11). Em "resenha" de *Os Maias*, diz o narrador: "o que eu gosto mais é da combinação de dois personagens" (idem). Em *Vista do Rio*, Lacerda conta a história de dois amigos. No romance *Outra vida* (2009), relata encontros e desencontros de um casal. Amizade, amor e traições.

A resposta à pergunta apresentada "de bate-pronto" no início da crônica "Hierarquias", abertura da coletânea *Tripé* (1999), é fácil de encontrar: Eça ou Machado? Na ficção, na vida real ou na fronteira entre gêneros, Lacerda é leitor apaixonado de Eça de Queirós. Para o narrador de *O fazedor de velhos*, que se transformará em escritor, Eça vira "a minha filosofia de vida" (LACERDA, 2008, p. 15). Vale reproduzir o último parágrafo do primeiro capítulo:

> Fiquei muitos anos obcecado por aquela mistura de grande arte com diversão, de temas adultos com leveza, pela combinação que o Eça fazia de personagens bons com defeitos, e de personagens maus com qualidades, sempre tratando a todos de forma igualmente amorosa, igualmente irônica, como se o escritor, de fora, lançasse um olhar piadista sobre tudo e todos, um olhar que não condenava ninguém, mas ria de todo mundo. E essa piada, esse seu jeito de ir "tirando

uma" dos personagens, se tornou para mim a conversa de um amigo (idem, ibidem).

É o próprio escritor quem passa publicamente um marca-texto sobre a virtude da generosidade que ele encontra na obra de Eça. As entrevistas publicadas na imprensa dão a dica. Com todas as letras de autor e não mais narrador, Lacerda nota como destaques no original português: o humor, a música do texto e uma extrema simpatia por leitores e personagens. Questionado sobre a virtude que "mais preza na boa literatura", ele afirma: "A generosidade em relação aos personagens, aceitando-os como são e deixando-os seguir o seu curso."[1] Eis, assim, o autor generoso.

Com substantivo ou adjetivo, a tradição literária encontra uma reinvenção, mais de cem anos à frente. Rodrigo Lacerda, leitor de *Os Maias*. No caminho, o modernismo confunde. Entre Eça e Lacerda, houve William Faulkner, por exemplo. "Em entrevistas e palestras, Faulkner defendeu uma fidelidade ao indivíduo que está na raiz do caráter multifacetado de suas personagens", frisa Lacerda em perfil sobre o autor de *O som e a fúria*.[2]

Uma leve tese: a complexidade das personagens vem da generosidade. Em Eça, menos ambígua e explosiva. Em Faulkner, infinitamente mais arriscada e múltipla. No Rodrigo Lacerda de *Vista do Rio* e *Outra vida*, possível síntese pós-moderna brasileira. Entre os excessos de experimentação e comunicação, fala o meio-termo. Sussurra em grande estilo. Grita em pequenos detalhes. Oferece biscoitos finos sem artesanato.

1 Entrevista a *O Estado de S. Paulo*, s/d, disponível em www.rodrigolacerda.com.br.
2 Publicado na edição 68 da *Revista Cult*, sob o título "O apóstolo do individualismo", em janeiro de 2004.

III

O romance no início do século XXI seria inocente se fosse de novo um *romanção* bem escrito, bom de ler. Seria igualmente ingênuo caso não aproveitasse as lições experimentais do modernismo. Em resenha de *Vista do Rio*, Flávio Carneiro lembra a necessidade da reescritura do moderno que vem do início dos anos 1980 (leia-se Sérgio Sant'Anna e Silviano Santiago) e que Lacerda lograria fazer, com inteligência, já no novo século.

Para Carneiro, *Vista do Rio* está bem situado entre "a utopia da modernidade e a realidade do presente" (CARNEIRO, 2004, p. 3) porque sabe reavaliar heranças sem cair no experimentalismo desinformado, isto é, na crença de uma originalidade que há muito tempo não lhe pertence. Transgressão técnica a essa altura do campeonato? *Nope*. Lacerda tampouco apela para o rebaixamento das camadas literárias que costumam erguer um texto.

Generosidade é mais comunicação e menos experimento, porque interessada em falar ao leitor. A ideia está em Antonio Candido, que vislumbra "uma espécie de generosidade" na "natureza de escritor" de Erico Verissimo. "Generosidade que o leva a querer entregar-se ao leitor, confiar nele, sem medo de mostrar os seus sentimentos, a sua candura, a sua esperança."[3] Quando exagera, quando abusa da "simplicidade expressiva", Erico erra, comete um deslize pela superficialidade.

Do autor de *O tempo e o vento*, Candido diz ainda que um dos traços positivos "é a capacidade de se tornar convincente tanto para o leitor culto quanto para o leitor mais simples".[4]

---

3 Entrevista concedida aos organizadores do livro *Erico Verissimo: o romance da história*. pp. 14-15.
4 idem.

Assim sendo, o escritor gaúcho estaria próximo da "família espiritual de escritores como Eça de Queirós, Dickens ou Balzac". Nessa capacidade de transitar entre diferentes leitores, o entretenimento encontra o rigor. O nome disso pode ser gentileza. À pergunta feita por um jornalista - "para que clássico brasileiro, de qualquer tempo, você escreveria um prefácio incitando a leitura?" –, Lacerda responde: "*O tempo e o vento*, do Erico Verissimo. Acho que se fala pouco dessa catedral literária maravilhosa."[5]

Há uma linhagem na decisão e no acerto de abrir diálogos literariamente requintados. O autor aprendeu (também e ainda) com Lima Barreto, João Antônio, João Ubaldo Ribeiro. Mantém a classe. Em resenha de *Vista do Rio*, diz o escritor Ronaldo Correia de Brito (2004, p. 86): "Jogando com o tempo, fazendo incursões pela história social e política da cidade e do país, intercalando narrativas, Rodrigo Lacerda mostra o seu talento de romancista, um perfeito domínio da técnica concebida para inquietar o leitor, para impedir que ele saia imune da leitura." O leitor compreende e salta.

A literatura deixa de ser tão ensimesmada, e o autor generoso não menospreza a inteligência de quem lê. André Comte-Sponville, em seu *Pequeno tratado das grandes virtudes*, lembra que a generosidade é o oposto do egoísmo. E o narrador de *Vista do Rio*, Marco Aurélio (sim, de origem romana como o amigo Virgílio), atesta: "A generosidade é mais comum nos não vencedores (que não são necessariamente perdedores)" (LACERDA, 2004, p. 30).

Os não vencedores são a cara do escritor contemporâneo no Brasil. São como uma partícula negativa porque o que dizem

5 Entrevista a *O Estado de S.Paulo*, s/d, disponível em www.rodrigolacerda.com.br.

já não tem força para concorrer com os espetáculos midiáticos. Falam para as paredes que encerram pequenos grupos de leitores. São vencedores, entretanto, porque estão completamente livres para dizer o que entendem ser necessário dizer. Os sim vencedores precisam dar satisfação o tempo todo.

No meu livro de ensaios *A reinvenção do escritor*, essa discussão surge para enfatizar a perda de força do escritor dentro da sociedade da informação. Perda que é ganho. O egoísmo do vencedor faz com que ele não tenha a distância necessária para mirar as coisas. Perto demais do próprio umbigo, cabeça enfiada entre as quatro paredes do próprio quarto. Vale convocar Ricardo Piglia (2005, p. 98): "O perdedor, o que não entra no jogo, é o único que conserva a decência e a lucidez", diz o argentino em *O último leitor*.

Haveria, assim, generosidade peculiar a esse ganhador às avessas, não relacionada à capacidade de comunicação com o leitor, mas ao fato de que, mesmo ao experimentar, ele admite falhas, frestas, interposições: como quem olha através do cobogó, o elemento arquitetônico moderno, batizado em Pernambuco por três engenheiros. Vazado, é um muro que permite passagem de luz e vento. Ao mesmo tempo protege. Generoso, portanto, em sua própria concretude.

IV

Monique Dixsaut recorda uma generosidade extramoral apontada na filosofia de Nietzsche, quando o homem vai "além de si mesmo". Diz ela:

> A generosidade não consistiria mais então em se afirmar a si mesmo, mas em afirmar a vida até em suas crueldades, suas

> contradições e suas miragens e transfigurá-la afirmando-a. Afirmá-la é criar valores, incorporá-los às coisas e aos seres, assumindo e querendo a ilusão (DIXSAUT, 2003, p. 689).

O que é essa definição de generosidade senão a própria literatura que se abre pelas brechas, do lado do avesso, uma literatura que deixa a genialidade autoral um pouco à margem para conferir às personagens infinitas possibilidades de manifestação do contraditório? Afirmar a literatura é criar valores, afirmando a vida em crueldades, contradições e miragens. A generosidade é literatura para o leitor. Outras vistas, outras vidas.

É a morte do modernismo que leva Marco Aurélio a ser narrador. Cresceu, formou-se nele. Sob forma arquitetônica, a bula futurista constrói a identidade. O modernismo leva ao pensamento duro. Vem com guia de instruções. Mas a vida atropela, porque uma hora a emoção precisa tomar conta, senão a gente morre sufocado. É preciso passar por cima das ruínas a nossos pés, vestígios que precisam ser lidos de perto e logo abandonados.

Entre o edifício de *Vista do Rio* e a rodoviária de *Outra vida*, abre-se o espaço literário onde circulam e são constituídas as personagens de Rodrigo Lacerda. *Outra vida* consolida o propósito de analisar o sujeito na cidade. O edifício moderno dá lugar ao não lugar, para lembrar conceito de Marc Augé sobre os espaços de identidade tão universais quanto superficiais. Aqui, não mais vazio de sentido. Wander Melo Miranda nota que a "piscadela irônica do narrador", ao final de *Outra vida*, recarrega o texto e a leitura de "potência *ficcional*" (MIRANDA, 2011, p. 212, grifo do autor).

A força da ilusão literária corre para o salto no abismo. Em *Vista do Rio*, o arremesso em asa-delta da Pedra Bonita. Em *Ou-*

tra vida, a entrada no ônibus rumo a um novo/velho destino. Nos dois casos, temos repetições de gestos que levam o texto, segundo Melo Miranda, a "desdobrar-se na utopia ainda que vacilante de *outra vida*" (idem). Há os que se jogam no fluxo incessante dos acontecimentos. Há os que param para observar e, não por acaso, se transformam em escritores.

As dicotomias não se resolvem a favor de um dos lados. Retomemos: hipérbole caricatural contrasta com suavidade realista. Elipse pode colaborar com repetição. Engana-se quem toma partido em *Outra vida*, a favor do marido aparentemente bonzinho, contra a mulher aparentemente malvada. O jogo duplo existe. Nunca se está totalmente, nem lá nem cá. Não se trata de estabelecer conjunções adversativas. É preciso esperar o tempo da leitura passar.

Nesse nó de ambiguidades, o autor encontra também uma forma de dialogar com o leitor contemporâneo, muito pouco inocente. Na obra de Rodrigo Lacerda, generosidade significa também amplitude. Significa que a decisão de julgar uma personagem cabe única e exclusivamente ao leitor. Quem é pior em *Vista do Rio*? Quem perde em *Outra vida*? Não há nada que se possa fazer a não ser continuar.

V

A certa altura de *Vista do Rio*, Marco Aurélio permite que Virgílio fale, entre aspas, em mais de 15 linhas sem interrupções. E nesse (en)trecho dramático, de absoluta sinceridade sobre o próprio caráter, ele termina com a seguinte frase: "Nunca fui generoso assim" (LACERDA, op. cit, p. 122). Trata-se de uma declaração dirigida indiretamente ao amigo escritor, único que pode quase tudo. Não pode, entretanto, tomar o lugar de Virgílio, prestes a morrer na cama do hospital, da doença da qual não se pronuncia o nome.

Se Eça de Queirós era um retratista, muitas vezes caricatural, Rodrigo Lacerda faz essa representação explodir em várias direções a partir de uma aproximação realista. O autor generoso narra as sinceridades para tirar seus personagens de um quadro metafísico, em que tudo se explicaria com absoluta tranquilidade. Aí se interpõe uma ironia narrativa – talvez à Richard Rorty[6] – que dá ao texto sua contemporaneidade.

A generosidade pré-moderna se imiscui entre o modernismo e o dito neonaturalismo para dar uma volta em direção a autores de diálogos intencionais com o leitor. O que une Rodrigo Lacerda ao passado é uma vontade louca de que a literatura estabeleça sentido. De que a experiência da leitura nos faça amadurecer. No romance *O fazedor de velhos*, é isto o que está principalmente em jogo: a capacidade de reconhecer o passado para crescer junto com ele.

Estamos sempre falando de influências declaradas do leitor Lacerda. Ora, no mundo da predominância audiovisual e dentro de tradição recente da teoria literária, isso tem um quê de singularidade. Se lembrarmos, por exemplo, que Eça de Queirós foi questionado em sua originalidade em função de influentes leituras francesas, a literatura agora retoma a própria literatura em meio à multiplicidade de fontes. Não parece traumático esse reencontro.

O tempo passou, não nos deixemos enganar. A volta ao literário é uma defesa de propósitos e intenções. Não se trata,

---

6 Os "ironistas" de Rorty não se contentam com o senso comum, não se restringem ao próprio "vocabulário final" para pensar o mundo e não acreditam numa verdade moral acima de qualquer suspeita. Cf. "Ironismo e teoria", in RORTY, Richard, *Contingência, ironia e solidariedade*. São Paulo: Martins Fontes, 2007. pp. 131-168.

é claro, da relação modelo-cópia. Ao revelar fontes na mídia, o autor generoso reconhece a dívida publicamente. O ensaísta faz a ponte sem medo da influência. Porque a generosidade se espalha. Na obra de Lacerda, isso tem a ver com ficar mais doce, menos convicto, menos determinado. A generosidade é um princípio literário, exposto nas personagens, que se projeta para o leitor.

De novo, para terminar, a cena inicial, a cena de iniciação. Não se leva um beija-flor para dentro de um liquidificador em vão. Engano, armadilha: "seu mundo inteiro o traiu" (idem, p. 13). O edifício Estrela de Ipanema, que tudo vê, não é generoso. Tampouco a rodoviária que testemunha o esfacelamento de uma relação a dois. Mas a literatura não é nem o espaço moderno laboratorial nem o lugar de trânsito fácil (*best-seller*), pouco confortável quando a mirada é mais exigente.

Se me permitem o jogo, a literatura tritura a tradição para nos dar outra perspectiva. Anjo ressuscitado em papel. A expressão se repete no presente e em direção ao futuro, como na cena final de *Outra vida*, quando a menina fica com o pai. "Terminando de se despedir, a menina joga o cabelo para trás, num gesto idêntico ao da mãe e da avó" (LACERDA, 2009, p. 180). A separação carrega a história narrada, a história vivida. E assim sucessivamente, no corpo do texto que sobrevive.

REFERÊNCIAS BIBLIOGRÁFICAS

AGUIAR, Flávio *et alii* (org.). *Erico Verissimo – O romance da história*. Texto e entrevista inéditos de Antonio Candido de Mello e Souza. São Paulo: Nova Alexandria, 2001.

BENJAMIN, Walter. *Obras escolhidas*. Tradução Sérgio Paulo Rouanet. 7ª ed. São Paulo: Brasiliense, 1994.

BRITO, Ronaldo Correia de. "Visão do Rio". *Revista Continente*, Recife, maio de 2004. pp. 86-87.

CARNEIRO, Flávio. "Olhar amoroso sobre o Rio". *Jornal do Brasil*, Rio de Janeiro, 17 de abril de 2004, suplemento *Ideias*. p. 3.

COMTE-SPONVILLE, André. *Pequeno tratado das grandes virtudes*. Tradução Eduardo Brandão. São Paulo: Martins Fontes, 2010.

DIXSAUT, Monique. "Generosidade". In: CANTO-SPERBER, Monique (org.). *Dicionário de ética e filosofia moral* - volume 1. São Leopoldo: Editora Unisinos, 2003. pp. 686-689.

LACERDA, Rodrigo. *Outra vida*. Rio de Janeiro: Objetiva, 2009.

______. *O fazedor de velhos*. Ilustrações Adrianne Gallinari. São Paulo: Cosac Naify, 2008.

______. *Vista do Rio*. São Paulo: Cosac Naify, 2004.

______. *Tripé*. São Paulo: Ateliê Editorial, 1999.

MIRANDA, Wander Melo. "Ficção brasileira 2.0". In BOTELHO, André e SCHWARCZ, Lilia Moritz (org.). *Agenda brasileira*: temas de uma sociedade em mudança. São Paulo: Companhia das Letras, 2011. pp. 202-213.

PIGLIA, Ricardo. *El último lector*. Buenos Aires: Anagrama, 2005.

SÁ, Sérgio de. *A reinvenção do escritor*: literatura e mass media. Belo Horizonte: Editora UFMG, 2010.

LUIZ RUFFATO E AS VOZES PREGRESSAS: EXPERIMENTAÇÕES E RELEITURAS

Catia Valério Ferreira Barbosa

> A sutileza do pensamento consiste em descobrir a semelhança das coisas diferentes e a diferença das coisas semelhantes.
>
> Montesquieu

CONTEMPORANEIDADE E RUPTURA são dois conceitos frequentemente associados. Seria esse binômio a fórmula eficaz para legitimar ou falsear as diversas experimentações literárias de autores contemporâneos? Em que medida estratégias literárias do passado não estariam diluídas e reaproveitadas em obras do presente? Estudar romances contemporâneos representa um exercício mais complexo do que a tentativa de estabelecer fronteiras entre passado e presente, entre canônico e não canônico.

Entender as ressonâncias da literatura pregressa nos textos contemporâneos faz-se tão importante quanto mapear experimentações artísticas dessacralizadoras. Nesse sentido, este estudo do romance *Eles eram muitos cavalos,* de Luiz Ruffato, apresenta uma análise do fazer ficcional presente na obra, considerando-o fruto de uma escrita problematizadora assinalada por inovações e diálogos com vozes pregressas.

Em *Eles eram muitos cavalos,* toda a ação do livro está circunscrita a um só tempo e um só espaço, ou seja, os fatos narrados ocorreram no dia 9 de maio de 2000 na cidade de São

Paulo. Esse é só o início de uma estrutura de encaixe da *diversidade na unidade* que permeia a obra em seus vários planos, pois, embora as marcas temporais e espaciais sejam bastante delimitadoras, o conteúdo ficcional tratado nesse dia e nessa cidade é altamente plural. O dia é único, contudo, bem aproveitado. Nele as personagens das mais variadas classes sociais vivem fervorosamente nos turnos da manhã, tarde e noite, expondo as mais distintas dores da classe operária que, embora contribua significativamente para o desenvolvimento social, habita espaços periféricos na sociedade. Além disso, em função de se tratar da representação de São Paulo, uma metrópole imponente, a unicidade espacial se ramifica em prol da construção de um grande painel humano, o que nos permite conhecer as várias cidades que integram a cidade de São Paulo. Há um contínuo desdobramento de quadros que exibem a experimentação artística a serviço da representação do caos urbano.

As vozes pregressas e a composição do romance mosaico

A divisão do romance em setenta capítulos não ordenados linearmente, por si, já revela o caráter fragmentário da obra. Além de numerosos, esses capítulos apresentam uma estrutura fragmentada tanto no que se refere à linguagem quanto no que se refere à justaposição de diferentes tipos e gêneros discursivos ao construir o *continuum* narrativo. Nesse conjunto, há recorrência do aproveitamento literário de textos não ficcionais (santinhos católicos, classificados, horóscopo) que ratificam o diálogo entre vida e literatura. Diálogo este cuja complexidade, de certa forma, encontra-se atrelada à composição híbrida do romance.

Na primeira página do livro, o leitor encontra capítulos que lembram a estrutura fragmentada de *Memórias sentimentais de João Miramar* (1924), de Oswald de Andrade. Esta estrutura fragmentada requer um diferenciado exercício de leitura, pois, embora a sinopse do livro não contenha ineditismos temáticos, a forma como os temas são trabalhados ao longo do texto demonstra uma radicalização do projeto ficcional de Luiz Ruffato já delineado em obras anteriores. Como o próprio autor afirmou, em várias entrevistas, não faz parte de suas preocupações ficcionais "inovar tematicamente", e, sim, trabalhar temas ditos conservadores de forma inovadora. Essa inovação, por sua vez, não implica ruptura total com o passado.

O tratamento inovador concedido à história narrada advém de uma liberdade de expressão que, para fins de melhor efeito estilístico, vem marcada ora por uma escrita singular, ora pela releitura de técnicas narrativas pregressas. Seja por meio de arrojadas experimentações na mistura de gêneros, seja por meio de exaustivos exercícios de escrita, a constante busca de liberdade ficcional efetuada por Ruffato propicia o surgimento de uma literatura *problematizante e problematizadora* capaz de gerar liberdade em múltiplos sentidos.

Ao dialogar com seus antecessores, Luiz Ruffato recorrentemente apresenta pontos de convergência com os autores nacionais e internacionais que privilegiaram a narração conjugada à descentralização do relato ficcional. Embora reconheça o valor do romance tradicional e de autores como Jorge Amado, Erico Verissimo, Hemingway, Dickens e Balzac, é com Machado de Assis, Guimarães Rosa, Faulkner, Joyce e Proust que declara ter maior identificação literária. Isso porque Ruffato prefere, nos termos de Wayne Booth (1980), "mostrar" uma história em vez de "contá-la" para, a partir desse tipo de narrativa, conseguir tratar da questão do caos das cidades modernas de modo mais complexo. Funciona como se, por meio de uma liberdade e complexidade formal, pudesse representar com olhares múltiplos cidades eloquentes como Rio de Janeiro e São Paulo.

Sob essa perspectiva, tem-se, na escrita caleidoscópica amplamente empregada por Ruffato, entre outros autores na contemporaneidade, um forte ponto de interseção entre o passado e o contemporâneo. Graciliano Ramos explorou a composição dos capítulos de livros aproximando-os da estrutura do conto, em *Vidas secas;* Autran Dourado, em *Ópera dos fantoches*, aplicou toda a diagramação da ópera, na elaboração de um romance cuja estrutura se assemelhasse à dessa forma dramática; Luiz Ruffato, por sua vez, explorou a questão dos gêneros e das formas narrativas, promovendo uma radicalização desse processo.

Em termos objetivos, em *Eles eram muitos cavalos*, algumas formas do gênero narrativo (conto, romance) encontram-se tão diluídas que o autor chega a propor uma nova classificação para sua escrita: o *romance-mosaico*. Sob esse rótulo, estariam justamente aqueles textos que, para alguns, integrariam um conjunto de contos intensamente relacionados por um tópico narrativo; mas, para outros, corresponderiam apenas a partes de um romance fortemente fragmentado.

O diálogo com o passado, ao mesmo tempo que resgata técnicas conhecidas, dessacraliza radicalmente a escrita do romance à medida que foge ao que Massaud Moisés (1982) define como a seleção de algumas células de ação harmonizadas dentro de um conjunto e busca a coexistência de várias células paralelas sem hierarquização, desafiando a própria definição do gênero literário. No caso do diálogo com *Memórias sentimentais de João Miramar*, de Oswald de Andrade, a semelhança com a voz pregressa justifica-se muito mais pelo texto telegráfico do que pelo tom parodístico, uma vez que, em *Eles eram muitos cavalos*, o *pastiche* cede lugar à *estética do fragmentário* ocupada do desnudamento das crueldades sociais já banalizadas. Os quadros urbanos representados no livro estruturalmente se isolam tanto quanto os indivíduos citadinos.

Embora não seja uma narrativa topocêntrica, o romance apresenta a cidade de São Paulo como lugar de referência. Tal abordagem não se esgota no fornecimento de contornos e dimensões espaciais; vai além, promovendo a humanização da cidade que, para Gomes (1994), chega a figurar como personagem central.

De acordo com Santos, no século XX, o romance radicalizou seu caráter híbrido, "abrindo consideravelmente sua estrutura interna à invasão de vozes mais ou menos estranhas ao seu repertório convencional" (SANTOS, 2001, p. 143). Na obra de Ruffato em análise, a radicalização desse hibridismo decorre, entre outros fatores, do aproveitamento de textos não ficcionais que ora acontece por meio da reprodução integral de textos informativos extraídos do mundo real, ora concretiza-se a partir de simulacros de textos não literários. Dentro dessa perspectiva, mesmo ciente de que um texto não ficcional, ao ser inserido no corpo narrativo, torna-se tão imaginário quanto quaisquer outros elementos da obra, é possível que o leitor continue sentindo o efeito da mistura de mundos (real e da ficção) provocado pelo emprego de certos princípios da técnica de *colagem* praticada por Max Ernst em *La femme 100 têtes* (1929) e em *Une semaine de bonté* (1939).

Enquanto Max Ernst promoveu a colagem por meio da inserção de recortes de velhos romances ilustrados do século XIX em enciclopédias, Luiz Ruffato trabalhou mais moderadamente com o princípio da colagem, apresentando uma releitura da técnica: praticou a justaposição de diferentes tipos de textos distintos não ficcionais e ficcionais.

Dessa forma, o autor é capaz de causar certo impacto, revitalizando o texto narrativo, sem causar prejuízo à fatura interna da obra, uma vez que tudo foi organizado pelo autor de modo que não houvesse ruptura da harmonia do enredo na narrativa, ou seja, foi estabelecido um diálogo temático entre o conteúdo de tais textos incorporados ao mundo ficcional e os demais elementos do enredo que compõem o livro.

No capítulo "31. Fé", o texto do panfleto de Santo Expedito é reproduzido na íntegra, até mesmo o preço do milheiro (R$38,00) aparece conforme a moeda vigente no Brasil. O título do capítulo contextualiza satisfatoriamente esse estilhaço de real à medida que revela valores e costumes dos personagens que transitam no romance.

Há outros capítulos que se destacam devido à estrutura discursiva extremamente concisa, como ocorre no 31, com a reprodução do panfleto. São textos que, imitando a estrutura de textos não ficcionais, inserem-se no corpo do romance e causam impacto visual por aparecerem em forma de listas nominais. Há, por exemplo, capítulos compostos basicamente por listas de objetos (livros, móveis e discos), bem como três capítulos em formato de listas nominais que integram uma série intitulada "Na ponta do dedo" (capítulos: "18. Na ponta do dedo (1)", "42. Na ponta do dedo (2)", "65. Na ponta do dedo (3)"). Em tais capítulos, encontramos uma estratégia literária de justaposição de palavras semelhante à empregada por Affonso Romano de Sant'Anna no poema "A pesca" (1958), constituído de uma relação de elementos ligados à pesca, e à utilizada por Ricardo Ramos em seu conto "Circuito fechado" (1978), no qual temos uma lista de elementos do cotidiano. Na verdade, Ruffato parte de caminhos conhecidos para construir uma escrita ainda mais concisa e impactante.

Em várias partes desses capítulos de *Eles eram muitos cavalos*, a sequência de palavras e frases, à primeira vista, não parece ter uma articulação estruturada, uma articulação sintática: assemelha-se a um amontoado aleatório de vocábulos. No entanto, estão plenas de uma intenção e competência comunicativa. Em geral, o que ocorre é uma conectividade estabelecida entre as partes não pelo uso de *conectivos* explicitadores de tempo, causa, efeito etc. (palavras e expressões do tipo *quando*, *porque*, *assim sendo*), mas sim, uma ligação semântica entre as ideias expressas nas frases.

O conhecimento de mundo arquivado na memória do receptor parece ser ativado por um título ou pelo sentido de uma última sequência ou ainda por uma disposição das palavras. Pode haver, dessa forma, um indício textual qualquer capaz de indicar o tópico discutido e levar o leitor a recuperar textualidade na aparente aleatoriedade vocabular e, portanto, à construção de um mundo textual.

Na série "Na ponta do dedo", a lista de profissões do primeiro capítulo exibe uma breve representação da busca por um lugar no mercado de trabalho. Nesse caso, além do título, houve outro significativo indício textual: a interjeição *Ah!*. O texto é composto por uma lista de 45 nomes de profissão que, ao seu final, o leitor pode identificar como uma espécie de classificados de empregos. Os nomes são dispostos secamente até que, no 43º nome, tem-se o seguinte:

> MAÇARIQUEIRO – (Ah!)
> **MAÇARIQUEIRO** – 1º grau até a 8ª série incompleta, experiência de 24 meses, idade entre 28 e 50 anos

> **MAÇARIQUEIRO** - (soldador), escolaridade não exigida, experiência 12 meses, idade entre 25 e 45 anos (RUFFATO, 2005, pp. 40-41).[1]

A partir da interjeição e do detalhamento do cargo, a memória do leitor é ativada, tornando possível que ele junte essa informação ao título e visualize um cidadão citadino, da classe operária, em busca de um emprego. Isso não só confere movimento ao texto como grifa a dificuldade financeira enfrentada por vários brasileiros.

Em termos gráficos, se é verdade que comumente uma lista transmite uma ideia de passividade, de apresentação estática dos elementos, também é verdade que, com a sutil escolha do título e uma interjeição colocada no tempo certo, Ruffato destruiu as amarras textuais típicas de uma listagem, conferindo movimento ao texto. Por meio desse recurso linguístico, a imagem que eclode do texto é a dos dedos percorrendo os itens dos classificados mais a alegria de um trabalhador diante de uma nova esperança de recolocação no mercado de trabalho.

Essa estrutura concisa confere vitalidade ao relato, pois, em vez de apresentar comentários sobre problemas sociais, o texto exibe personagens vivendo as mazelas sociais. O dinamismo desse relato ficcional está, de certa forma, atrelado à forte aproximação entre alguns elementos de sua escrita e as vanguardas do princípio do século XX, tais como o futurismo plástico que, nos moldes de Filippo Marinetti (1909), viabiliza a construção do texto literário por meio de técnicas de montagens e valorização do recurso gráfico na composição de imagens urbanas mais dinâmicas.

---

1 As citações do livro *Eles eram muitos cavalos* tentaram, ao máximo, respeitar a formatação e tipologia originais.

O romance-mosaico de Ruffato apresenta alta incidência da parataxe, o que, obviamente, provoca uma significativa diminuição do uso de conectores, como preposições e/ou conjunções. As falas dos personagens não aparecem aprisionadas na página e nela podemos enxergar movimentos. A própria exploração dos tipos de fontes (para os caracteres de escrita) e a disposição do texto na mancha gráfica promovem um *simultaneísmo* de ações, pensamentos e cenas que nos remete à apologia à liberdade de expressão já preconizada pelos artistas modernistas.

A escrita do romance faz do negrito, do sublinhado e do itálico ferramentas polivalentes. Em alguns contextos, esses três recursos grafovisuais servem para marcar a voz narrativa; em outros, ora delimitam as instâncias narrativas, ora sinalizam a colagem. Além disso, ainda há a possibilidade desses recursos grafovisuais assumirem o papel funcional de pôr em relevo o estado psíquico do personagem. No capítulo "16. assim:", a discussão de uma família sobre a situação socioeconômica do país é transmitida desta maneira:

> não sou insensível à questão social *irreconhecível o centro da cidade hordas de camelôs batedores de carteira homens-sanduíche cheiro de urina cheiro de óleo saturado cheiro de* a mão os cabelos ralos percorre **(minha mãe punha luvas, chapéu, salto alto para passear no viaduto do chá, eu, menino, pequenininho mesmo, corria na)** este é o país do futuro? Deus é brasileiro? Onde ontem um manancial hoje uma favela onde ontem uma escola hoje uma cadeia onde ontem um prédio do começo do século hoje uns três dormitórios suíte setenta metros quadrados (RUFFATO, 2005, pp. 36-37).

Os caracteres e os recursos de destaque tipográfico são tão variados quanto diversificadas são as linhas de raciocínio presentes no texto. O negrito indica a memória enquanto as fontes *Times New Roman* e *Arial* acrescidas das formas redonda ou itálica distinguem constatações do presente e reflexões sobre o futuro.

Em *Eles eram muitos cavalos*, paralelamente ao diálogo com os escritores já consagrados no cânone literário, encontramos um jogo linguístico que, antes de estar vinculado à pura experimentação, visa ao despertar do leitor para as informações oblíquas do texto. Dentro dessa perspectiva, o convencional é colocado em xeque para que do confronto entre a ruptura e a tradição nasça a expressividade do discurso.

No caso específico da pontuação, dizer que o autor renega a norma padrão seria uma afirmação simplista sobre o assunto. Na maior parte dos casos, o que ocorre é uma oscilação entre a reprodução da norma padrão e uma utilização personalizada de certas regras preconizadas pela norma padrão vigente. Muitas vezes, a variação está circunscrita aos tipos de sinais empregados, não afetando os parâmetros sintáticos, prosódicos e estilísticos transmitidos pela escola.

Raros são os fragmentos desprovidos de pontuação. Em verdade, quando se analisa a pontuação praticada por Ruffato, deve-se ter bem clara a diferença entre os sistemas de pontuação e os elementos que concretizam seus princípios, isto é, os sinais gráficos em si. O sistema de pontuação da língua portuguesa é pautado em princípios prosódicos e sintáticos e, para marcar as indicações desse sistema, dispomos de uma série de sinais. Se, sob vigência de um princípio prosódico, o objetivo for marcar uma pausa forte, é empregada a *vírgula*; entretanto, se for necessário, sob orientação de princípios sintáticos, marcar um aposto enumerativo, são empregados os *dois pontos*, e assim por diante.

Tanto o sistema de pontuação atual quanto os sinais que o concretizam obviamente distinguem-se daqueles que predominavam em séculos anteriores. No século XVIII, por exemplo, o espaço vazio, o recuo de linha à esquerda ou ainda um intervalo na mesma linha figuravam como sinais organizadores de sentenças, ainda que sinais não gráficos, ou seja, sinais visuais feitos pela ausência de tinta. Nesse sentido, um espaço vazio pode funcionar como um ponto continuativo e separar o fim e o início de duas sentenças sintaticamente completas sequenciadas. Identificam-se, portanto, duas formas (gráfica e não gráfica) de marcar o mesmo papel funcional sob o mesmo sistema. Essas distintas marcas não eram gratuitas, inclusive porque, segundo Roger Laufer (apud: MARQUILHAS, 1991), a pontuação gramatical tinha uma função estético-visual.

Nesse sentido, em face da pontuação existente no romance-mosaico, o primeiro cuidado que se deve ter é o de separar o respeito ao sistema de pontuação vigente somado ao emprego de sinais não convencionais (deslocamento na página, itálicos, disposição entrecortada de frases na mancha gráfica) do desrespeito ao sistema de pontuação vigente propriamente dito. Muitas vezes, a experimentação ficcional do autor, no lugar de promover uma ruptura com as regras vigentes, faz uma leitura criativa da mesma. Há casos em que a pontuação expressiva (ponto de interrogação, ponto de exclamação, reticências), por si só, satisfaz o projeto literário do autor, não ocorrendo nenhum desvio da norma padrão. Como também há casos em que, embora a mancha gráfica induza à conclusão de ruptura com os princípios sintáticos do atual sistema de pontuação, a leitura corrida dos termos revela uma forte obediência aos mesmos.

O deslocamento espacial dos termos, cumprindo o papel da vírgula para marcar enumerações, aparece frequentemente no romance e, em raros casos, o autor soma à vírgula o deslocamento. De modo predominante, ele acaba substituindo o sinal convencional pela inovação da mancha gráfica irregular:

> [...] ouve o rangido do portão
> o motor do Chevette
> cães que latem
> passos na calçada
> vozes
> um ônibus que arranca
> o rangido do portão
> o motor do Chevette
> vozes [...]
> (RUFFATO, op. cit., p. 27)

Nessa organização hierarquizada dos termos na página, por meio de deslocamentos espaciais, imprime-se uma função estético-visual à pontuação. Em outros contextos, quando tenta reproduzir as marcas da língua falada, o autor emprega reticências e afins, tal como se estivesse fazendo uma transcrição de entrevistas. Dessa maneira, mostra ao leitor que os recursos gráficos disponíveis na língua escrita estão a serviço da obra de arte, e não o contrário. Ele se permite, até mesmo, importar regras ou sinais, se isso der mais vigor ao enunciado. É o que faz, por exemplo, com algumas sentenças interrogativas, ao registrá-las, aproveitando-se de um traço do sistema de pontuação da língua espanhola. No capítulo "21. Ele)", o empregado de escritório, desassossegado, inicia uma série de questionamentos sobre o dia:

> ?o vento embalou as nuvens no céu ou elas regaram mansamente o asfalto?
> ?um motoboy se esparramou na faixa-de-pedestre?
> ?um executivo espancou um menino-de-rua com laptop?

?um cobrador impediu um assalto?
?O mundo, o mundo acabou? (idem, p. 47)

A convenção espanhola de marcar as interrogativas duplamente (no início e no final da frase) foi aplicada pelo autor, mas o sinal de interrogação colocado no início da frase não foi invertido tal como ocorre no castelhano. No lugar de ¿, manteve-se o ?. Este dado só vem ratificar a hipótese de que, para o autor, a noção de certo e errado, ou mesmo de ruptura e tradição, não se sobrepõe ao efeito estilístico. No fragmento em análise, a dupla marcação de interrogativas não sinaliza um questionamento corriqueiro. A marcação forte combina com o grau de inquietude do empregado de escritório que, frustrado com a inexistência de fatos que desestabilizem o seu cotidiano, ao verificar que o mundo não acabou e as posturas sociais continuam as de sempre, volta ao microcomputador e, enredado em seu dia a dia massificador, "atraca-se ao asdfgçlkh" (idem, p. 48).

O espaço e sua simbologia no romance-mosaico

A partir de uma sequência não fechada de setenta histórias, a obra capta um olhar múltiplo e distanciado e, tal como grifa Renato Cordeiro Gomes, constrói a cidade a partir do relato. Alguns pensamentos dos personagens são como projeções de películas e, somados à diversidade de gêneros e formas narrativas, privilegiam o aproveitamento de duas forças do cinema moderno no que diz respeito à ilusão da reprodução da vida tal como ela é: sua capacidade de captar o objeto em movimento e a visão do mesmo em profundidade.

De acordo com Jean-Claude Bernardet, "a história do cinema é, em grande parte, a luta constante para manter ocultos os aspectos artificiais do cinema e para sustentar a impressão de realidade" (2000, p. 20). Nessa obra, há o mesmo tipo de luta, só que, nesse caso, os aspectos artificiais a serem ocultados estão ligados à figura do narrador e às clássicas estratégias ficcionais de organização das partes de um romance.

No romance-mosaico de Ruffato, via de regra, há uma tentativa de minimizar uma das limitações da descrição: a impossibilidade de representar simultaneamente os objetos que, no espaço, se encontram justapostos. Em nome disso, surge uma intensa relação entre espaço, personagem e narrador, resultante do emprego das três ambientações postuladas por Osman Lins (1976): a reflexa – aquela em que a voz narrativa se encontra em terceira pessoa, mas o ponto de vista expresso é o de um personagem cujo olhar aparece refletido na descrição; a dissimulada – em que o narrador se aproveita do caminhar do personagem para exibir o espaço no qual o mesmo se encontra; e a franca – a que, realizada conforme os moldes tradicionais, está impregnada de simbologia.

O emprego de tais estratégias não só aproxima literatura e cinema, no tocante à simultaneidade de funções como *contar e mostrar*, como também é capaz de tornar o relato polifônico. O capítulo "4. A caminho", além de ser o primeiro dotado de um enredo ficcional com estrutura semelhante à do conto, contém uma liberdade formal que perpassa toda a obra. Conforme o leitor efetua sua leitura, fica cada vez mais forte a sensação de que os capítulos do livro figuram como partes móveis, sem ordem fixa, de um grande painel de imagens da cidade de São Paulo. Paralelamente a isso, por meio dos vários estilhaços de real, verifica-se quanto a influência do cinema moderno se faz presente na obra, principalmente, porque não há uma voz panfletária a apontar as mazelas sociais de São Paulo. Em vez disso, há vozes diversas (de crianças, mães, trabalhadores, assaltantes, empresários etc.) que, por deslocamento, sugerem ao leitor que a ligação entre os personagens desse mosaico, tal como destaca Gomes (2004), deve-se basicamente a três fatores: o medo, a violência e a cidade de São Paulo.

Por meio da ambientação reflexa, o espaço descrito traz à tona o que a personagem pensa a respeito do local focalizado. Dentro do ônibus, muito incomodada com a conduta do motorista e as condições da viagem, a mãe não consegue dormir, e a descrição feita pelo narrador reflete todo o seu incômodo:

> [...] o empestado ar de janelas fechadas, vidros suados, no soalho, esparramados, papéis de bala, de bolacha, guardanapos, sacolas, palitos de picolé, copos descartáveis, garrafas plásticas, farelo de biscoito-de-polvilho, de pão, de broa, farinha, restos de comida, pé de sapatinho de crochê azul-menino, noitedia, *E gente inda consegue dormir, meu Deus, a bocona jacaroa, até ronca!, até baba!, comé que?*, embaralham-se distintas paisagens, cidades enoooormes, cidadezinha que, zum!, passou, (RUFFATO, op. cit, p. 16).

Em outras situações, a personagem não apresenta alto grau de criticidade a respeito de seu contexto, mas empresta o seu caminhar para que, via ambientação dissimulada, sem suspender o fio narrativo, o narrador apresente as várias gentes e espaços da cidade de São Paulo. É o que ocorre, por exemplo, nos capítulos "21. ele)" e "22. (ela". No primeiro, o caminhar entediado do funcionário do escritório torna plausível e harmônica a inserção de vários elementos tipicamente paulistanos (multidão da avenida Faria de Lima, motoboy esparramado na faixa de pedestres etc.) enquanto no segundo, a menina "Tão leve em seus dezesseis anos [...] levita o tênis milímetros das pedras portuguesas que a Rua Direita forram" e, conforme dá continuidade ao seu caminhar, a partir dele vão emergindo no texto os ônibus nas praças da Sé e do Patriarca, o Viaduto do Chá, a encruzilhada das ruas Conselheiro Crispiniano com a Vinte e Quatro de Maio, o Largo do Paissandu, ou seja, toda a vida do Centro daquela grande metrópole.

Em *Eles eram muitos cavalos*, o ato de narrar imprime um sentido ao mundo: os graves problemas sociais que oprimem os habitantes de São Paulo são abordados de modo a tornar a dor inédita e não uma simples reprodução. Segundo Schøllhammer:

> Uma das teses mais divulgadas sobre nosso tempo é a de que estamos passando por uma época pós-moderna, cuja característica é um questionamento radical da realidade e, sobretudo, da sua natureza de construção através de imagens e simulações produzidas pelos meios de comunicação e pela tecnologia em geral (2002, p. 76).

Citando Hal Foster (1994), Karl Erik Schøllhammer alerta para o fato de a contemporaneidade estar diante de uma "volta ao real". Seria algo distinto do realismo histórico do século XIX, do realismo social da década de 1930 ou do hiper-realismo do movimento *pop* da década de 1970. Para o crítico, existe um "realismo afetivo". Em termos mais objetivos:

> [...] é possível analisar literatura e arte contemporâneas como expressão de uma estratégia alternativa de representação, em que a tendência experimental modernista de criar formas heterogêneas e híbridas entre diversos regimes expressivos – literatura, arte, fotografia, cinema etc. – visa a ressaltar uma concretude afetiva do signo até o limite de sua representabilidade (idem, p. 78).

Sob esse ponto de vista, não basta representar; é preciso trabalhar a linguagem literária, para explorar as fronteiras convencionais entre ficção e realidade, obtendo-se um efeito afetivo na criação dos efeitos de realidade. Como a imagem ganhou força na cultura do fim do século, sobretudo em função de seu poder sobre as emoções coletivas, a linguagem pictórica tem sido amplamente empregada nas mais diversas formas de arte (pintura, fotografia, cinema, dança, teatro, literatura).

Na literatura, o hibridismo textual, muitas vezes, possibilita a incorporação de estratégias de representação da realidade típicas do cinema e demais artes visuais, o que estimula o lado sensorial e afetivo do leitor. No caso de Ruffato, mais do que falar sobre São Paulo, ele expõe imagens da cidade, o que amplia a sensibilidade do leitor para entender o sofrimento dos reféns dessa violenta metrópole.

Luiz Ruffato apresenta um convite ficcional que, longe de renegar vozes pregressas de nossa historiografia, promove uma releitura crítica de estratégias já empregadas por grandes nomes como Graciliano Ramos, Autran Dourado, Oswald de Andrade e Osman Lins, e experimenta singulares caminhos ficcionais. Produz um discurso fragmentado, incorporando modernas técnicas cinematográficas para representar as máscaras do cotidiano. Seu romance-mosaico liberta o texto dos significados preestabelecidos para problematizar as fronteiras entre a ficção e a realidade e, desse modo, convidar o leitor a um repensar de seu papel em meio ao caos urbano. Redimensiona-se, assim, o *entrelugar* entre real e ficcional, um lugar que, segundo Silviano Santiago, embora pareça estar vazio, encontra-se marcado pela tensão entre dois estados, duas concepções. Em *Eles eram muitos cavalos*, esse *entrelugar* constitui-se entre a inovação contemporânea e o diálogo com a tradição; entre a representação de uma cidade e a invenção de histórias transcorridas em São Paulo; entre a violência da metrópole e a ternura inerente aos seres humanos. Elementos singularmente trabalhados em um engenhoso romance-mosaico.

REFERÊNCIAS BIBLIOGRÁFICAS

BARBOSA, Catia Valério Ferreira. "Representações da realidade em romances brasileiros contemporâneos: a literatura da angústia", TESE/UFRJ, 2006. (Disponível em www.posvernaletras.ufrj.br)

BERNARDET, Jean-Claude. *O que é cinema*. São Paulo: Brasiliense, 2000. (Coleção Primeiros Passos.)

BOOTH, Wayne. *A retórica da ficção*. Lisboa: Arcádia, 1980.

GOMES, Renato Cordeiro. *Todas as cidades – a cidade*. Rio de Janeiro: Rocco, 1994.

____. Narrativa e paroxismo – será preciso um pouco de sangue verdadeiro para manifestar crueldade? In: DIAS, Ângela Maria; GLENADEL, Paula (org.). *Estéticas da crueldade*. Rio de Janeiro: Atlântica Editora, 2004.

LINS, Osman. *Lima Barreto e o espaço romanesco*. São Paulo: Ática, 1996.

MARINETTI, Filippo. In TELES, Gilberto Mendonça. *Vanguarda europeia e modernismo brasileiro*. Petrópolis: Vozes, 1973.

MARQUILHAS, Rita. *Norma gráfica setecentista*. Lisboa: INIC, 1991.

MOISÉS, Massaud. *A criação literária – prosa I*. São Paulo: Cultrix, 1982.

RUFFATO, Luiz. *Eles eram muitos cavalos*. São Paulo: Boitempo, 2005.

SANTIAGO, Silviano. O entre-lugar do discurso latino-americano. In: _____. *Uma literatura nos trópicos*. 2 ed. Rio de Janeiro: Rocco, 2000.

SANTOS, Wellington de Almeida. "Memórias Rainha". In: _____. (org.) *Outros e outras na literatura brasileira – ensaios*. Rio de Janeiro: Caetés, 2001.

SCHØLLHAMMER, Karl Erik. A procura de um novo realismo – teses sobre a realidade em texto e imagem hoje. In: OLINTO, H.; SCHØLLHAMMER, K.E. (org.). *Literatura e mídia*. Rio de Janeiro: Ed. PUC-Rio; São Paulo: Loyola, 2002.

OS SOFRIMENTOS DOS JOVENS PROTAGONISTAS EM TRÊS ROMANCES DE DANIEL GALERA

Leila Lehnen

ESTE ENSAIO PROPÕE UMA LEITURA dos romances de Daniel Galera pelo viés do romance de formação. É nosso objetivo examinar os três textos identificando os pontos de convergência destes com o gênero do romance de formação e como Galera transforma este gênero ao trazer a narrativa ao século XXI. O ensaio tentará responder à pergunta se é possível falarmos de romance de formação na contemporaneidade, ou se, devido a transformações como a fragmentação de moldes sociais e culturais (família, cultura nacional, o conceito de "literatura", em especial, o da "literatura nacional"), o romance de formação acaba por fracassar. Ou seja, há realmente um processo de "amadurecimento" dos protagonistas, ou este desenvolvimento pessoal é, nos dias de hoje, um projeto inevitavelmente incompleto? Os três textos serão discutidos como exemplos ou desvios do romance de formação, e se fará tanto uma análise de cada um em separado como um estudo comparativo entre os três.

O romance de formação tradicionalmente narra a trajetória de formação ou de amadurecimento do protagonista. No entanto, conforme Mikail Bakhtin (1986), este processo nem sempre equivale à transformação do personagem principal. Em vez disso, o *Bildungsroman* narra como o protagonista se encontra, indicando a solidificação da sua personalidade em vez de sua modificação.

Dentro do esquema narrativo do *Bildungsroman*, o projeto de formação muitas vezes inicia-se com um evento traumático – a perda de um amor, a morte de alguém próximo, o desterro. Ao longo do romance de formação, o protagonista passa por diversas experiências que contribuem para sua maturação. Ao final da narrativa, temos um sujeito pronto para enfrentar a vida como um adulto, ou seja, o protagonista é capaz de assumir plena responsabilidade pelos seus atos. O amadurecimento implica, em geral, tanto o reconhecimento quanto a superação do evento traumático que desencadeou a busca, ou seja, o processo de formação. Por enfocar o processo de maturação, em geral, o romance de formação se centra em personagens jovens, muitas vezes adolescentes que lutam com os dilemas de crescer e de se posicionar em um mundo adulto que eles rejeitam, mas a que também querem pertencer. A aceitação – frequentemente melancólica – do contexto sociocultural em que vivem é outra característica do romance de formação. Ou seja, os protagonistas se "moldam" ao seu entorno, suavizando os contornos agudos de sua personalidade e suas crenças pelo choque com um meio que lhes parece por vezes incompreensível, por vezes hostil. Tanto Karl Morgenstern (1820), estudioso que criou a designação *Bildungsroman* (apud BOES, 2009), quanto Bakhtin (1986) chamam atenção para a dimensão social do romance de formação, já que ele estabelece uma relação dialógica entre o protagonista e seu entorno. Assim sendo, o *Bildungsroman* pode abordar as condições sociais, políticas e culturais que determinam o desenvolvimento do seu personagem principal.

Nos três romances de Daniel Galera, *Até o dia em que o cão morreu* (2007), *Mãos de cavalo* (2006) e *Cordilheira* (2008), a narrativa se centra em personagens que passam por processos, ainda que distintos, de (trans)formação após eventos impactantes.

Desta forma, a obra ficcional de Galera parece seguir os parâmetros do romance de formação, embora adapte este gênero ao século XXI. Seguindo os moldes de romances de formação canônicos, como *Wilhem Meisters Lehrjahre* (1795-96), de Johann Wolfgang von Goethe, os personagens de Galera são sujeitos que refletem o contexto atual, de modo que seus dilemas de formação também ecoam problemáticas contemporâneas. Estes temas aparecem combinados com os tropos tradicionais do romance de formação (como o trauma, a solidão, a crise existencial). Os romances em questão abordam a influência da cultura de massa (*Mãos de cavalo*), a desorientação pessoal e social (*Até o dia em que o cão morreu*) e o amor e a ficção em tempos globais (*Cordilheira*).

A solidão como escola

Até o dia em que o cão morreu é o segundo romance de Daniel Galera. Originalmente publicado pela editora Livros do Mal, fundada por Galera com os escritores Guilherme Pilla e Daniel Pellizari, o romance foi relançado em 2007 pela Companhia das Letras, após o sucesso do terceiro livro do autor, *Mãos de cavalo* (2006). Os dois textos compartem algumas semelhanças: o mesmo espaço narrativo (a cidade de Porto Alegre), um linguajar que reflete esta localização, com expressões "gaúchas" como "guria", "bah", e o uso constante do pronome pessoal "tu". *Até o dia em que o cão morreu* assim como *Mãos de cavalo* têm protagonistas que são "jovens adultos" e uma narrativa que evoca um isolamento tanto voluntário como melancólico. Os dois romances também estão escritos numa linguagem enxuta, ainda que não sem poesia. No entanto, o lirismo de *Até o dia em que o cão morreu* evoca o abjeto, com descrições repetidas de ressacas alcoólicas e cansaços que vão além do âmbito físico. *Mãos de cavalo*, por outro lado, transforma a cultura de massa (revistas em quadrinhos, filmes de ação, videogames) em linguagem literária (CUNHA, 2010).

Até o dia em que o cão morreu narra o amadurecimento do protagonista anônimo. A história é contada em primeira pessoa, a partir do ponto de vista do personagem principal, um jovem porto-alegrense que, após formar-se em Letras, muda-se para um apartamento no Centro da cidade com "janelas amplas demais" e uma "vista dos dezessete andares que ia longe demais. Todos os anos anteriores pareciam uma brincadeira idiota, e não havia nenhuma ideia que me estimulasse pro futuro" (GALERA, 2007, p. 34). Este panorama, em vez de estimular o protagonista, põe em relevo sua incapacidade não somente de lidar com o futuro, mas também com o presente.

A perspectiva em primeira pessoa do romance poderia criar um tom intimista, que permitisse ao leitor compartilhar as emoções do jovem narrador, identificando-se com ele (uma das características do romance de formação tradicional). Isto se dá de fato, mas apenas até certo ponto. Um das características centrais do romance é justamente a negação de qualquer tipo de intimidade por parte do protagonista. Ele busca justamente o isolamento, um estado vegetativo que o afaste de qualquer interação social. Este desejo reflete uma recusa a entrar no mundo "adulto", ou seja, um mundo onde o protagonista terá de assumir responsabilidades tanto materiais como emocionais.

No entanto, embora o protagonista não queira se aproximar de ninguém e efetivamente busque a solidão, ele acaba se envolvendo com três seres: o cachorro do título, encontrado "quase morto de fome na Praça da Alfândega, numa madrugada de outono fria pra cacete" (idem, p. 11); Marcela, uma modelo que pouco a pouco vai penetrando na sua intimidade; Seu Elomar, o porteiro do prédio onde vive o jovem. Como ele, Marcela e o cachorro (que eventualmente recebe o nome de Churras) são seres à deriva, em busca de algo – seja comida e conforto, como no caso do cão, seja afeto humano, no caso de Marcela. Já Seu Elomar forma uma espécie de núcleo que, se não chega a amalgamar os dois humanos e o animal, ao menos os aproxima.

O romance começa quase ao final da história, com um sonho do protagonista após a morte do cachorro – o primeiro em sua vida do qual ele se lembra. O sonho revela uma espécie de partenogênese que gera "dois sujeitos idênticos a mim, e nenhum dos dois sou eu" (idem, p. 9). A ideia de alienação que transparece na imagem é recorrente ao longo do texto. Ou seja, o protagonista é um sujeito que não consegue e – pelo menos à primeira vista – não quer estabelecer nenhum vínculo emocional e/ou social.

Diferentemente do que ocorre no romance de formação tradicional, não há um evento traumático em especial que cause este retraimento no protagonista. A razão que o leva a abandonar a casa dos pais e se mudar para o apartamento no decadente Centro porto-alegrense é simplesmente o trauma de se tornar adulto. Sua solidão é, assim, uma forma de tentar deter este processo.

O começo do romance, o estranhamento do sonho, indica o final do percurso existencial: ao tomar consciência de si como "outro", ao aceitar a presença do estranho em sua vida, o protagonista finalmente amadurece. *Até o dia em que o cão morreu* tem uma estrutura semicircular. O começo e o fim ocorrem no presente e emolduram o corpo do romance, composto das lembranças dos meses em que o protagonista viveu quase sozinho no seu apartamento, compartindo-o somente com o cão e, parcialmente, com Marcela. A narrativa memorialista se centra no desenvolvimento do relacionamento entre o protagonista e a modelo, e nos seus esforços para que a relação não se transforme em algo relevante:

> Por um instante imaginei como seria se ela viesse morar comigo, mas rejeitei a ideia rapidamente. Mesmo com as visitas ocasionais, era comum eu acordar perto do meio-dia depois de uma noite inteira de fodança e desejar profundamente que ela não estivesse do meu lado, dormindo na minha cama. Não é que não gostasse dela. Eu gostava, até demais. Mas a ideia de que pudéssemos ter um relacionamento me causava repulsa (idem, p. 44).

A palavra "repulsa" sugere a transformação de Marcela em uma espécie de ser abjeto. Segundo a psicanalista francesa Julia Kristeva (1982), o abjeto é aquilo que é ao mesmo tempo interno e externo a nós. Exemplos seriam secreções corporais como sangue, pus, vômito etc. Marcela, que no momento descrito acima significativamente está na cama do protagonista, com a garganta inflamada ("a boca expelindo um hálito de garganta inflamada" [idem, p. 44]), se transforma gradualmente neste ser abjeto. Ela é simultaneamente aquilo que está dentro do protagonista – os sentimentos de amor, desejo e proximidade – e o que ele quer expelir para não se "contaminar". De certo modo, ela é a forma que brota do corpo do protagonista no seu sonho: um ser ao mesmo tempo íntimo e estranho.

A questão que surge do romance é por que o protagonista se opõe tanto a entrar no mundo adulto. Por um lado, estão as responsabilidades concretas que esta situação acarreta: a necessidade de encontrar um emprego para pagar as contas, a expectativa de uma família e de "projetos" de vida. Por outro, o texto também sugere que o amadurecimento é sinônimo de desilusão: as expectativas em relação à vida, até então abertas, têm de ser "aparadas" segundo as circunstâncias da vida "real", transformando-se em limitações. O protagonista de *Até o dia em que o cão morreu* encontra-se entre esses dois polos, uma posição que também ocupa o herói de *Mãos de cavalo*, Hermano.

Até o dia em que o cão morreu não reproduz o arco do *Bildungsroman* tradicional, que vai do inconformismo inicial do protagonista a um conformismo que corresponde à maturidade burguesa. Ainda que as expectativas de "independência" do protagonista desmoronem por falta de financiamento, ou seja, ele tem de voltar a viver com os pais, sua solidão não diminui. Mesmo na casa dos pais ele interage principalmente com o cachorro: "Era a companhia ideal para mim. Total ausência de palavras. Apenas alguns olhares cúmplices, nada mais. Assim como ele, eu só queria me adaptar à civilização à medida que isso fosse necessário à minha sobrevivência" (idem, p. 90). Suas palavras – e a comparação que ele estabelece entre si e o animal, de certa forma erodindo sua própria humanidade – não expressam desapontamento, mas refletem o tédio que o caracteriza, um sentimento de que, acabada a juventude, a idade adulta já não oferece nada significativo, nem mesmo a possibilidade da tragédia. Para ele, resta apenas o cansaço existencial. Sente-se prematuramente "velho", "no sentido de que era tarde demais para morrer jovem" (idem, p. 91). "Morrer jovem" seria evitar a ruína dos sonhos e ideais da juventude. A morte antes da maturidade também tem um sentido romântico, o sacrifício de uma vida antes que ela seja contaminada pela desilusão da fase adulta. Este desejo malogrado de um sentido heroico ou trágico se desvanece frente a uma realidade que exige a rotina anódina em vez dos gestos grandiosos. No entanto, apesar do tom melancólico que predomina em *Até o dia em que o cão morreu*, o capítulo final do romance abre a possibilidade de que talvez exista algo além dessa rotina. Marcela, que havia desaparecido da vida do jovem por causa de um câncer fulminante, milagrosamente se recupera e reaparece convidando-o para recomeçar a relação e a vida em Nova York. A proposta insinua tanto uma fuga, como um novo começo, uma aventura. No entanto, o convite também indica que os laços que atam Marcela e, por extensão, o protagonista à sua realidade são tênues. Para ela, "isolado ou mergulhado numa multidão, no trânsito, no trabalho, a solidão é sempre a mesma, com exceção daquelas poucas, raras pessoas em cuja presença a solidão some, mesmo que não seja o tempo todo" (idem, p. 98). Ao final, o leitor fica sem saber a resposta do protagonista ao convite de Marcela. A possibilidade de uma transformação, de uma conexão afetiva fica em aberto. Como nos outros dois romances de Galera, *Até o dia em que o cão morreu* enfatiza a solidão do sujeito contemporâneo. A viagem de formação descrita nos livros, no entanto, não necessariamente leva o protagonista a se integrar a uma comunidade (mesmo que esta seja somente uma comunidade a dois). A solidão que se delineia no início de *Até o dia em que o cão morreu*, *Mãos de cavalo* e *Cordilheira* continua a ser uma sombra que paira sobre o ponto final das narrativas.

Excursões solitárias: à procura do "eu"

Mãos de cavalo, terceiro romance de Daniel Galera, continua a temática do *Bildungsroman* que o autor desenvolve em *Até o dia em que o cão morreu*. De certa forma, *Mãos de cavalo* se encaixa melhor na definição tradicional do romance de formação do que *Até o dia em que o cão morreu*, pois a narrativa segue o personagem principal desde a adolescência até a idade adulta.

Trata-se da história de Hermano, o "Mãos de cavalo", um jovem e bem-sucedido cirurgião plástico que, ao longo da narrativa, confronta-se com um evento traumático de seu passado. Este processo leva-o à reflexão de quem é e por que é quem é, reflexão esta que equivale a um amadurecimento emocional, interrompido pelo trauma na adolescência.

O livro está dividido em dois segmentos: o presente, que engloba um período de duas horas (das 6:08 até as 8:04 de uma manhã de sábado), durante o qual acompanhamos o protagonista do romance no seu trajeto motorizado pelas ruas semidesertas de uma Porto Alegre matinal. Paralelamente temos o relato que enfoca o "O Ciclista Urbano", capítulo que abre o texto. À medida que avançamos na leitura, percebemos que o "Ciclista Urbano", menino de dez anos que navega com "sua antiquada porém feroz Caloi Cross aro 20 com freio de pé, branca com adesivos de enfeite azuis, com pneus-balão vermelhos de garras salientes no lugar dos pretos e finos originais de fábrica, pouco adequados à velocidade e ao terreno do ciclismo urbano de elite" (GALERA, 2006, p. 10), pelas ruas suburbanas de um bairro de classe média remediada de Porto Alegre, e o jovem cirurgião plástico que circula pelas avenidas da capital gaúcha em um Mitsubishi Pajero TR4 são a mesma pessoa. O romance intercala episódios centrados no Hermano de trinta anos com outros que o enfocam quando tinha dez e quinze anos.

A alternância dos capítulos, divididos entre passado e presente, delineia a imagem de um Hermano profundamente solitário, apesar do sucesso profissional, de estar casado e ter uma filha de dois anos e meio. O isolamento emocional tem sua raiz na adolescência, quando ele presencia covardemente o assassinato de um amigo, Bonobo, por uma turma de adolescentes vizinhos do bairro suburbano em que moram: a Esplanada. Que o trauma deixou cicatrizes duradouras fica claro no tempo verbal usado para descrever a juventude de Hermano. O romance está narrado integralmente no presente do indicativo, aludindo a uma fluidez entre passado e presente.

Como aponta João Manuel dos Santos Cunha, *Mãos de cavalo* dialoga ativamente com os meios massivos de comunicação. Além de eles constituírem uma espécie de "substrato cultural" que compõe a imaginação principalmente do jovem Mãos de cavalo, a própria linguagem está permeada por pontos de vista que emulam a câmera cinematográfica (CUNHA, 2010, p. 210). O romance abre imitando tal linguagem. Todo o capítulo inicial ("O Ciclista Urbano") está escrito na terceira pessoa do singular, como se fosse uma voz em *off* descrevendo detalhadamente o caminho percorrido pelo Ciclista Urbano, enquanto momentos dramáticos se assemelham a cenas de filmes de ação. Pela descrição, o ciclista se transforma no herói do filme que está sendo contado. Só quase ao final do capítulo – quando o Ciclista Urbano cai dramaticamente da bicicleta –, o leitor descobre que a voz em *off* ocorre na mente de um menino. Após a queda, a narrativa em terceira pessoa é interrompida por uma voz na segunda pessoa do singular que intercepta o Ciclista Urbano: "Que tombo, gurizinho. Não chora, não chora, deixa eu ver. [...] Deixa a vó ver. Não é nada" (GALERA, op. cit., p. 17). A interrupção desmistifica o personagem e cria uma abertura no relato que nos deixa entrever a história subjacente. A técnica ressalta a discrepância entre o desejo do protagonista de se mostrar invulnerável às vicissitudes físicas e emocionais e sua inerente fragilidade (a física sendo consequência da emocional).

Esta dialética é o fio condutor do romance e se alimenta de imagens dos meios massivos de comunicação. Personagens de gibis, como *Spectreman* ou *Elektra*, e do acervo cinematográfico de Hollywood (como Mad Max, herói do filme homônimo) servem de modelo para a "composição" do jovem Hermano. No entanto, o romance aponta que a tragédia de Hermano está justamente no fato de estes personagens não passarem de ficção que ele – em última instância – não consegue adaptar à sua realidade. Assim, por exemplo, após escapar covardemente de uma briga com Bonobo, Hermano se tranca no banheiro de casa e meticulosamente pinta o rosto para imitar os efeitos do combate não ocorrido:

> O herói sangrento era agora ele mesmo, estampado na superfície salpicada de pasta de dente do espelho. [...] Cada vez que levava um golpe no rosto, simulava o impacto jogando a cabeça com força para o lado [...] As gotas rubras caíam na pia e evocavam o sangue verdadeiro que tinha manchado aquela mesma porcelana branca em outras ocasiões (idem, p. 45).

A "maquiagem" improvisada do menino – simulacro de feridas que Hermano evitou, mas que ele também deseja – se transforma numa pintura de guerra que serve para exorcizar a própria covardia. O rosto pintado, ao mesmo tempo que aproxima o menino dos heróis dos meios de comunicação, desfaz esta ilusão. *Mãos de cavalo* usa a cultura de massa (cinema, gibis, *graphic novels*, videogames) como um intertexto que põe em relevo a falta de heroísmo do protagonista. O processo de formação que *Mãos de cavalo* narra é não somente o de superar o trauma da adolescência, mas também o de finalmente ter uma atitude heroica e deixar-se (literalmente) ferir.

A cultura de massa é um subtexto importante ao longo de todo o romance. Além de fornecer imagens e padrões de comportamento aos pré-adolescentes e adolescentes da Esplanada, ela influencia as relações sociais entre os jovens que vivem no bairro. Assim, os jogos de computador são usados pelo pária da região – Morsa – como moeda de troca para se relacionar com os outros meninos da sua idade:

> se não fosse pelo computador, ninguém jamais iria à casa do Morsa. Toda turma de amigos em fase de crescimento parece extrair uma espécie de energia coesiva da segregação cruel de um ou mais de seus componentes. Na Esplanada, o elemento segregado era o Morsa. Com exceção dos jogos de futebol e das visitas à sua casa para conhecer jogos de computador, o Morsa era alvo de exclusão e chacota constante (idem, p. 82).

Semelhantemente, Naiara, a irmã caçula de Bonobo, compara Hermano ao seu ídolo sexual – o herói das histórias de *tokusatsu*, *Spectreman*. Naiara experimenta seu despertar sexual por meio da imagem do super-herói e transpõe as qualidades dele à ideia que faz de Hermano, combinando-as com outras figuras da mitologia *pop* ("Sim, e é isso que tu é. Um vampiro cego com cara de metal que sobe as escadas de três em três degraus" [idem, p. 147]). Finalmente, a catarse do romance, o momento em que Hermano se redime da covardia juvenil, também alude a uma série de imagens de heróis em crise, apresentadas pelas telas de cinema e televisão, assim como pelos gibis e jogos de computador.

Se na adolescência o protagonista sonhara parecer com super-heróis populares como Mad Max, este sonho se desfez no momento em que assistiu covardemente ao assassinato de Bonobo. Ironicamente, é o Hermano adulto que pode satisfazer a fantasia adolescente ao evitar, no seu antigo bairro, que um garoto seja brutalmente espancado por uma gangue de adolescentes muito semelhante à que matou seu amigo:

> É o momento dos filmes, das histórias em quadrinhos e dos livros de aventura em que um homem descobre sua verdadeira natureza e se torna um herói. Está completamente embevecido por essa fantasia, tanto que a frase "Eu sou médico" lhe soa artificial, totalmente alheia a quem de fato é e ao que está acontecendo naquela manhã de domingo (idem, p. 154).

Este episódio representa tanto uma expiação como a culminação das aspirações do protagonista: é, de certa forma, o rito de passagem que lhe permitirá ingressar na outra etapa de sua vida (ainda que, como em *Até o dia em que o cão morreu*, não fique claro que etapa será esta) (RESENDE, 2008, p. 127). No entanto, diferentemente do que ocorre em *Até o dia em que o cão morreu*, *Mãos de cavalo* contém uma catarse que permite ao protagonista redimir-se e se transformar em "outra" pessoa. Era justamente esta possibilidade que o atraía a Bonobo. O amigo lhe transmitia uma visão de masculinidade que era ao mesmo tempo oposta e complementar à sua personalidade. Se ele era reservado e controlado, Bonobo apresentava uma espontaneidade liberadora que Hermano admirava e desejava. Paradoxalmente, ainda que a morte trágica do amigo tivesse isolado Hermano ainda mais, ela serviria de amálgama para que a Esplanada finalmente se tornasse uma "comunidade". Apesar dos laços de sociabilidade que se formaram na vizinhança desde seu estabelecimento, o bairro somente se transforma em uma comunidade com a morte de um de seus habitantes. A violência deste acontecimento "veio a intensificar os sentimentos de abandono, de insegurança e de que angústia que, por fim, conectavam de modo irreversível aquele grupo de indivíduos que, mais por acaso que por qualquer outro motivo, vieram a se assentar fisicamente próximos uns dos outros" (GALERA, op. cit, p. 181). De fato, o enterro de Bonobo reúne todos os residentes do lugar, incluindo a turma de amigos de Hermano. Para eles, o funeral é de certa forma a despedida da infância e da adolescência. O romance termina indicando o caminho circular percorrido pelo protagonista - o menino que se transforma, pelo menos aparentemente, em adulto, segue um plano de vida que culmina e, quem sabe, desmorona, no momento em que regressa, anos depois, à cena do seu "crime" ("Agora sabia exatamente o que fazer. Não seria necessário fingir nunca mais" [idem, p. 188]). Assim, o *Bildungsroman* narrado em *Mãos de cavalo*, semelhantemente ao que ocorre em *Até o dia em que o cão morreu*, não oferece uma visão redentora ou final do processo de formação do protagonista. Apesar da catarse por ele vivida, a formação é um processo contínuo e, de certa forma, frustrante.

A arte não imita a vida: o avesso do *Bildungsroman*

Em *Cordilheira* (2008), Galera usa a premissa de que a arte imita a vida para, pelo menos aparentemente, invertê-la. O processo de formação é mediado pela arte, mais especificamente, pela literatura. No entanto, ao contrário do *Bildungsroman* tradicional, em *Cordilheira* não se trata de narrar o processo de integração social e/ou amadurecimento de um protagonista à beira de se tornar adulto. O rito de formação ou, melhor dizendo, os rituais, são episódios que apartam os personagens do romance da sociedade e não os transformam em nada além de ficções.

Cordilheira, primeiro romance publicado do projeto *Amores expressos*, da Companhia das Letras, conta a história de Anita von der Goltz, uma jovem escritora brasileira em plena crise criativa e pessoal. Após o êxito do primeiro romance, *Descrições da chuva*, Anita não consegue mais escrever. Além disso, ela se vê frustrada no projeto de ter um filho com Danilo, seu parceiro. Finalmente, em parte motivada pelo suicídio de uma de suas melhores amigas, ela aceita o convite de sua editora para participar do lançamento da tradução de seu romance em Buenos Aires. *Cordilheira* se desenvolve nesta cidade, onde Daniel Galera esteve durante abril/maio de 2007, enviado pela Companhia das Letras. Ao contrário do que ocorre nos seus livros anteriores, *Cordilheira* se foca no sujeito feminino e, como em *Até o dia em que o cão morreu*, é narrado, em grande parte, na primeira pessoa do singular, transmitindo a perspectiva de Anita.

A trama do romance usa a relação entre Anita e José Holden, um escritor portenho misterioso, cujo nome verdadeiro é Diego Parisi, para refletir sobre o papel da literatura no desenvolvimento da subjetividade. Anita e Holden se envolvem com um fim específico. Para Anita, o objetivo é ter o filho que Danilo lhe havia negado. Holden, por outro lado, quer que Anita assuma o papel de Magnólia, personagem principal de seu livro, *Descrições da chuva*, que mata o amante em nome de um ideal de amor (Schøllhammer, 2009, p. 141). Ambos estão tentando transferir sua ficção pessoal ao mundo real.

Como em *Até o dia em que o cão morreu* e *Mãos de cavalo*, em *Cordilheira* também temos personagens solitários que procuram conectar-se, neste caso, através da criação literária. Anita, que perdera a mãe no parto, admite que escrevera o primeiro romance para compensar um vácuo em sua vida. Também a relação intensa que Holden mantém com a criação literária sugere, ainda que não se limite a isso, uma compensação por uma falta de afeto anterior:

> Tive uma relação terrível com os meus pais – disse Holden após uma pausa. – Minha casa era um lugar estranho. [...] Meus pais quase não falavam. Eu ficava dias sem ouvir a voz

> deles. Não era que não me amassem. Mas não havia conversa. Ninguém nunca se tocava. Às vezes eu cumprimentava o meu pai com um aperto de mão. Um abraço, um beijo eram coisas impossíveis de se pensar (GALERA, 2008, p. 151).

Entretanto, ao contrário de Anita, que deseja ter um filho para, de certa forma, contrabalançar as perdas (além do suicídio da amiga Alexandra, o pai havia morrido recentemente em um acidente de carro), Holden não imagina ter uma relação íntima com outro ser humano. Em vez disso, ele se refugia na sua escrita e na realidade que surge por meio dela. Para Holden e seus amigos, a encenação de suas obras literárias permite que estabeleçam um laço que, por um lado, os une e, por outro, os separa do resto da sociedade em que vivem.

Cordilheira, como indica Luiz Zanin na resenha do romance no jornal *O Estado de S. Paulo*, é parcialmente um jogo intertextual em que se mesclam referências à literatura hispano-americana (Oliverio Girondo, Julio Cortázar e Roberto Bolaño) e anglo-americana – José Holden é uma clara referência ao personagem de *O apanhador no campo de centeio* (1951), de J. D. Salinger, um romance de formação por excelência. Assim, se em *Mãos de cavalo* as referências culturais que influenciam o desenvolvimento dos personagens provêm dos meios de comunicação de massa, em *Cordilheira*, estes referenciais são do universo literário. Desta forma, descobrimos que Holden pertence a um grupo de escritores *porteños* meio desconhecidos cuja filosofia artística se baseia em fazer com que a vida imite seus textos: "Há muitos autores em que isso se insinua. Chegam perto de escrever como vivem, ou viver o que escrevem" (idem, p. 97). A formação neste livro de Galera dá-se principalmente por meio da literatura. É significativo que as referências literárias do romance aludam principalmente ao contexto hispano-americano e, mais especificamente, à literatura argentina. De acordo com Karl Erik Schøllhammer, a inspiração para a sociedade literária à qual Holden pertence vem dos romances de Roberto Arlt, *Los siete locos* (1971) e *Los lanzallamas* (1968). Como o herói das duas obras de Arlt, Remo Augusto Erdosain, Holden e seus amigos são seres à deriva, cujo único norte são suas ideologias artísticas.

Os três romances de Daniel Galera discutidos neste ensaio apresentam uma temática em comum: a solidão dos protagonistas e sua inabilidade – ou falta de vontade – para participar da vida social. Como observamos no início, o *Bildungsroman* geralmente reflete e comenta o seu entorno sociocultural. As ficções de Daniel Galera não fogem a esta regra. De certa forma, seus textos estão refletindo o que o sociólogo polonês Zygmunt Bauman denominou de "modernidade líquida": a transformação de paradigmas socioeconômicos, políticos e culturais considerados "sólidos" (família, conceitos religiosos e morais, organização laboral) em cifras líquidas, cambiantes (BAUMAN, 2000). Para Bauman, dentro da modernidade líquida, as relações afetivas e sociais também se fragilizam, pois: "Nos compromissos duradouros, a racionalidade líquida moderna enxerga opressão; nos relacionamentos duradouros, uma dependência incapacitante. Esta razão nega laços e compromissos, sejam eles espaciais ou temporais" (2003, p. 47 – tradução minha). Os protagonistas de *Até o dia em que o cão morreu*, *Mãos de cavalo* e *Cordilheira* ecoam esta premissa. No entanto, sua formação resulta da insatisfação que esta condição "líquida" causa. Assim sendo, o *Bildungsroman* proposto por Galera identifica a problemática da contemporaneidade, mas procura uma saída para ela sem, no entanto, encontrar uma alternativa contundente. Ou seja, no *Bildungsroman* contemporâneo, o processo de formação se estende indefinidamente.

REFERÊNCIAS BIBLIOGRÁFICAS

ARLT, Roberto. *Los siete locos*. Buenos Aires: Compañía General Fabril Editora, 1971.

_____. *Los lanzallamas*. Buenos Aires: Compañía General Fabril Editora, 1968.

BAKHTIN, M.M. "The *Bildungsroman* and its Significance in the History of Realism (Toward a Typology of the Novel)". In: BAKHTIN, M.M. *Speech Genres and Other Late Essays*. EMERSON, C e HOLQUIST, M. (orgs.) Trad. Vern W. McGee. Austin: University of Texas Press, 1986. pp. 10-59.

BAUMAN, Zygmunt. *Liquid Modernity*. Cambridge: Polity, 2000.

_____. *Liquid Love*. Cambridge: Polity, 2003.

BOES, Tobias. "Notes on the *Bildungsroman*". *PMLA: Publications of the Modern Language Association of America*, Nova York, v. 124, nº 2, pp. 647-659, Mar. 2009.

CUNHA, João Manuel dos Santos. "*Mãos de cavalo* e a permanência da literatura em tempos de midiatização digital". In: *Novas leituras da ficção brasileira*. São Paulo: Ed. Helena Bonito Pereira, 2010. pp. 197-224.

GALERA, Daniel. *Até o dia em que o cão morreu*. São Paulo: Companhia das Letras, 2007.

_____. *Mãos de cavalo*. São Paulo: Companhia das Letras, 2006.

_____. *Cordilheira*. São Paulo: Companhia das Letras, 2008.

GOETHE, Johann Wolfgang von. *The Sorrows of the Young Werther; Elective Affinities; Novella*. Collected Works, v. 11. WELBERY, David E. (org.) Trad. Victor Lange e Judith Ryan. Nova York: Surhkamp, 1988.

KRISTEVA, Julia. *Powers of Horror: An Essay on Abjection*. Nova York: Columbia University Press, 1982.

RESENDE, Beatriz. *Contemporâneos. Expressões da literatura brasileira no século XXI*. Rio de Janeiro: Casa da Palavra, 2008.

SCHØLLHAMMER, Karl Erik. *Ficção brasileira contemporânea*. Rio de Janeiro: Civilização Brasileira, 2009.

CIDADE LIVRE: ROMANCE DE FORMAÇÃO NOS RITMOS DE BRASÍLIA

Graça Ramos

> A eternidade é todos os nossos tempos passados, todos os tempos passados de todos os seres conscientes. Todo o passado, esse passado que não se sabe quando começou. E, naturalmente, todo o presente. Este momento presente que engloba todas as cidades, todos os mundos, o espaço entre os planetas. E, é claro, o futuro. O futuro, que ainda não foi criado, mas que também existe.
>
> Jorge Luís Borges, "O tempo",
> *Cinco visões pessoais*

VINCULADO DESDE SEMPRE À NARRATIVA, o tempo constitui questão central para a definição do romance de formação. Na modernidade, inúmeros autores recorreram ao modelo do *Bildunsgroman* para questionar noções espaço-temporais, muitas vezes desconstruindo-as. A intenção deste artigo é investigar de que maneira em *Cidade Livre* (2010) o escritor João Almino trabalha com a escala temporal na elaboração do romance que remete à dupla jornada de formação: a de João – nome que se desdobra do escritor ao narrador-personagem e também ao revisor fictício – e a da singular cidade que nomeia o livro, origem da utopia planejada de nome Brasília.

Na introdução explicativa, o narrador, intitulado apenas como JA, associa à antiga técnica da narrativa folhetinesca a forma de veiculação dada ao romance-memória que escreveu, pois o texto foi publicado pela primeira vez aos pedaços, ou capítulos, em um *blog*, meio de comunicação característico do século XXI. Mais tarde, a obra começa a ser preparada para ser editada como um livro convencional. Já nas primeiras páginas, a hesitação entre certo resgate da tradição e o recurso à inovação colabora para fornecer indícios de uma possível tensão entre os tempos da narrativa como escolha do autor literário João Almino nessa que é a sua quinta obra de ficção ambientada em Brasília.

Em exercício que abarca o além do literário, a aproximação ao livro vem acompanhada de perguntas: sendo a cidade a capital modernista por excelência, criada como símbolo de novidades urbanísticas, sociais e arquitetônicas, isso se refletiria no romance que se debruça sobre ela? Teria Almino, o escritor, apostado na experimentação ao ficcionalizar parte da história da capital? Estaria o leitor diante de um romance que se atém a oscilações entre passado e presente, como explica Abdalla Junior no prefácio? (ALMINO, 2010, p. 9).

Ao definir a duração da tragédia, a ação correspondendo a uma revolução solar, Aristóteles lança a questão teórica sobre o tempo na narrativa. Desde então, tal preocupação infiltra-se na literatura por diversos caminhos. Pode estar expressa quando o narrador recupera cronologicamente a vida de determinada personagem ou se reporta a sua autobiografia, caso em que o presente da narração recupera o passado da história. Pode também se manifestar por meio de diálogos mantidos pelos entes fictícios a respeito do tempo, em romances que se apropriam de temáticas filosóficas. Ou, ainda, se disfarça na escolha de estratégias narrativas como o uso do fluxo de consciência, dos monólogos interiores, das técnicas do adiantamento ou da recordação, tão características da literatura praticada pelas vanguardas do século passado que valorizam o aspecto subjetivo do tempo.

Na valorização da compreensão de que o tempo assume significados diferentes entre os seres humanos e varia de um plano de referências para outro, obras como *A montanha mágica*, de Thomas Mann, apresentam novas percepções espaço-temporais. Considerada romance de formação, a obra, segundo Mann, se apresenta como "sátira humorística" (BRADBURY, 1989, p. 101), seduzindo o leitor para uma visão não linear e não progressiva do tempo e, por consequência, da narrativa. Entre a consciência temporal dos personagens e a do narrador, o leitor é surpreendido pela ausência de notações objetivas sobre a passagem dos anos, como se o romance se passasse em um tempo adormecido.

Ao ler o romance de Almino, momentos houve em que fui levada a invocar *A montanha mágica*.[1] Trata-se da narrativa das "não aventuras" de Hans Castrop, engenheiro naval alemão que, ao visitar o primo Joachim em uma clínica para tuberculosos em Davos, termina ficando sete anos ali, onde toma contato com uma realidade totalmente diferente da que estava habituado, passando a lidar com nova dimensão de tempo, de espaço, de cultura, da morte e da vida. A obra de Mann passa-se em tempo utópico, pois, no sanatório, não há relógios ou calendários, apenas a duração de dias e noites.

Por favor, não se precipite, leitor. A associação de Brasília com um sanatório de alucinados repercutiria, trazendo de volta um clichê equivocado, o da imagem da capital como ilha de

1 Nas entrevistas concedidas por João Almino que consultei não foram encontradas referências a Thomas Mann como autor referencial para o escritor brasileiro. A associação é, portanto, livre exercício da leitora-autora.

fantasia em meio ao Brasil real. Na realidade, a cidade é um espelho ampliado, reflexo de nossa capacidade de arrojo e também de nossas muitas imperfeições como sociedade e Estado. As associações pertencem a outra ordem: em *Cidade Livre* há inúmeras questões relacionadas ao tempo inseridas na narrativa, que se aproximam, ainda que por anteposição, à obra de Mann. No lugar do amortecimento, temos a rapidez dos tempos da construção da cidade; se sete são os longos anos de Hans na montanha mágica, são apenas sete as noites de confidências do pai ao protagonista da narrativa brasiliense.

Na utópica montanha mágica, o narrador, aos poucos, transforma noções tradicionais do tempo, tornando-o quase pausado. Na Cidade Livre, que dá origem à utopia brasiliense, passado, presente e futuro estão demarcados à maneira de um romance de formação realista. Tendo como paradigma *Os anos de aprendizado de Wilhem Meister*, de Johann Goethe, datado do século XVIII, a narrativa sobre as aventuras e o consequente processo de formação da personagem vincula-se "à esfera espaçosa da existência histórica" (BAKHTIN, 1992, p. 240). Do mesmo modo, a obra de Almino adere à tradição ocidental que delimita em três as instâncias temporais, o passado, o presente e o futuro, respeitando-as.

Se, à moda de um romance de formação realista, a vida de João, personagem central de *Cidade Livre*, mostra-se indissociável do tempo histórico, ela apresenta também novidades em sua forma de abarcar o tempo. A narrativa percorre um espaço de tempo entre 1956 e 2010, cobrindo pouco mais dos primeiros cinquenta anos da capital brasileira, inaugurada em 1960, local aonde o protagonista chega criança, ainda nos primórdios da construção, instalando-se na Cidade Livre. Ali vive dos seis aos dez anos de idade. Depois, muda-se para a Asa Sul, no

Plano Piloto, e, na maturidade, transfere-se para uma casa no sofisticado Lago Sul. De sua vida adulta, o leitor pouco sabe. Apenas que é jornalista, tem três filhos, gosta de beber Campari, e, no passado, foi torturado pela ditadura militar, com consequências graves para sua saúde mental, havendo um surto de loucura não detalhado pelo narrador.

O menino João cresce em meio à formação dessa incomum cidade, polo de concentração daqueles que decidiram participar da construção da moderna capital brasileira em pleno cerrado. Cidade com pouca lei, livre de impostos, daí seu nome, e muita, muita poeira e lama e barracos em labaredas. De construções provisórias feitas de madeira, prevista para ser destruída tão logo se inaugurasse a nova capital – o que não ocorreu, se transformando na cidade satélite Núcleo Bandeirante –, nela se aglutinam operários, engenheiros, comerciantes, videntes, charlatões e a singular família de João. Esta é formada pelo primo Moacyr, médico psiquiatra que o adota depois que toda a família morre em acidente de carro, duas tias, Matilde e Francisca, não irmãs, e o cachorro de nome Tufão.

A essa família não convencional agrega-se Valdivino, que encarna várias imagens. A do escrevinhador de cartas, a do operário delicado e franzino crente que Brasília seria o novo eldorado, a do jovem emocionalmente frágil em busca de verdades místicas, a do homem apaixonado por uma santa-puta, Íris Quelemém, codinome de Lucrécia. Em torno dela transcorre um dos mistérios do livro, juntamente com o destino de Valdivino, aquele que nas palavras do narrador "apenas trabalhava, trabalhava sem parar, e quando tinha alguns minutos de intervalo vinha à nossa casa, onde também trabalhava" (ALMINO, op. cit, p. 45).

Não bastasse a datação histórica que ficará exposta ao longo do texto, no princípio do livro a preocupação com o tempo está manifesta logo no sumário, pois um dos capítulos se refere a "sete noites e um enterro". Passado, presente e leve insinuação do futuro aparecem no movimento fugidio das sete noites em que o protagonista escuta e investiga o discurso derradeiro da figura paterna. O pai, que se encontra preso a uma cama, está encarcerado "nas quatro paredes de um branco sujo", repetição que abre quase todos os capítulos e termina por definir um hospital-prisão.

Romance de emoções contidas - que se expandem quando o narrador se delicia com descrições pungentes da natureza do cerrado –, nele a distância temporal entre o narrado e o acontecido está explícita. Ocorre que, no decorrer das páginas, o leitor é surpreendido por estratégias que embaralham memórias e criam, também, transvariações temporais. Essa oscilação entre a definição e a indefinição temporal resulta de técnicas discursivas que misturam as memórias de menino de João com as do pai, em um esforço do narrador para decifrar, em especial, o destino de Valdivino, e, somente de maneira secundária, reativar antigos laços de afeto entre pai e filho que se dissolveram.

Entre elucubrações fictícias e dados da realidade, surgem nas páginas parte da história da construção da capital brasileira, dados geográficos, nomes de personalidades que a construíram, moradores famosos e personalidades que a visitaram. Ao mesmo tempo, o leitor acompanha a vida de João e também o percurso da elaboração do romance que está sendo concluído pelo narrador-personagem. Três narrativas mesclam-se ao longo do percurso: a supostamente histórica, a autobiográfica ficcional e aquela que se refere ao ofício da escritura. São interligadas por uma estratégia que, em uma leitura rápida pode ser compreendida pelo leitor inexperiente como desleixo.

Explico: em *Cidade Livre*, o período da construção da cidade e o encadeamento da narrativa, as formas de vidas enredadas nas respectivas cartografias que se erguem, a urbana e a literária, estão ancorados em sentenças que apresentam ritmos quase sobrepostos, como se houvesse falhas de pontuação. Sinal disso são as justaposições das falas de personagens, que aparecem sem demarcação de sinais, sem aspas, intrometendo-se no discurso do narrador de maneira enviesada, apressada. No ardil de expor discursos acumulados, basta uma letra maiúscula para indicar a intromissão de novas falas na cena.

> Papai informou em tom de pilhéria, Agora já está em construção também o primeiro hotel, o Hotel Brasília; depois de um prédio para se confessar dos pecados, outro para pecar, Você se comporte, reclamava Tia Francisca, Sério, depois de uma igreja, você pode construir um hotel, sugeriu papai, Não, depois da igreja, só outra igreja, respondeu Valdivino, Operário não deve escolher trabalho, aconselhou papai, É que Valdivino não é um operário qualquer, é um idealista, defendeu tia Francisca (idem, p. 102).

A geografia urbana real da qual o narrador do utópico tempo brasiliense busca obsessivamente se aproximar em seu relato ficcional, esse espaço-tempo convulsionado pelo trabalho intenso e por vidas precárias, pode ser resumida na expressão popular da época, "no ritmo de Brasília", empregada para significar o não intervalo de dia-noite-dia experimentado pelos candangos, trabalhadores que erguiam a moderna capital. Ou, como diz o personagem Valdivino, "a gente trabalhava dia e noite porque tinha que cumprir os prazos para a inauguração" (idem, p. 73). Na experiência da vida vivida, passado/presente/futuro eram demarcados tradicionalmente, mas os turnos de trabalho se encavalavam uns nos outros.

O narrador, esse duplo inventado pelo autor João Almino, parece profundamente impressionado por tal experiência espaço-temporal, vivenciada, na realidade, por muitos coetâneos do escritor João Almino, diplomata que viveu em Brasília boa parte de sua juventude e, como quase todos que habitaram a cidade em suas duas primeiras décadas, deve ter escutado inúmeros relatos sobre a dinâmica exaustiva de construção da chamada capital da esperança. *Modus operandi* que rejeitava a divisão tradicional das horas de trabalho, com turnos excessivos, pagos sob a rubrica de horas extras.

A economia de tempo no ato de levantar a cidade transfere-se para a economia de recursos na ação de narrar, pois, no universo romanesco, jogos de perspectivas se aceleram rapidamente, como apressado foi todo o processo de implantação da capital, que, por si, "é um romance digno de ser contado", segundo Moacyr (idem, p. 19). No curso da leitura, séries de frases, de personagens superpõem-se. O trabalho braçal dos operários e o verbal, do autor, se aproximam. A arquitetura ficcional tenta, assim, expressar a engenharia da construção real, mas mantendo seu "cosmo narrativo autônomo" (IMBERT, 2006, p. 33).

Como exemplo da superposição de tempos, encontramos um extenso parágrafo de trinta e cinco linhas, no qual o leitor acompanha o discurso do personagem Valdivino falando sobre a construção do "Vinte e oito, o prédio mais alto da cidade, que compõe a estrutura do Congresso Nacional. Em seguida, lê os comentários de Matilde sobre escravidão dos trabalhadores, e escuta o personagem Roberto falar que poderia ter indicado Valdivino para outra função na obra. Mais adiante, segue a comparação que esse último faz entre seu salário e a dobradinha, pagamento em dobro dado aos funcionários públicos que se transferiam para a cidade, aquela em que "não havia almas" (ALMINO, op. cit, p. 55), usando a concepção de Moacyr.

Ao acelerar o ritmo, JA, o narrador de *Cidade Livre*, faz com que o futuro seja introduzido de maneira sutil – e logo se torne passado. Ao longo do texto, ele mantém um jogo entre algo que se recupera do passado e, ao mesmo tempo, projeta um movimento de desconstrução dele. Nesse vai e vem, o leitor fica carente de informações sobre situações ou fatos decisivos da vida dos personagens, assim como sobre o próprio tempo da narrativa. Como, por exemplo, o reencontro em plena ditadura militar de Matilde e João já adultos, somente insinuado em várias partes da narrativa, com o narrador, deixando para o leitor a decisão de "imaginar" tais situações, inclusive a tortura infligida a João:

> Naquela época eu me sentia mais próximo de tia Francisca do que de tia Matilde e achava que tia Francisca, e não tia Matilde, estava com a razão, exatamente o oposto do que ocorreu anos depois, quando já adulto, reencontrei tia Matilde em circunstância que a criança ainda não podia imaginar (idem, p. 64).

Seria intencional no autor literário ativado pelo escritor João Almino o estratagema de trabalhar as formas de passado, presente e futuro em seu sentido tradicional, apenas tornando tudo mais veloz, sintoma de uma época, o século XXI, em que tudo parece ser apressado? Sabedores de que João Almino, o escritor, se autodeclara leitor atento de Jorge Luís Borges, autor para quem "o silencioso rio do tempo" (BORGES, 1987, p. 62) era problema essencial, podemos inferir que a questão do tempo na escritura alminiana se torna relevante. Essa suspeita é confirmada por outro dos seus romances, *As cinco estações do amor* (2001), narrado no presente, em primeira pessoa, por Ana, a protagonista que busca desenvolver a filosofia do instantaneísmo.

No romance mais recente, a escolha de um *blog*, com baixo número de acessos, como meio de divulgação inicial do romance, pode ajudar a ampliar a questão. Produto típico da internet, usado por imenso número de internautas para a veiculação de diários pessoais, um *blog* caracteriza-se pela rapidez com que permite a divulgação e a troca de mensagens. No fundo, se ancora em um modelo tradicionalíssimo de comunicação interpessoal, pois se trata de uma carta que chega rapidamente aos remetentes, que podem fazer a resposta chegar ao destinatário quase na mesma hora em que a recebem. Em grande quantidade de *blogs*, essa funcionalidade possibilitada pela tecnologia serve de desculpa para a postagem de mensagens que menosprezam normas gramaticais consideradas cultas e termina por quebrar regras de paralelismos temporais, aspecto que provoca forte instabilidade sobre o dito. João narra sua história e a de Brasília aproximando-se dessa linguagem que busca ser imediata, porém, ao se preparar para publicar o livro, tem o cuidado de submeter o texto ao revisor João Almino.

Em *Cidade Livre*, o tempo verbal predominante é o passado. Claro, afinal trata-se de um livro de memórias, mas os expedientes aglutinadores utilizados pelo autor projetam nesse passado todos os tempos do mundo, inclusive um tempo mítico, quando recupera as antiguíssimas projeções que falavam de uma terra de fartura na região do Planalto. E aqui novamente se confrontam as narrativas sobre a cidade onde "havia um toque mágico na transformação do vazio em algo concreto" (ALMINO, op. cit, p. 178), nas palavras de JA, e a montanha mágica de Mann. Neste último, há o propósito radical de trabalhar na forma de um remoto passado, pretérito profundo, anunciado em "Propósito". Recurso para falar sobre um tempo sem idade definida. Na ficção de Almino, são constantes as idas e vindas no tempo, inclusive com parágrafos em que ocorrem cortes bruscos na passagem entre anos, como quando apresenta a mística Tia

Neiva, caminhoneira que fundou uma seita na Brasília real, de nome Vale do Amanhecer. "Talvez elimine essas informações quando fizer uma releitura e pulo rapidinho para maio de 1957, quando ela, já viúva, morava em Goiânia, e Sayão a convidara para se juntar aos construtores de Brasília" (idem, p. 31).

Para tornar mais embaralhada a questão, o jogo entre os homônimos de prenome João e sobrenome Almino também fornece ideia da tensão aglutinadora entre tempo e espaço. O mesmo nome, sugerindo, enganosamente, ser a mesma pessoa, tem várias funções em diferentes momentos da narrativa (escritor, narrador-personagem, revisor fictício). O escritor provoca intencional confusão entre os nomes de quem escreve, de quem vivencia as ações e rememora o passado e de quem revisa o escrito.

Na aventura candanga, é preciso estar atento para saber quem é quem. Afinal, todas as entidades que interferem na elaboração do livro, a real – o escritor – e as inventadas, possuem um mesmo objetivo, o de recuperar as narrativas que cercam Brasília a partir do ponto de vista subjetivo de um menino que se faz homem junto com a cidade que envelhece em tempo recorde. São retirados do diário enterrado pelo pai escrevente, e redescoberto somente na maturidade por João, fatos envolvendo personalidades da história real – Juscelino Kubitscheck, Lucio Costa, Oscar Niemeyer, Bernardo Sayão, entre outros. Rol de nomes que faz com que o leitor menos desconfiado seja levado a crer que são reais. Mero recurso ilusório inventado pelo autor, pois sabemos que, ao introduzir personalidades históricas no romance, elas se tornam ficcionalizadas. Passam a ser apenas entidades feitas de papel e tinta. Surgem para compor a narrativa e aumentar o poder de verossimilhança do narrado.

A presença de tantas referências históricas pontua o passado, que, por sua vez, moldará o momento atual do personagem

João, menino que se transforma em jornalista melancólico, herdeiro das dívidas financeiras do pai. Um presente que aparecerá para o leitor sob a forma do número sete, pois a ação narrativa central se passa no mencionado intervalo de uma semana. Mesmo assim esse presente só será relatado seis meses depois de acontecido, quando o narrador consegue iniciar suas memórias.

Nesse esforço para contar tanto em tão curto espaço, a divisão do tempo precisa ser aglutinada, concentrada, muitas vezes cortada, como se montagem cinematográfica fosse. Tal estratégia conduz a indagações sobre as reações do leitor pouco experiente e leva à pergunta sobre se, com a aceleração no ritmo do tempo e a coincidência proposital entre nomes, não seria ele levado a suspender a crença de que tudo é ficção e a confundir os tempos históricos e o do romance?

Tudo porque a narrativa sobre a vida de João desenha muito dos tempos heroicos de Brasília, o passado que ajuda a definir os ritmos da existência da cidade. Assim, se a ideia da construção da capital representa um "futuro anterior" (PAULS, 2007),[2] pois sempre esteve envolvida em uma grande mistura – sonhos, profecias, devaneios místicos, discursos políticos sobre a interiorização, metas para desenvolvimento, tudo galvanizado pelo desejo do país de se tornar potência –, a ideia de mistura se espalha pela narrativa de Almino, conforme apontou Castello (2010, p. 4). Mas, como esse passado histórico está recente, ainda grávido de intensidades e informações dispersas pouco trabalhadas, lidar com ele parece provocar uma espécie de aturdimento no narrador e, por extensão, também no leitor. Como se ambos, à maneira de Perniola, se perguntassem se

---

2 O escritor descreve, no caderno 4+7, do *Correio Braziliense*, suas impressões ao visitar Brasília pela primeira vez, quando a cidade completava 47 anos.

"o romance, como gênero literário, pode narrar de modo adequado os fatos vividos coletiva e individualmente, social e privadamente das últimas duas décadas?" (2011, p. 115).

A confusão é potencializada porque, no desejo de demonstrar ao leitor a amplitude da saga em que se transformou a construção da cidade erguida em meio ao altiplano de terra vermelha, o narrador se dedica à busca por dados objetivos, factuais, se apropriando de inúmeros elementos históricos. Muitos deles também recuperados do caderno de anotações de Moacyr que, nos primórdios da cidade, deixa a profissão de médico e decide ser escrivão não oficial da frota de Juscelino Kubitscheck, sendo, depois, negociante de espertezas.

E o narrador ainda sofre pressão dos poucos leitores do seu *blog*, que fornecem mais e mais dados, muitas vezes equivocados, corrigem eventuais informações, pedem mais detalhes históricos. Todos se sentem autoridades sobre o tema Brasília (sentimento comum no mundo real entre aqueles que viveram os tempos iniciais). O narrador precisa peneirar e cortar o texto final, para evitar o risco de a narrativa se perder em grandes digressões.

A escolha da palavra saga para definir o que JA busca narrar indica um regresso ao passado remoto da literatura, pois significa história rica de incidentes, mas também designa narrativa exuberante em lendas. Tal qual a cidade real, o romance de Almino situa-se entre as duas definições. Há muito de história, no sentido de fatos reais que ocorreram naquele período, há também inúmeras lendas retrabalhadas – como a da mística Cidade Z que seria fundada no Planalto Central –, e tudo isso somado tende a esconder, como um subterfúgio, as estratégias ficcionais do autor literário.

Atento às diferentes tradições do romance de formação, o autor de *Cidade Livre* constrói a narrativa também à maneira de *Lazarillo*, datado do século XVI, mas, diferentemente de *Wilhem Meister*, de teor picaresco e montado como um quebra-cabeça de caixinhas chinesas, por seus sucessivos planos de histórias e ações.[3] A referência às caixinhas chinesas remete também a Miguel de Unamuno, naquele que talvez seja o menos conhecido dos textos do fundamental escritor da modernidade espanhola, denominado *Como escrever um romance*. O livro do século XIX apresenta também três diferentes narrativas. Uma corresponde à história exterior do livro, versando sobre os anos de exílio do escritor na França, sendo, portanto, autobiográfica. Outra, um relato que também apresenta a narrativa de um romance autobiográfico que o autor pensava em escrever sobre aquele período fora da Espanha. E, nesse romance hipotético, outra narrativa ainda surge, pois o protagonista fictício, U. Jugo de La Raza, lê um romance, e o leitor tem acesso à história.

Romance com estrutura aproximada à das caixinhas chinesas, o livro sobre João e os primórdios da capital brasileira resulta na mais bem elaborada ficção assinada por João Almino. Como a cidade modernista destinada ao futuro, bifurcada em outras que remetem ao pretérito do urbanismo, a narrativa, desde a capa, provoca as noções espaço-temporais. Mais do que se referir ao passado, o título *Cidade Livre* remete à natureza inédita da tensa mistura de tempos intrinsecamente brasiliense. Resultado do processo de amadurecimento do leitor-autor, capaz de dissolver e recombinar heranças de maneira a propor uma narrativa possível sobre modos de ser em Brasília, a capital que permanece enigma e se mantém desafio.

---

3 As correlações entre narrativas desdobradas e as caixinhas chinesas em *Lazarillo* foram apontadas por Francisco Rico em *La novela picaresca y el punto de vista*, Barcelona: Editorial Six Barral, 1970. Elas estão resumidas na introdução assinada por Paul R. Olson, de *Como escrever um romance*, de Miguel de Unamuno, São Paulo: É Realizações Editora, 2011.

REFERÊNCIAS BIBLIOGRÁFICAS

ALMINO, João. *Cidade Livre*. Rio de Janeiro: Record, 2010.

BAKHTIN, Mikhail. *Estética da criação verbal*. São Paulo: Martins Fontes, 1992.

BORGES, Jorge Luís. *Cinco visões pessoais*. Brasília: Editora da UnB, 1987.

BRADBURY, Malcom. *O mundo moderno* - dez grandes escritores. São Paulo: Companhia das Letras, 1989.

CASTELLO, José. "O homem soterrado". Rio de Janeiro: *O Globo*, caderno Prosa & Verso, 26 de junho de 2010. p. 4.

IMBERT, Enrique Anderson. *Escritor, texto, lector*. Buenos Aires: Corregidor, 2006.

MANN, Thomas. *A montanha mágica*. Rio de Janeiro: Nova Fronteira, 1980.

PAULS, Alan. "O futuro anterior". Brasília: *Correio Braziliense*, caderno *4+7*, 21 de abril de 2007.

PERNIOLA, Mario. *Ligação direta - estética e política*. Florianópolis: Editora da UFSC, 2011.

UNAMUNO, Miguel de. C*omo escrever um romance*. São Paulo: É Realizações Editora, 2011.

Profanação, citação, encenação

SÉRGIO SANT'ANNA CONTEMPLA O REAL

Giovanna Dealtry

> Estas coisas, porque falsas, estão infinitamente mais próximas da verdade, enquanto a maioria dos nossos paisagistas mente, justamente porque se esquecem de mentir.
>
> Charles Baudelaire

EM SUAS REFLEXÕES SOBRE A LINGUAGEM, Nietzsche nos adverte: todo conceito nasce da identificação do não idêntico. Para se elaborar uma linguagem que exerça a função comunicativa é preciso que a comunidade envolvida apague as diferenças por trás de cada termo. Como exemplifica o filósofo, "o conceito folha foi formado graças ao abandono deliberado das diferenças individuais, graças a um esquecimento da característica" (1991, p. 181 - tradução livre). Ao nos esquecermos, no entanto, de que todo conceito é metáfora e passarmos a acreditar ser possível atingir a "coisa em si", a suposta essência, através dos signos linguísticos nos distanciamos da potência criadora da linguagem.

Parte expressiva da obra de Sérgio Sant'Anna caminha na direção de rememorar ao leitor essa condição da literatura: estamos diante da ficção, da potencialidade não de atingir o real pela palavra-conceito, mas de nos lançarmos em uma experiência estética da qual a palavra é a matéria-prima. Na tentativa de questionar os limites do literário, Sant'Anna incorpora à sua obra – por meio de citações, apropriações, intertextualidades etc. – olhares e linguagens próprias a outros campos, como as artes plásticas, o teatro, o ensaio.

Mais especificamente, interessam-me os textos de Sant'Anna que trazem para o universo do literário as transformações e conquistas operadas nas artes plásticas ao longo do século XX, momento de questionamento da própria condição da arte e também de ruptura com os modelos e suportes tradicionais. Coloca-se em jogo na prosa de Sant'Anna a saturação do discurso e do olhar realista, a partir do encontro com obras ou artistas que também desafiaram as categorizações e os parâmetros convencionais das artes.

Para melhor compreender esse processo, vale revisitar um antigo conto de Sant'Anna, publicado no volume *Notas de Manfredo Rangel, repórter (A respeito de Kramer)* (1973). Em "Uma visita, domingo à tarde, ao museu", o autor nos leva, a partir de um narrador na primeira pessoa do plural, a acompanhar uma excursão por um museu de história da arte quase em tempo real. Desde a chegada do ônibus à entrega das capas de chuva na recepção, aos avisos do guia para que todos fiquem juntos, "nós" passamos de uma sala de exposição a outra, tendo acesso aos maiores ícones representativos de cada período da história da arte universal. "Nós" começamos a visita pela sala da "urna chinesa do período neolítico" para, a partir desse ponto, em escala historicista e evolucionista, passarmos de um período a outro, de uma obra-prima a outra.

> Nós vimos *O violinista verde*, de Chagal. Nós vimos *O meu pequeno monte branco*, de Max Ernest. Nós vimos *O autorretrato*, de Salvador Dali, com pernas de bailarina e cabeça de vaca. Nós vimos *A moça com a guitarra*, de Braque. Nós vimos uma tela em branco com manchas vermelhas. Nós vi-

> mos as composições geométricas de Mondrian. Nós vimos os *ready-mades* de Marcel Duchamp. [...] Nós vimos uma porção de coisas mais (SANT'ANNA, 1973, p. 182).

Semelhante a um relatório, a enumeração de salas e obras sucede-se até o final da narrativa, chegando a incluir a planta baixa do museu e o trajeto do grupo pelas salas de exposição. Quando os integrantes da excursão, exaustos, chegam finalmente a uma pequena varanda, em uma simetria borgiana, encontram outro grupo de visitantes, idênticos a eles. Como "nós", "eles" são formados por pessoas de diferentes nacionalidades e etnias: velhas americanas, um hindu, um casal brasileiro, três judeus, dois negros etc. Os dois grupos, como se estivessem diante de um espelho em que não se sabe qual é o original, qual o reflexo, quedam-se mirando um ao outro, presos na própria similitude.

Estamos diante do questionamento da exaustão do olhar contemporâneo como forma ainda válida de aproximar-se da experiência estética. "Nós vimos" é o refrão que se repete até os limites da alienação; no caso do conto, os limites da cegueira. A tarefa hercúlea de dar conta do cânone da história da arte em uma visita turística termina por igualar a todos e afastá-los, por assim dizer, da vivência estética transformadora, na qual a contemplação ou outras formas de interação seriam capazes de transformar "nós" ou "eles" em sujeitos e não em um público globalizado refletindo a si mesmo infinitamente.

"Ver", nesse sentido, perde sua força de intervenção na obra e sucumbe diante da enumeração dos objetos, da mesma forma que os sujeitos passam a ser igualmente catalogados dentro da lógica da diversidade contemporânea. Estamos, aqui, no território que remete às primeiras provocações das vanguardas do século XX. Se o que determina a "validade" da obra de arte é o espaço sagrado do museu, qualquer coisa ali colocada - um urinol, por exemplo - instantaneamente atinge o estatuto de arte. O olhar, exaurido pela reprodução seriada, herança da modernidade, pela repetição em massa, pela exposição indesejada, torna-se refratário às obras-primas. "Como olhar quando tudo ficou indistinguível, quando tudo parece a mesma coisa?" (PEIXOTO, 1988, p. 361). Talvez, por isso, todos os turistas se assemelhem e só reste, como nas obras de arte alinhadas no museu, identificá-los pelas tarjetas que carregam consigo; negros, brancos, judeus.

Se a contemporaneidade defronta-se com a pergunta crucial de Brissac Peixoto - como olhar quando tudo parece a mesma coisa? -, é importante lembrarmos que este legado origina-se na modernidade do século XIX, período marcado pela busca da visibilidade total, pela determinação de tudo ver. É o próprio Brissac, em *Cenários e ruínas*, que oferece caminhos para a compreensão dessa herança.

> Os aparelhos de produção de efeitos "realistas" na cultura visual de massa eram na verdade baseados numa radical abstração e reconstrução da experiência ótica. O olhar ganha uma mobilidade e uma intercambialidade sem precedentes, abstraído de qualquer referente ou lugar.
>
> Surge um "observador ambulante", formado pela convergência de novos espaços urbanos, tecnologias e imagens. Deixa de existir uma própria postura contemplativa (PEIXOTO, 2004, p. 97).

"Ver" adquire o estatuto de conhecer e, pela primeira vez, o homem comum, capturado pelos aparelhos de reprodução em massa do "real", é capaz de "conhecer" outros cenários, através de fotografias ou imagens em movimento, sem precisar deslocar-se de seu espaço de origem. A postura contemplativa desaparece no cenário da cidade moderna em que o corpo é velozmente deslocado por trens e carros e o olhar submetido à proliferação incessante de imagens que não evocam mais a experiência, mas apenas reforçam o refrão: "nós vimos".

Se naquele momento o indivíduo comum caminha como basbaque pelas avenidas, na impossibilidade de contemplar por mais de um segundo a mulher desejada, como sugere Baudelaire em "A uma passante", qual seria, pois, o sentido de resgatar o exercício da contemplação na contemporaneidade?

Em contraponto a "Uma visita, domingo à tarde, ao museu", podemos nos aproximar de "Contemplando as meninas de Balthus". Este "trabalho" encerra o volume de contos *O voo da madrugada* (2003) e compõe a parte final intitulada "Três textos do olhar". Em comum, os três textos apresentam como ponto central a mediação entre imagens femininas figurativas (dois quadros e uma fotografia) e o sujeito observador. Talvez, por isso, o título dessa parte conceda ao olhar não uma posição passiva (não são textos *sobre* o olhar), mas um lugar autoral. É a partir do olhar que os textos se constroem. "Dizer que são lascivas as meninas nos quadros de Balthus seria certamente uma impropriedade, porque a lascívia se abrigará antes no olhar que as contempla que nos corpos contemplados" (SANT'ANNA, 2003, p. 236).

Entramos em um território escorregadio. O figurativismo das meninas de Balthus evoca o real. Mas seria ainda possível furar a superfície da máscara, a representação, e atingir a suposta realidade?

> O mistério que impregna a obra de Balthus é o da realidade mesma, mas como toda *realidade* em pintura – ou na literatura – uma composição seletiva, organização parcial ou arbitrária de fragmentos num conjunto [...] não para obter uma correspondência com o "natural", mas autonomia, realida-

> de criada não para decifrar e sim para *ver* o mistério (idem, p. 239 - grifos no original).

Sant'Anna conhece o perigo de crer na ilusão do real e, ao optar pela miragem, transforma a literatura em espaço aberto de investigação não apenas da obra, mas do próprio olhar do espectador. A contemplação, ainda que insista na descrição, "na composição seletiva", termina por refletir muito mais o observador do que o observado, porque também esta descrição torna-se uma "organização parcial ou arbitrária de fragmentos". Assim, o texto de Sant'Anna aproxima-se da defesa do "Espectador emancipado" feita por Jacques Rancière, em palestra homônima proferida em 2004 a respeito da posição do espectador teatral.

> O espectador é ativo, assim como o aluno ou o cientista. Ele observa, ele seleciona, ele compara, ele interpreta. Ele conecta o que ele observa com muitas outras coisas que ele observou em outros palcos, em outros tipos de espaços. Ele faz o seu poema com o poema que é feito diante dele. Ele participa do espetáculo se for capaz de contar a sua própria história a respeito da história que está diante dele.[1]

Nesse sentido, a autonomia em relação à realidade só é possível tendo como cúmplice, ou confrontador, esse espectador emancipado, capaz de oferecer respostas à obra de arte. Da observação atenta dos quadros de Balthus surge um olhar que transita pelas obras, entra e sai dos quartos das meninas, investiga a cena, não nos poupa detalhes, terminando por produzir uma outra obra além do original. A começar por certa ironia

---

1 "O espectador emancipado". Tradução de Daniele Ávila. Artigo originalmente publicado em inglês na revista *ArtForum*, março de 2007. In. "Questão de crítica". http://www.questaodecritica.com.br/2008/05/o-espectador-emancipado/

contida no título. Em nota ao final do texto, Sérgio Sant'Anna afirma: "As meninas de Balthus, com exceção de *La jeunne fille au chat*, foram contempladas, para este trabalho, no livro *Balthus*, Editions Skira Flammarion, Genebra, 1982, com texto de Jean Leymarie" (SANT'ANNA, op. cit, p. 240). Contemplamos o texto, que por sua vez nasceu não da contemplação presencial das telas, mas de reproduções seriadas catalogadas em um livro de arte. Composições seletivas de composições seletivas em que a realidade, como fundo a ser descoberto, parece cada vez mais intangível.

O escritor observa, o escritor vive

Em *O livro de Praga – narrativas de amor e arte* (2011), a indissolubilidade entre a experiência estética e erótica, como já indica o subtítulo, será o eixo principal do percurso do escritor Antônio Fernandes pela capital da República Checa. A junção entre arte e desejo já aparecera em inúmeros textos anteriores de Sant'Anna, com especial destaque para o romance *Um crime delicado* (1997).

Em *O livro de Praga*, no entanto, a postura do escritor Antônio Fernandes diante das experiências oferecidas pela cidade é bem diversa das vivenciadas pelo crítico teatral Antônio Martins, protagonista de *Um crime delicado*. Como defende Vera Follain de Figueiredo, Martins, para quem "ser crítico é um exercício de razão diante de uma emotividade aliciadora" (SANT'ANNA, 1997, p. 18).

> [...] rejeita a diluição de fronteiras entre palco e plateia, entre arte e vida operada pela obra de Brancatti. Consequentemente, não pode compreender que o pintor coloque Inês morando num apartamento que reproduz o cenário de seus

> quadros [...] Rejeita também a interseção entre diferentes linguagens artísticas, razão pela qual não aceita a inspiração teatral na obra de Brancatti (FIGUEIREDO, 2008, s/p).

Antônio Fernandes caminha na direção oposta à do crítico teatral ao negar, durante toda sua estada em Praga, a distância segura entre o observador e a obra como único critério válido de fruição e entendimento. A cada nova narrativa de amor e arte novos critérios – ou ausência de – terão de ser acessados para que os limites entre arte e vida sejam rompidos, e a própria cidade, transformada em percurso e vivência estética, seja palco e público das sucessivas cenas narrativas.

O livro de Praga inicia-se com uma visita do escritor Antônio Fernandes ao museu Kampa, onde estão expostas peças de Andy Warhol sob o sugestivo título de *Disasters Relics*. Na exposição, estão sintetizadas duas grandes obsessões do século XX, tão bem apreendidas por Warhol. De um lado, as terríveis imagens de acidentes automobilísticos, capturadas do noticiário, mostram corpos esmagados entre ferragens retorcidas. O "choque da realidade" (SANT'ANNA, 2011, p. 10) promovendo simultaneamente repulsa e atração. Por outro lado, a constatação igualmente terrível de Andy Warhol em frase estampada ao lado das imagens: "Mas quando você vê uma foto aterrorizante um monte de vezes (over and over again), ela acaba por não produzir nenhum efeito" (idem, ibidem).

Esse esvaziamento, como o narrador Antônio Fernandes nomeia o fenômeno, por certo é uma das marcas de nossa época, impressa na obra de Warhol. Rostos midiáticos reduzidos a máscaras, a logotipos de si mesmos reproduzidos em escala infinita, remetem simultaneamente ao "real" e ao esvaziamento do sujeito. Fernandes, nesse primeiro momento, reflete a justaposição entre a busca de algum resquício tangível de indivíduo e a dolorosa consciência da perda do outro. Diante da imagem icônica de Marilyn Monroe, ele assim reflete: "E ao olhar o retrato de MM o contemplador era transportado a uma sensação de grande melancolia, a maquiagem no rosto como uma verdadeira máscara atrás da qual se podia capturar a solidão ou mesmo uma ausência de vida em Marilyn" (idem, p. 11).

Entre a solidão ou a ausência de vida, "o contemplador" é afetado pela melancolia de um passado em que as imagens produziam sentidos, ordenando o mundo ao redor. Se o retrato não se configura mais, como na tradição da pintura, na aproximação realística do outro, ele aparece na visão de Warhol como uma perda de onde se origina um sentimento melancólico. A melancolia só é possível para o sujeito moderno consciente de um tempo perdido, que simultaneamente sabe que a máscara não encobre mais segredos.

E desse lugar advém uma das maiores angústias produzidas pela obra de Sant'Anna. Conscientes de que não é mais possível retirar essa máscara, pois talvez não haja nada a se descobrir, os personagens de Sérgio Sant'Anna também carregam consigo essa dor da perda do absoluto, vislumbrando a arte como um local de produção de mediações entre o sujeito e a precariedade do contemporâneo. A contemplação, como já mostrado nas meninas de Balthus, não se confunde com um ato de passividade, mas com a busca de reencantamento do real.

Coloca-se em tensão em *O livro de Praga*, assim como anteriormente *Um crime delicado* já o fizera, as fronteiras entre arte e vida. Por intermédio da arte eu sofro o choque da realidade, mas também minha realidade pessoal não poderá se transformar em uma obra de arte, mesmo à minha revelia? Se, "apenas" ver, "over and over again", acaba por não produzir nenhum efeito em uma sociedade saturada de imagens, não caberia aos artistas do século XX produzir novas formas de olhar, em sentido amplo, e, desse modo, desestabilizar o lugar seguro do espectador?

Não deixa de ser irônico Sérgio Sant'Anna encenar a primeira das narrativas de amor e arte em uma sala secreta do próprio Museu Kampa, vedada à circulação dos espectadores comuns. Contra a ideia de expor o objeto artístico à apreciação de todos, Sant'Anna propõe a criação de um encontro sem regras pré-codificadas entre vida e arte. Ao abandonar o estado melancólico do observador do retrato de Marilyn Monroe, Antônio Fernandes encontra na encenação da pianista outro lugar de interseção com o contemporâneo, onde romper a máscara não faz mais sentido. Tudo que se oferece é a própria superfície.

Béatrice Kromnstadt é uma jovem pianista clássica eslovena, cujas perfomances, oferecidas a um único espectador por vez, são dirigidas por Demetrius Svoboda, classificado como sem "limites em sua criatividade transgressiva". Depois de uma rígida apreciação, Fernandes é admitido no círculo reservado de espectadores e levado até à sala de apresentação por Jean-Louis, assistente da pianista. É escolhido por Béatrice e Svoboda "porque nos informamos sobre seus textos formais e intuitivamente musicais e achamos que você seria capaz de seguir sinuosamente uma *composição aberta, tomar parte do concerto*" (idem, p. 27 – grifos meus).

A caminho da audição, e podemos dizer que nesse momento inicia-se a composição aberta conduzida por Svoboda, o escritor observa pela janela do museu uma grande escultura à beira do rio Moldávia. Em uma cadeira de grandes proporções, vê-se uma mulher magra, em ferro, tendo um pássaro negro em seu ombro. O impacto maior sofrido pelo escritor vem ao deparar-se com a imagem de um torso saindo das águas do Moldávia, a mão acenando à mulher indiferente, última tentativa de chamar-lhe a atenção. A escultura, intitulada "Drowning for Love", criada por Jeronimous Clavert, representa a paixão ignorada de Jean-Louis pela pianista, como Fernandes logo descobriria.

A admissão, a visão impositiva da estátua, a entrada na sala onde encontra com a sedutora Béatrice interpretando peças do "iconoclasta e transgressor" Constantin Voradeck, o sexo entre escritor e pianista; tudo é colocado como parte de uma encenação em constante integração e transmutação de significados, que cria suas variações, como na música, a partir do "outro", do espectador emancipado.

> Era mesmo um piano preparadíssimo e dei-me conta de que pelo menos uma parte da habilidade da grande virtuose não passava de gravação e encenação, dirigidas por Svoboda [...] Mas se era farsa, era uma farsa bem real, pois logo a senhorita Béatrice colocou meu pau entre seus lábios [...] (idem, p. 29).

Elege-se uma performance que evoca a obra aberta, impossível de ser repetida, mas que igualmente não abandona a figura do encenador, daquele que conduz. Talvez até o próprio sexo sendo transformado não em um ato transgressor, mas num pastiche de si mesmo porque previsto em cena, como uma marcação teatral. A realidade, esta sim sem nenhum traço farsesco, aparece quando Fernandes entrega seu cartão de crédito internacional a Jean-Louis. Dois mil e quinhentos euros, o preço, não o valor, da audição exclusiva.

Como na série de elementos elencados antes, durante e após a apresentação da pianista, podemos dizer que o próprio livro funciona como uma constante encenação em aberto.

Cada um dos capítulos podendo ser apreciado isoladamente como "contos" fechados, mas que, quando lidos na composição maior do livro, passam a integrar uma rede de circuitos produzindo sentidos diversos. As imbricações entre os capítulos/contos adicionam novas perspectivas e desestabilizam certezas adquiridas ao longo do caminho.

O jogo entre encenação e real é refeito a cada novo encontro de Fernandes com outras figurações do feminino (já que podemos incluir nesta lista uma boneca e a estátua de uma santa) ou mesmo com a própria cidade de Praga. O choque do real retorna à cena quando Fernandes impede que a jovem Gyorgia salte de uma ponte sobre o Moldávia.

Contra a dúvida da "farsa" de Béatrice e Svoboda, Sant'Anna nos oferece agora o retrato de uma melancólica dos oitocentos perdida no século XXI. O ex-namorado de Gyorgia, "alegre e otimista demais", havia tentado levá-la para a Grécia já que o sol poderia curá-la. "Pois sou fraca do pulmão e não faço nada para melhorar. Ele disse que a Grécia poderia curar também a minha melancolia" (idem, p. 47).

Se, no romantismo, a personificação do poeta tísico e melancólico, morto jovem, associa-se, por um lado, à vivência extremada da vida, por outro, ele também se torna um personagem de si mesmo, o retrato de um período inaugural obcecado pela ruptura entre os limites entre vida e morte, tendo a arte e o amor romântico como as únicas expressões possíveis dessa consciência.

Sant'Anna parece contemplar o mundo desse lugar singular, ao justapor a clássica personagem romântica suicida ao cenário de uma contemporaneidade entediada e perplexa, que diante da radicalidade do real, repetido à exaustão, termina por aniquilar a possibilidade de empatia. A noite de amor entre Fernandes e Gyorgia não salva a jovem húngara. E ela seguirá seu destino – esta também uma ideia romântica – e se lançará ao rio na manhã seguinte, sem que, no entanto, se opere a redenção romântica.

Não mais Gyorgia, mas um corpo flutuante arrastado pelo Moldávia. O ceticismo melancólico, se é que essa expressão é possível, instaura-se quando Fernandes depara-se com o corpo de Gyorgia preso à escultura de Jeronimous, em que Jean-Louis se debate n'água para atrair Béatrice.

Não estamos mais no espaço controlado por Svobada, mas no horror do ato extremo – o suicídio – que ironicamente duplica o mesmo horror expresso pela escultura. Ambos presos um ao outro, a junção corpo/obra eliminando assustadoramente a fronteira entre vida e arte diante do observador para o qual todos os acontecimentos ao seu redor adquirem uma perspectiva duramente estetizante.

> Logo eles retirariam o corpo de Gyorgia dali, era certo, mas àquela altura o conjunto devastador já teria sido fotografado e filmado por uma multidão de turistas e jornalistas, e até artistas, que povoavam as ruas de Praga e que fixariam e retransmitiram a cena para a quantidade incalculável de sites, computadores pessoais e celulares do mundo, criando, de fato, uma arte, uma instalação, ao mesmo tempo, virtual e imperecível (idem, p. 60).

Não há saída. Como nas imagens de Warhol replicadas a partir de reproduções dos jornais ou o próprio retrato de Marylin Monroe, o suicídio é apresentado e propagado até que a própria Gyorgia esvazie-se como sujeito e torne-se peça de uma encenação maior, em que os replicadores são meio e mensagem. *Disasters Relics.* Não tornar "virtual e imperecível" o ato suicida talvez seja o gesto mais radical, já que Fernandes confia apenas à memória, e não ao gesto de cristalizar o momento, as experiências vivenciadas com Béatrice e Gyorgia.

À medida que o livro avança, da mesma maneira que Fernandes avança por Praga, fica claro que não há posição a ser tomada. Não se trata de reviver uma nostalgia do sujeito melancólico ou o resgate de uma aura benjaminiana, seja na obra de arte ou no próprio encontro com o "outro". Estar no presente, nas condições dispostas em *O livro de Praga*, é deixar-se seguir uma obra aberta em que o próprio sujeito observador reconfigura a todo instante o sentido do que foi vivenciado. Não há verdade a ser encontrada, mas, se tudo é farsa, uma grande encenação, inclusive os próprios encontros e a cidade de Kafka, tudo também pode adquirir um sentido de positividade. Como Fernandes se pergunta em determinado momento: e se o falso também não for um valor a mais?

A ideia atravessa o escritor quando este é convidado para uma (outra) exibição particular. Desta vez, a evocação central é uma suposta carta manuscrita de Kafka destinada à noiva, Julie Wohryzek. A carta em alemão, beirando o pornográfico, teria sido tatuada com tinta fosforescente por todo corpo da bela Jana. Levado pelo próprio irmão da estudante e dançarina, Fernandes é o único espectador do estranho espetáculo em que a jovem se desnuda e declama o pseudotexto kafkiano.

Se o centro da discussão, em um primeiro momento, é a autenticidade da carta manuscrita, da própria interpretação em alemão da carta por Jana, já que Fernandes não domina o idioma, em um segundo momento, torna-se claro que não é o lastro de veracidade, de "origem", que é capaz de produzir ou não a comoção, no caso, até mesmo o desejo, pelo outro. Mais uma cena dos interiores de Praga. A dicotomia falso/verdadeiro perde o sentido, mas não é substituída por uma voz nostálgica como sentimos no começo da narrativa, quando Fernandes ainda acredita que a máscara esconda a tragicidade do humano. A nudez coberta pela caligrafia fosforescente encena na própria superfície do corpo a possibilidade do encontro entre Kafka e Julie. Corpo, caligrafia, texto, performance fundem-se para se tornar alguma outra coisa não nomeada, que nada esconde, porque nada tem a revelar.

REFERÊNCIAS BIBLIOGRÁFICAS

FIGUEIREDO, Vera Follain de. "Narrativa e poder: ficções pós-utópicas em Sérgio Sant'Anna." In: *Revista Fronteiraz*. Revista Digital do Grupo de Pesquisa "O narrador e as fronteiras do relato". Vol. 1, nº 1. março/2008. http://www4.pucsp.br/revistafronteiraz/numeros_anteriores/n1/. Acesso em 13 de agosto de 2012.

NIETZSCHE, Friedrich. "Introduction théorétique sur la vérité et le mensonge au sens extra moral." In: *Le livre de Philosophe*. Paris: Flamarion, 1991.

PEIXOTO, Nelson Brissac. "O olhar estrangeiro". In. NOVAES, Adauto (org.) *O olhar*. São Paulo: Companhia das Letras, 1988.

_____. *Paisagens urbanas*. São Paulo: Ed. Senac, 2004.

RANCIÈRE, Jacques. "O espectador emancipado". Tradução de Daniele Ávila. In: "Questão de crítica". http://www.questaodecritica.com.br/2008/05/o-espectador-emancipado/. Acesso em 12 de julho de 2012.

SANT'ANNA, Sérgio. *Notas sobre Alfredo Rangel, o repórter. (A respeito de Kramer)*. Rio de Janeiro: Civilização Brasileira, 1973.

_____. *O livro de Praga – narrativas de amor e arte*. São Paulo: Companhia das Letras, 2011.

_____. *Um crime delicado*. São Paulo: Companhia das Letras, 1997.

RECICLANDO AS RUÍNAS DE ONTEM: O PROCEDIMENTO DE CITAÇÃO EM DOIS ROMANCES DE LOURENÇO MUTARELLI

Pascoal Farinaccio

O CHEIRO DO RALO, PUBLICADO EM 2002, é o primeiro romance de Lourenço Mutarelli e possivelmente a sua obra mais conhecida pelo grande público – popularidade para a qual contribuiu, de modo decisivo, a excelente adaptação cinematográfica realizada pelo diretor Heitor Dhalia (2006). O filme, de título homônimo, ganhou notoriedade sobretudo pela interpretação visceral do ator Selton Mello, que realmente conseguiu explorar a fundo, em termos cênicos, as nuanças psicológicas (e patológicas...) do personagem protagonista do romance.

Cabe desde logo observar, por outro lado, que a própria obra literária é escrita à maneira de um roteiro para ser filmado. O romance é basicamente composto de diálogos travados pelo protagonista com outras pessoas em sua loja de compra e venda de objetos usados. Esse estilo de composição armado quase que exclusivamente a partir de diálogos seria posteriormente testado por Mutarelli em outros romances, por exemplo, em *O natimorto*, de 2004 (que hoje também já conta com uma adaptação cinematográfica homônima, na qual o próprio Mutarelli interpreta o papel do protagonista), em *Miguel e os demônios* (2009), e no mais recente *Nada me faltará* (2010). A nosso ver, é em *O cheiro do ralo* que o procedimento estilístico adotado rende melhor do ponto de vista estético, alcançando-se aí uma excelente integração entre os diálogos e a composição do personagem principal, da situação por ele vivida e do cenário implicado. A partir do jogo rápido e fluido dos diálogos, Mutarelli alcança efetivamente uma representação complexa, seja de ordem psicológica, seja social, que está à altura, enfim, da complexidade da história e da cultura contemporâneas: assim, lê-lo é, em grande medida, ler-nos. É o que se tenta nesse pequeno ensaio.

O romance, como dito, é escrito como um roteiro de cinema – ágil e de grande plasticidade nas cenas que dá à representação, diríamos sem exagero que o romance contém um filme dentro de si. Podemos ir além, todavia, evocando ainda outra forma de expressão artística: as histórias em quadrinhos. Arte que também lida basicamente com imagens e diálogos (uma arte "irmã" do cinema, que nasce praticamente junto com ele, no mesmo momento histórico), a história em quadrinhos parece adentrar *O cheiro do ralo* pelo menos em duas vertentes de sua caracterização singular: no andamento acelerado da narrativa, que funciona à semelhança de uma sucessão rápida de quadros (tal como justamente ocorre nos "quadrinhos"); e ainda em certos traços mais grossos do personagem, que auxiliam a desenhar o seu contorno patológico, às vezes quase caricato, sem prejuízo de sua profundidade psicológica. Com relação à agilidade da narrativa, Arnaldo Antunes escreve na orelha da edição de *O cheiro do ralo* aqui utilizada: "O livro tem pique de gibi, mesmo sem ter os desenhos" (cf. MUTARELLI, 2002). Em se tratando de Lourenço Mutarelli não é de estranhar o diálogo com as histórias em quadrinhos, já que, como se sabe, o autor é também reconhecido como excelente quadrinista, tendo produzido verdadeiros clássicos dos gibis alternativos no Brasil, tais como os álbuns *Transubstanciação*, *O dobro de cinco*, *O rei do ponto*, *A soma de tudo* e *Mundo pet*, entre outros.

A relação formal com as linguagens do cinema e dos quadrinhos situa *O cheiro do ralo* numa linha experimental do romance contemporâneo que faz do diálogo com outras mídias um verdadeiro motor da criação. No caso em pauta, nota-se também um mergulho profundo no universo de uma cultura urbana caracterizada fortemente pela presença de produtos oriundos da chamada "indústria cultural". Programas televisivos vespertinos, de qualidade para lá de duvidosa, bem como revistas de fofocas em torno de celebridades, são frequentemente referidos no romance; esses produtos compõem, por assim dizer, a refeição diária dos personagens. Não por acaso, em diversos momentos do romance algum personagem secundário diz ao protagonista que ele se "parece com aquele cara do comercial do Bombril" (MUTARELLI, 2002, p. 55). Esse universo da cultura de massa, com destaque para os produtos da televisão, pode ser interpretado como o chão sobre o qual todos caminham mais ou menos irmanados; com efeito, um campo de referência comum que em certo nível a todos iguala.

Nessa perspectiva, o protagonista (cujo nome próprio não é dado no romance) marca uma *diferença* em relação aos demais personagens. Também ele é grande consumidor de produtos culturais massificados, gastando boa parte de seu tempo livre, por exemplo, em frente ao aparelho de TV, utilizando o controle remoto para pular de um canal a outro, sem jamais encontrar algo que de fato o mobilize – trata-se aqui, sempre, de entretenimento barato, que pode ir de programas de ginástica ou culinária até shows de pornografia em canais fechados. Por outro lado, ele também é um ávido consumidor de literatura. De fato, está sempre lendo, sendo que o arco de suas leituras é bastante extenso e variado; há referências diretas a Paul Auster (p. 13), Ferréz (p. 18), Valêncio Xavier (p. 22), Glauco Mattoso (p. 38), Anatole France (p. 60), Kafka e *Macunaíma*... (p. 61), entre inúmeras outras. O leque é realmente muito variado; nota-se que alguns autores, entretanto, são destacados mediante uma comparação entre o modo como escrevem e o suposto modo de pensar do próprio protagonista: assim, por exemplo, "Paul Auster me deixa confuso. Ele escreve no ritmo que penso. Vertiginoso" (idem, p. 13), ou "O Glauco escreve na cadência que eu penso" (idem, p. 38) (*en passant*, observe-se que Glauco Mattoso e sobretudo Valêncio Xavier são escritores diletos de Lourenço Mutarelli, que em diversas entrevistas sempre os cita como influências literárias e aos quais também sempre presta homenagens, por meio de citações em seus romances ou nos desenhos de suas histórias em quadrinhos).

O protagonista está sempre com um livro em mãos, e tal fato gera um diferencial em relação às pessoas com as quais mantém contato. Uma cena de bar, na qual dialoga com uma garçonete, o demonstra perfeitamente:

> Mostro para ela, segurando com as duas mãos.
> Rubem o quê?
> Fonseca, Rubem Fonseca! *Feliz Ano Novo*.
> Nunca li. Só gosto de ler revistas.
> A *Revista dos Astros*, complemento.
> É essa mesmo. Concorda (idem, pp. 55-56).

A *Revista dos Astros* é também a preferida de outra garçonete, por cuja bunda o protagonista irá se apaixonar. Boa parte da história gira em torno da obsessão que ele tem em relação à bunda dessa mulher. Naturalmente, não nutre nenhum afeto pela moça, mas quer *possuir* a bunda – tal posse ele a pensa, em princípio, como uma aquisição que poderia trazer algum sentido à sua vida sem sentido... Como, entretanto, não deseja nenhuma espécie de compromisso afetivo, ocorre-lhe pagar pela bunda; resolver, como de praxe, as situações de intolerável carência com o poder do dinheiro. Passeando com a mulher quando ainda no início do relacionamento, para se conhecerem melhor, ele inadvertidamente acaba pensando em voz alta: "Eu pagaria para ver sua bunda." Tendo ouvido isso, a mulher se escandaliza e retruca com raiva: "Só porque você tem dinheiro pensa que pode tratar qualquer mulher como puta? Você não percebe que eu te mostraria de graça? Sai daqui, seu cachorro, senão sou capaz de meter a mão na tua cara" (idem, p. 43). Após dizer isso, rompe o mal iniciado relacionamento com o protagonista.

Em sua fala raivosa, a garçonete toca num ponto-chave: o personagem não consegue perceber, de fato, nada que venha "de graça". Habituado a comprar os objetos usados de pessoas geralmente em apuros financeiros, para depois revendê-los a preço mais alto, o protagonista só consegue relacionar-se com o mundo (e isso inclui todos à sua volta) de *maneira mercantil*. Tudo se compra (inclusive as pessoas e suas bundas), e tudo se vende. Aliás, o poder que o dinheiro lhe proporciona – "o poder é afrodisíaco", diz a certa altura –, o gosto soberano de exercê-lo, responde em boa parte pela série de humilhações com as quais gosta de contemplar seus clientes – ora desprezando as coisas que trazem, ridicularizando seu valor familiar ou histórico declarado, ora mandando voltar pessoas que chegam com objetos pesados, como uma antiga máquina Olivetti, sem comprá-los...

O sujeito tem consciência de sua perversidade, mas a atribui às exigências incontornáveis de seu trabalho. Assim ele o explica para sua empregada doméstica:

> Sabe, no meu trabalho, quando eu comecei eu tinha que ser forte. Eu tinha que ser frio. Porque eu compro as coisas dos outros, e tinha que oferecer o mínimo possível, para ter o meu lucro. E, no começo, eu ficava com pena das pessoas. Mas eu não podia ter pena, senão eu nunca ia chegar aonde eu cheguei. Então eu fui ficando mais frio (idem, p. 53).

Mal comparando, a passagem lembra bastante a explicação de Paulo Honório, de *São Bernardo*, que também atribui aos males da profissão a ruindade própria... De fato, esse sujeito que "parece o cara do comercial do Bombril" tem diversas afinidades com o memorável personagem de Graciliano Ramos – verifica-se nele a mesma incapacidade de se relacionar com as pessoas, o mesmo gosto pela propriedade e pelo exercício do poder, a mesma profundíssima solidão (*O cheiro do ralo* é um romance triste, a nosso ver, não obstante suas passagens de grande comicidade; trata-se aqui de um personagem carente, solitário, que vive a vã esperança de preencher o vazio de sua existência com os objetos que vai adquirindo no mercado). Paulo Honório dos dias atuais, o personagem tem à sua disposição dinheiro para comprar e entretenimento midiático para se divertir.

Chegados a esse ponto, vale a pena dissecar um pouco mais a relação do personagem com o universo das coisas, que é bastante complexa e decisiva para a compreensão de sua derrocada. Visto isso, poderemos então retomar a relação já aludida desse protagonista com as obras literárias, que tem a ver, como pretendemos demonstrar adiante, com a possibilidade de construir uma identidade própria por meio de uma intervenção seletiva e valorativa na produção literária do passado – *reciclá-la*, tendo em vista os interesses do presente.

Em um plano mais superficial, a relação do rapaz com os objetos é da ordem do fetiche – corre-se atrás do fetiche da mercadoria, esperando que a posse do objeto desejado venha suprir o buraco criado por um cotidiano cinzento e solitário. Evidentemente, isso não ocorre, e todo objeto desejado, uma vez possuído, *perde imediatamente seu valor*, tendo de ser substituído por outro enquanto objeto do desejo. É uma corrida desenfreada atrás do nada! O episódio em que o personagem finalmente consegue comprar o direito de ver a bunda da garçonete é exemplar nesse sentido. Depois de ter se consumido numa busca obsessiva para consegui-lo, esperançoso de enfim adquirir, por assim dizer, o objeto último, aquele que lhe apaziguaria para sempre a alma sempre insatisfeita, a bunda revela-se finalmente como malogro, mera ilusão:

> Essa bunda, que agora abraço, era a minha salvação. A bunda é, e sempre foi, o desejo, a busca de tentar alcançar o inatingível [...] Mas o que eu realmente buscava não estava ali. Nem tampouco em outro lugar. O que eu buscava, era só a busca [...] E por isso agora já não há mais desejo, só cansaço, só o vazio [...] Agora é preciso encontrar algo de novo, de preferência uma bunda nova, para acreditar. Uma nova bunda em que eu possa crer. Nessa bunda eu não creio mais. Não que ela minta, ou tenha um dia mentido, para mim. Não. O mentiroso sou eu (idem, p. 134).

Nada poderia ser mais elucidativo da miséria do personagem, de sua inextirpável solidão, do que essa passagem de *aquisição e de imediata despossessão* do objeto desejado. O objeto, aqui, não é uma coisa, mas sim a bunda de uma mulher, o belo e frágil corpo humano. Entretanto, o *processo de reificação*, que dá a tônica da vida do protagonista e a define em seus mínimos aspectos, também nesse ponto se faz presente, demonstrando sua força cruel de desumanização: "E assim, mais uma coisa a bunda se torna. Como tudo, como as coisas que tranco na sala ao lado" (idem, p. 136). Mais à frente, pensando em tudo que um dia comprou, dirá das "coisas que me colecionaram" (idem, p. 141), indiciando a *inversão perversa* típica da sociedade de consumo capitalista.

Em sua relação com os objetos que compra, há ainda outra forma de apropriação, mais subjetiva, que não se reduz ao "valor de troca" da mercadoria, mas que investe antes num singularíssimo "valor de uso". Para exemplificá-lo cabe interpretar o episódio da *invenção do pai*, que diz muito acerca da carência do personagem e da perspectiva, muito atual, de se fabricar uma identidade a partir da pilhagem de objetos-fragmentos usados e de um procedimento de ressignificação deles em um novo contexto.

Nada sabemos sobre o pai do protagonista ou de sua infância. Nessa perspectiva, estamos diante de um personagem *esvaziado de história pessoal* (a propósito, a maneira como ironiza todos os clientes que procuram valorizar seus pertences com a afirmação de que eles "têm história" parece indicar uma relação mal resolvida em relação à sua própria história pregressa). Certo dia, o protagonista compra um olho de vidro, posteriormente uma perna mecânica e, com tais objetos e outros mais, decide "montar" o pai ausente. Como vimos, a compra incessante de objetos, para além da questão financeira, responde a uma necessidade primária de dar sentido à existência; nessa linha, pode-se pensar o episódio do pai como o clímax desse movimento desesperado rumo à significação e à identidade. Construir o pai é construir uma origem, uma história de vida, enfim, uma biografia, o que pretensamente poderá dar consistência à própria identidade pessoal. Deve-se chegar a ela por meio de um processo de construção essencialmente delirante:

> Eu já tenho o olho. Agora que paguei, tenho a perna. Sei que com o tempo, vou montá-lo. *Vou montar o meu pai.* Meu pai Frankenstein. O pai que se foi. Se foi, antes que eu o tivesse. Foi, antes de eu nascer. Nem me viu. Nunca voltou. Foi. Ele só saiu com minha mãe, uma vez. *Eu nem sei o seu nome* [...] Ele nunca me viu. *Eu, só o imaginei.* A vida inteira. *Eu mesmo lhe dei um nome. Eu mesmo o batizei. Eu mesmo cuidei de criá-lo. De cada detalhe, eu cuidei. Meu pai, fui eu que inventei* (idem, p. 111, grifo meu).

Trata-se aqui, notoriamente, de inventar uma tradição familiar para si mesmo, de *dar o nome ao pai*, de inventá-lo e, por conseguinte, também de certo modo *inventar-se.* A operação é de uma fragilidade comovente, pois quem deverá nomear o pai é alguém que no romance nem sequer possui nome próprio – sua identidade tangencia a fantasmagoria da propaganda de televisão, alguém que parece alguém como puro simulacro: o "cara do Bombril". Cria-se um pai a partir da *citação* de objetos usados, de fragmentos do passado, que são retirados de seu contexto de origem (o qual é subvertido e deliberadamente apagado), sendo depois os objetos recontextualizados numa outra cena, passando a funcionar em nova chave.

O procedimento de invenção do pai, que em última instância é uma invenção do próprio eu, guarda perfeita sintonia, a nosso ver, com a fabricação ou "montagem" de identidades nas redes sociais da internet. Também nelas criam-se "perfis" justamente por meio da colagem de textos e imagens, que são deslocados de seu contexto original e são reordenados num conjunto que passa a funcionar como uma *pretensa identidade do sujeito virtual.* Identidade visceralmente assubstancial, está claro, nada mais que uma *persona*, uma máscara atrás da qual poderemos encontrar, se procurarmos bem, ainda uma outra máscara...

e assim sucessivamente, pois a "realidade", nesses casos, é rigorosamente "virtual", entenda-se, criação, representação – *poíesis*.

Identidade assubstancial, decerto, mas que não deixa de funcionar simbolicamente, preenchendo o espaço da carência, da falta do nome do pai, para retornarmos aos termos do romance. Assim afirma nosso personagem: "Ele não sabe que existo. E que tenho a cara do Bombril. Ele meteu rapidinho em minha mãe, e se foi. Eu fiquei. Ele é mais triste que eu. Talvez, ele não tenha ninguém. Eu tenho ele. Meu pai Frankenstein" (idem, p. 111). Preenche-se a carência como se pode, no caso com um "pai Frankenstein", montagem de objetos usados com os quais o protagonista lida o tempo todo. Coleciona-se obsessivamente (e é muito interessante observar que, em todas as cenas do romance, só o flagramos comprando objetos, nunca os vendendo), na ilusão de resgatar-se uma plenitude impossível. É por demais notório que o que se tenta é cobrir uma ferida da alma – um trauma – com uma bandagem pequena demais. A exemplo, aliás, do que tentou o magnata "cidadão Kane", do famoso filme de Orson Welles – construir um castelo recheado de objetos comprados para repor o impossível, o trenó do qual foi apartado na infância e por ele chamado "Rosebud". Decerto não é por acaso que o nome "Rosebud" é mais de uma vez referido em *O cheiro do ralo* (idem, pp. 123, 141).

A criação de identidade por meio de citações envolve também o campo especificamente literário. Como já observado, diferentemente dos outros personagens, cujo estofo cultural é basicamente da ordem dos produtos massivos da indústria do entretenimento – a exemplo da *Revista dos Astros*, várias vezes referida no romance –, o protagonista exibe um apreciável conhecimento literário. Está quase sempre lendo algo, desde autores brasileiros contemporâneos, principalmente, a clássicos estrangeiros de primeira linha, como Baudelaire, Kafka e Borges. E é justamente depois de citar Camus e o nosso Machado de Assis que ele faz uma revelação esclarecedora: "Penso em escrever um livro só com as frases que um dia grifei. *Tornar meu, o que não era meu.* Tornar meu o que adquiri" (idem, p. 123, grifo meu).

O procedimento, como é fácil perceber, é análogo ao da invenção do pai Frankenstein. Trata-se de lançar um olhar ao passado, recolher fragmentos, descontextualizá-los e recontextualizá-los em um novo conjunto que doravante deverá responder *aos interesses do presente*. Em certo sentido, que poderíamos chamar de "benjaminiano", pode-se dizer que se trata aqui de "salvar" o passado do esquecimento voraz produzido incessantemente pela modernidade. Sobretudo hoje, com o predomínio das imagens virtuais, as informações são produzidas e transmitidas em quantidade gigantesca e escala global, sendo, ao mesmo tempo, descartadas com incrível velocidade, para darem lugar às novas que se acotovelam na fila de entrada. Não seria exagero, talvez, e guardadas as devidas proporções, estender tal reflexão ao mundo dos livros: hoje escreve-se muito, publica-se muito e também esquece-se rapidamente do que se leu e dos autores... Não muito distante de nós, Guimarães Rosa dizia que "a gente tem de escrever para setecentos anos", com isso expressando seu desejo por uma literatura que perdurasse no tempo – ora, é justamente a questão da perdurabilidade no tempo que hoje se encontra em xeque, em crise aguda.

Nessa perspectiva, podemos pensar *O cheiro do ralo* como uma *notável reflexão sobre o tempo*. As diatribes do protagonista em relação à história dos objetos que compra, para a qual está pouco se lixando, oferecem bem a medida de um tempo que *faz do esquecimento o próprio motor da História*. Por outro lado, as suas constantes citações de autores brasileiros contemporâneos – como Valêncio Xavier, Glauco Mattoso e Rubem Fonseca – parecem indicar um esforço – em sentido oposto – de *salvar a literatura do esquecimento*. É como se ele *reciclasse as ruínas de ontem*, guardando-as ao abrigo do esquecimento dentro de sua própria literatura. Assim, livro repleto de livros anteriores – "tornar meu, o que não era meu" –, *O cheiro do ralo* diz terrivelmente sobre a morte das coisas e de certo esforço para preservá-las.

O procedimento de citação que temos investigado é também um método de construção literária muito importante no romance *Jesus Kid*, publicado por Mutarelli em 2004. Como procuraremos demonstrar, o procedimento faz frente nessa obra à descartabilidade dos produtos culturais na sociedade de consumo de massa (nessa perspectiva, em plena sintonia com *O cheiro do ralo*), porém afinando e apontando as armas de sua crítica para aqueles produtos que são fabricados deliberadamente com o objetivo único de ganhar dinheiro pelo entretenimento sensacionalista – em suma, confronta-se aqui, diretamente, os interesses do mercado. E se em *O cheiro do ralo* as citações privilegiam as referências literárias, *Jesus Kid* terá como foco principal de atenção o campo do cinema. Aliás, é útil lembrar que o romance originou-se de uma encomenda do diretor Heitor Dhalia, que solicitou a Mutarelli a história – para ser posteriormente transformada em filme – de "um escritor preso em um hotel às voltas com sua dor criativa, algo como *Barton Fink*, com um quê de *Adaptation*" (MUTARELLI, 2004, p. 9), conforme se explica na nota do autor que precede o enredo propriamente dito. Pensado inicialmente como um roteiro, *Jesus Kid* acabou se transformando em um romance (que pelo menos por enquanto não foi filmado).

O protagonista e narrador em primeira pessoa do relato chama-se Eugênio e sobrevive de seu trabalho como escritor de *western*. Eugênio criou um personagem chamado Jesus Kid, caubói de inúmeras histórias de aventuras, nas quais cumpre o papel de destemido herói, conforme a tradição clássica do gênero. Eugênio escreve livros de bolso, que são vendidos em bancas de jornais e, diga-se logo, com grande sucesso – Jesus Kid é um personagem que agrada a determinado público, que comparece fielmente às bancas para adquirir as novas aventuras do caubói. A série protagonizada pelo personagem já conta com vinte e oito volumes publicados. Nessa perspectiva, pode-se considerar Eugênio um escritor de certo tipo de talento – dele, um personagem dirá que se trata de "um grande escritor", já que consegue "escrever sobre um gênero tão desgastado" e, ainda assim, "ser lido e vendido em bancas de jornais", isto é, "consegue ser absorvido pelas massas" (idem, p. 83).

Cientes do sucesso comercial de Eugênio, um produtor e um diretor de cinema o convidam para escrever um texto que será adaptado para as telas: o texto deverá tratar de um escritor encerrado em um hotel de luxo às voltas com a redação de um roteiro. O texto a ser escrito por Eugênio deverá narrar precisamente as dificuldades de criação enfrentadas por esse roteirista, o temor perante a página em branco, ou, como se diz, a dor do parto criativo. Para tanto, o próprio Eugênio deverá sentir literalmente na pele as circunstâncias materiais da criação do roteiro: ele terá de permanecer, conforme prescrição contratual, encerrado durante três meses em um hotel de luxo, sem dele poder sair até vencido esse intervalo de tempo, findo o qual o texto a ser adaptado para o cinema também deverá estar concluído.

Os homens do cinema oferecem uma boa quantia para a realização do trabalho, praticamente irrecusável tendo em vista os ganhos normais do escritor: "Tento parecer amigável, dócil como uma cadelinha. Trinta mil, levo dois anos para ganhar essa soma escrevendo os *western* de bolso (idem, p. 13). Em *Jesus Kid*, como é fácil perceber, os bastidores comerciais do ofício de escritor são o tempo todo colocados à mostra – podemos mesmo afirmar que o dado material sai do bastidor para ocupar a cena principal. Não só o dinheiro, em sentido estrito, mas também outras condicionantes vêm à tona, como por exemplo os "prazos curtos" para entregar os originais. Daí Eugênio achar que o tema da "dor da criação" é inadequado para ele: "Nunca sofri do tal 'branco do papel', nunca tive tempo para essas frescuras. Escrever é meu ganha-pão, nada mais do que isso" (idem, p. 22). A proposta dos empresários do cinema o faz sentir-se como num desenho animado: "me vi igual a um desses desenhos do Pica-Pau. Surgiu, no balão de meus pensamentos, mulheres, iates e um monte de saquinhos gordos e brancos com um cifrão pintado no meio" (idem, ibidem).

A referência ao Pica-Pau não é gratuita; no contexto geral do romance, faz parte de uma série de referências à cultura pop e às finanças a ela relacionadas. Um dos empresários do cinema elogia um dos livros de bolso da série de Jesus Kid, *A balada dos nervos*, dizendo que se trata simplesmente da "coisa mais pop que li nos últimos tempos" (idem, p. 15). Nesse sentido, as pessoas com as quais Eugênio fará contato são rebatizadas por ele com nomes mais sedutores, vale dizer, mais comerciais – por exemplo, a enfermeira hospedada no hotel é chamada por ele – hilariamente – de enfermeira Nurse... e o funcionário da recepção Arlindo é renomeado – a exemplo do que se passa no filme *Barton Fink*, dos irmãos Coen – de Chet... Numa cultura como a nossa, fortemente influenciada pelo *american way of life*, Chet é um nome com muito mais prestígio ou *glamour* do que Arlindo... Mutarelli nos relembra desse óbvio ululante com um humor corrosivo, que é das melhores características de sua produção literária.

A questão do caráter comercial da obra de arte alcança seu ápice (auto)crítico em *Jesus Kid* nas recomendações dos empresários do cinema para a elaboração do roteiro encomendado. Aqui a coisa ganha ares francamente delirantes. Vejamos. Um dos empresários adverte Eugênio para que ele nunca se esqueça de que "cinema é ação", a que segue a ordem: "Não venha nos encher de conflitos internos e longos diálogos" (idem, p. 19). Mais à frente, recomenda-se que o roteiro esteja cheio de "mulherada", que de alguma forma entre nele uma "favela" ("– É, favela. Isso ajuda na captação"), que o escritor em crise seja um ávido consumidor de batatinhas de tipo *chips* ("Tem um potencial investidor que fabrica essas batatinhas"), tudo isso, claro, "recheado de muita: Ação!". Tamanha carga de exigências chega a dar um nó na cabeça de Eugênio: "É isso, mais uma mulher de papel importante, junto com muitas outras mulheres bonitas, mais um halterofilista escritor que come batatinhas num hotel onde há uma favela. É muita coisa para amarrar... Não sei se conseguirei" (idem, p. 65).

No prefácio ao romance, Heitor Dhalia observou com muita pertinência que, no que diz respeito ao cinema, Mutarelli conseguiu "revelar, de maneira ácida e engraçada, as fraquezas, mesquinharias e ambições mal disfarçadas de uma atividade que mescla arte e dinheiro como nenhuma outra" (idem, p. 8). De fato, como dito, o foco central do romance é o mundo do cinema, sendo que o próprio protagonista nos conta acerca de suas desventuras para escrever um roteiro enquanto permanece recluso em um hotel. As regras do jogo do mercado de livros, entretanto, também não são desconsideradas pelo narrador, já que ele é um escritor de *western* de bolso. Nessa perspectiva, há uma cena ao mesmo tempo muito divertida e reveladora sobre o mercado de livros e o horizonte de expectativas do atual público leitor.

Enquanto permanecia no hotel tentando escrever o roteiro, período no qual precisou, portanto, parar com a redação das histórias de Jesus Kid, o editor de Eugênio encomendou a outro escritor um livro do personagem... O livro foi realizado, *Jesus Kid em a última balada do pistoleiro,* nova aventura na qual o caubói, como sugere o título, acaba morrendo... Eugênio descobre o livro por intermédio de Chet que, ávido leitor dos *western*, já tinha o seu exemplar em mãos. Indignado, Eugênio telefona do hotel a seu editor para tirar satisfações. Vale a pena citarmos um trecho do diálogo entre os dois:

> – Não fica nervoso, Eugênio. Isso não te leva a nada.
> – Vocês não tinham esse direito! Vocês não sabem o que Jesus Kid representava para mim!
> – Eugênio, ele não morreu de verdade. Isso é só um golpe de marketing.
> – Golpe de marketing é o caralho! Vocês o mataram! Assassinos!
> – É marketing. Você não viu o que fizeram com o Super-Homem.
> – Do que você está falando? Super-Homem o caralho!
> – Eles mataram o Super-Homem porque estava mal de vendas e depois o ressuscitaram. Você pode fazer o mesmo. Se esse número vender bem, você o ressuscita (idem, p. 161).

Eugênio fica estarrecido com a proposta, completamente indignado; a sua argumentação com o editor procura estabelecer uma *diferença* entre um produto literário e uma história em quadrinhos: "– Como eu vou ressuscitar Jesus Kid? Você fala do

Super-Homem, mas Super-Homem é história em quadrinhos, não é literatura" (idem, p. 162). Mas o editor acha que também os *western* de bolso não são literatura... Ao que nos parece, não se trata aqui, do ponto de vista do narrador, de argumentar que a linguagem literária é superior à linguagem dos quadrinhos, ou seja, não se trata de *hierarquizar* os discursos na velha chave de "alta cultura" *versus* "cultura de massa" (e lembrando que Mutarelli também é quadrinista). Entretanto, a argumentação de Eugênio nos parece bastante clara em seu esforço de discriminar as *especificidades* concernentes a cada linguagem artística, e isso sem prejuízo do diálogo – sempre possível e muitas vezes bem-vindo – entre elas. Ora, compreender a linguagem artística em sua especificidade é condição imprescindível para que se possa testá-la, aprofundá-la, explorá-la, experimentá-la em seus limites a fim de expandi-los ou transgredi-los. Em princípio, isso seria um compromisso estético (que também não deixa de ser ético) do artista com o material com que trabalha. Para o editor, todavia, não há escrúpulos de nenhuma ordem, já que o que importa é ganhar dinheiro; diluem-se totalmente os valores implicados na elaboração estética em prol do "golpe de marketing": "– Bota um cacique, ou um pajé capaz de falar com os animais e com os mortos e ele o traz de volta" (idem, p. 162).

Em suas dificuldades para elaborar o roteiro de cinema, Eugênio conhece Geraldo Antunes, um artista incensado por todos. O artista da moda. O nome parece ser uma brincadeira que funde os nomes de Gerald Thomas e Arnaldo Antunes, não sendo obviamente nenhum deles. Trata-se claramente de um artista antenado com os novos tempos, capaz de colocar para dialogar diversas linguagens em princípio concorrentes. Chet o descreve como "teatrólogo, cineasta, multimídia, *performer*... O cara é grande, é o maior" (idem, p. 112). A verve satírica do romance indicia e corrói aqui o automerchandising de escritores inseridos no mercado cultural. Com efeito, o que menos importa aí é a obra de Geraldo Antunes, e muito mais a sua capacidade de autopromoção e exposição pública. O mundo das letras transformado em mundo dos famosos, talvez com direito de aparecer estampado, suponhamos, na revista *Caras*... O caráter de simulacro da *persona* Geraldo Antunes é evidenciado pelo narrador: "Esse Geraldo Antunes não parece uma pessoa real. Parece um desses desenhos animados. Ele é a mistura do Capeta com a Penélope Charmosa." Mistura que faz sucesso, e é isso que, no final das contas, importa: "Todas as pessoas que circulam pelo restaurante, quando o veem, fazem uma reverência. Não sei se ele é bom no que faz, mas certamente é respeitado e famoso" (idem, pp. 119-120).

E o próprio Eugênio, por fim, também vive o seu "momento Geraldo Antunes", quando consegue impressionar um ou outro hóspede do hotel com seu novo status de "escritor e roteirista de longas-metragens". O espelho em que se mira – há alguém mais bonito do que eu? – devolve-lhe a face da fama:

> Até meu andar é diferente. Pareço mais autoconfiante. Minha alta baixa estima parece adormecida. Me olho no espelho. Faço poses. Até que não estou nada mal. Fumo fazendo cara de escritor importante, depois tento fazer pose de roteirista de cinema. Digo: Obrigado, obrigado. Como se estivesse recebendo a estatueta do Oscar (idem, p. 132).

Observa-se que o protagonista oscila o tempo todo entre deixar-se cooptar pelos empresários do cinema e a postura oposta, de crítica à estrutura mercadológica que lhe acena com os louros da fama. No limite, o que está em questão é vender ou não a própria alma para o mercado. Em seu momento mais agudo de percepção da situação em que se encontra, Eugênio define-se como uma "puta" – uma puta que, em vez de ser "fodida no corpo", diz, é "fodida na alma": "Como uma puta, uma cadela, alugo meu cérebro para que lhe enfiem ideias e eu as transforme em prazer, ou divertimento. Como uma puta, cadela, devo dar-lhes ação. Devo diverti-los e fazer o tempo passar" (idem, p. 103). Talvez não seja exagero dizer que *o tema da prostituição do artista no mundo contemporâneo* seja a linha de força principal de *Jesus Kid*. Assim, pouco à frente retoma-se tal linha temática, vinculando-se ainda mais claramente a criação do artista com o negócio do entretenimento. Afirma Eugênio que doravante irá criar "histórias que entretenham e divirtam comedores de pipocas em salas de projeção. Vou dar forma e movimento às palavras e elas se converterão em ação, sangue e sexo. Engordarei minha conta bancária e saldarei minhas dívidas" (idem, pp. 108-109).

Por fim – e retornando à questão das citações –, as últimas páginas do romance apontam para o sucesso do filme (que será feito a partir do roteiro de Eugênio) nos Estados Unidos. Os empresários elaboram planos de uma estreia em Los Angeles com estatuto de show para as massas. Propõe-se, por exemplo, que o roteirista chegue à cidade americana numa moto, o que também seria indiretamente uma citação ao filme *Diários de motocicleta*. "– É feito o filme do Waltinho. Botamos uma gostosa para pilotar e o Eugênio vai na garupa, que tal?" E como o roteiro ainda não está totalmente concluído, propõe-se também acrescentar uma referência ao clássico *Casablanca*: "Você podia fazer o final no aeroporto, tipo *Casablanca* [...] os gringos iam amar!" E, finalmente, para completar a salada, faz-se uma citação a *Cães de aluguel*, porque, afinal de contas – como nos é lembrado o tempo todo –, "cinema é ação!": "Se você pusesse um pouco mais de ação no final. Pode ser nessa cena do restaurante, algo assim... tipo Tarantino" (idem, p. 168).

Duas observações sobre as citações ao universo cinematográfico. Primeiramente, pode-se notar que, a exemplo de *O cheiro do ralo*, privilegia-se uma certa produção artística mais recente. Há diversas referências a filmes e diretores que estão produzindo hoje: Tarantino, Walter Salles, irmãos Coen, os filmes *Barton Fink* (sem dúvida nenhuma, o de maior importância para *Jesus Kid*, cujo núcleo narrativo é praticamente idêntico ao que se vê nesse filme roteirizado e dirigido pelos Coen), *Adaptation*, *Quero ser John Malkovich*, entre outros. Aqui também opera, portanto, um procedimento de reciclagem das ruínas de ainda ontem. Ao mesmo tempo que o procedimento situa *Jesus Kid* na cultura contemporânea, também deixa mais nítidos os pressupostos estéticos e ideológicos do diálogo entre literatura e cinema, conforme proposto e formalizado pelo romance. Enfim, não há ingenuidade nessas escolhas.

Posto isso, uma segunda observação não menos importante: os cineastas e filmes citados compõem um acervo nada desprezível, isto é, aponta-se para uma produção cinematográfica cuja qualidade já foi amplamente reconhecida pela crítica especializada. Considerado esse aspecto, pode-se afirmar que a crítica hilariante esboçada por Mutarelli não se dirige às obras específicas referidas, mas procura alcançar os atuais interesses materiais que operam "por trás" do negócio do cinema. E podemos ir além: o romance indica a citação das obras da tradição (ainda que recentíssima) como procedimento-chave na construção das obras atuais, sejam elas literárias ou cinematográficas. Coloca-se então o dedo firmemente na ferida, pois as citações (pensemos nas propostas dos empresários de Eugênio) não visam nada além do verniz da arte de qualidade com o objetivo de arrancar dinheiro dos espectadores: diluem-se valores estéticos, históricos e culturais em favor do mercado - onde tudo, em princípio, pode ser trocado por tudo - ou, nos termos do romance, "puta jogada de marketing!" (idem, p. 168).

O cheiro do ralo e *Jesus Kid* são romances, como procuramos mostrar, fortemente caracterizados pelo procedimento de citação. No primeiro deles, privilegiam-se as citações literárias e, no segundo, as cinematográficas. Como as referências são prioritariamente de obras recentes, os romances acabam constituindo um recorte significativo da produção atual, colocando em destaque certas linhas de força da cultura contemporânea. Nota-se neles o diálogo entre diversas expressões artísticas (de resto, uma marca registrada de Mutarelli), bem como, em outro plano, as relações da cultura brasileira com a produção estrangeira. Textos de ficção plenos de outras obras, poderíamos dizer que eles funcionam como uma "memória cultural", um meio de preservação das obras em face do rápido movimento de esquecimento que caracteriza o atual estágio da produção cultural. São narrativas *resistentes*, pensamos, à descartabilidade ditada pelo mercado.

Citações em obras da literatura brasileira contemporânea são bastante frequentes, parecendo indicar um esforço contínuo dos escritores para se situarem perante a tradição e seus percalços, num momento em que a literatura se encontra "em perigo", como indica um título recente de Tzvetan Todorov. Não é o caso aqui de refletirmos sobre a questão do desapreço atual pela leitura, o que nos levaria para fora dos propósitos deste ensaio. Só queríamos observar, para concluir, que o procedimento de citação em Mutarelli não se ressente de nenhum tipo de culto reverencial à produção literária que o antecede, ou seja, a tradição não funciona como um peso, que poderia inibir o livre voo da imaginação criativa. Assim, quando falamos em "memória cultural" e "preservação", temos em mente um *processo* que se efetua com muita vitalidade, que é vivo no sentido em que se vive a cultura contemporânea de forma radical, procurando-se compreendê-la em seus aspectos positivos e negativos. Em outras palavras, a citação é puro fermento para a criatividade própria.

REFERÊNCIAS BIBLIOGRÁFICAS

MUTARELLI, Lourenço. *O cheiro do ralo*. São Paulo: Devir, 2002.

_____. *Jesus Kid*. São Paulo: Devir, 2004.

RAMOS, Graciliano. *São Bernardo*. Rio de Janeiro: Record, 1991.

TODOROV, Tzvetan. *A literatura em perigo*. Trad. Caio Meira. Rio de Janeiro: Difel, 2009.

VALÊNCIO XAVIER: O AUTOR COMO PROFANADOR

Jorge Wolff

> De maneira implícita ou explícita, a noção de objeto está no centro de toda filosofia. De maneira implícita ou explícita (mas sobretudo implícita), a ficção narrativa comercia com a filosofia. Portanto, é possível afirmar que, de maneira implícita ou explícita, a noção de objeto está no centro de todo relato de ficção. Essa presença constante assume muitas formas diferentes, mas a meu juízo a mais importante é a que se refere ao modo de ser da ficção narrativa, e até poderíamos dizer: de toda narração.
>
> Juan José Saer

Valêncio Xavier Niculitcheff foi um saqueador contumaz da cultura do espetáculo e, ao mesmo tempo, um profanador convicto de seu universo simbólico. Deslocou, sobretudo através de seus "livros" em forma de álbuns, o conceito moderno de literatura em direção ao universo "baixo" da cultura de massas, em nome da profanação do templo realista-naturalista e de seu sujeito soberano. Fazendo uso das ruínas desse mundo otimista em relação à história humana, pôs inequivocamente em prática a potência da vida, vista como *jogo* e narrada com voz *infantil*, através de relatos anacrônicos e híbridos. São os gestos desse autor "impessoal" e de reconhecimento recente pela crítica e público brasileiros que se pretende examinar neste ensaio, explorando as fronteiras entre documento e monumento, narrativa e filosofia, realidade e ficção. Ao lançar um olhar ímpio e impiedoso sobre os modos de ver e de fazer modernos, próprios dessa "sociedade de consumo", o escritor está ele mesmo em busca de "formas ainda eficazes de profanação" no ápice da "religião do capitalismo".[1]

De outra parte, são bastante conhecidas as reservas com que o filósofo francês Jacques Rancière costuma tomar os conceitos de vanguarda e de modernidade, crítica claramente explicitada em *A partilha do sensível* (2005). Segundo ele, o século XX não começou no século XX, com a emergência das vanguardas históricas, mas ao menos cinco décadas antes, com as mudanças estéticas provocadas, entre outros motivos, pelo fim das hierarquias temáticas e pela entrada em cena do homem comum, na pintura e na literatura ditas "realistas". No contexto brasileiro, a Semana de Arte Moderna de 1922 estabeleceu um corte profundo – e na época justificado – com a cultura anterior, tendo deixado marcas igualmente profundas na tradição crítica e intelectual posterior, que retomaria a veia vanguardista depois da Segunda Guerra Mundial, ou seja, esta tradição crítica – dos primeiros "futuristas" aos últimos "concretos" – simplesmente borrou o século XIX como ultrapassado, rastaquera, acadêmico. No caso de Valêncio Xavier, contudo, se encontra inteiro o imaginário marcado pela fragmentação e seriação típicas desse Oitocentos moderno, no sentido de positivista e cientificista, encabeçado pela fotografia e depois o cinema, levados aos cinco cantos do mundo pelos navios e as locomotivas a va-

1 Nos termos, respectivamente, dos filósofos Giorgio Agamben e Walter Benjamin. Tomamos aqui o "Elogio da profanação", de Agamben, como substrato teórico para ler a obra de Valêncio Xavier.

por. Nesse(s) veículo(s) o escritor de *O mez da grippe e outros livros*[2] embarca e torna a embarcar, em largo e silencioso périplo, à margem dos meios de grande circulação durante toda a segunda metade do Novecentos, até seus últimos anos.

Valêncio por Valêncio

Novella. Raconto. Novela. Mistério. Conto verdade. Novella-rébus. Uma novela em figuras. Uma história verídica. Um texto em imagens. Uma história sem sentido. E outros livros.[3]

Contador de histórias heteróclitas – mistos de filme, jornal, fotonovela, romance e gibi –, Valêncio Xavier aparenta trabalhar com uma noção orgânica de "livro", lançando mão de vários carimbos de gênero ou de lugar, a fim de supostamente orientar o leitor, a quem com frequência se dirige de modo direto. Explorador do baixo materialismo, perverso *voyeur* e *bricoleur* de vozes e imagens alheias, Xavier propõe, no entanto, de novela em novela, de raconto em raconto, a dissecção de corpos textuais os mais variados, em forma de documentos ficcionais postos em choque com um tom permanente de escárnio, com um eterno risinho entre dentes: o horror, o humor.

Sua concepção de "livro" é um anacronismo deliberado – a noção de livro andava em baixa quando começou a construir os seus no auge das neovanguardas –, bem como anacrônico costuma ser o seu português escrito, assim como obsoleto é o seu cinema, aquele "primitivo" a que rendia culto. O "livro"

---

2 Seu primeiro livro publicado por uma grande editora, a Companhia das Letras, em 1998.

3 Esta enumeração dos gêneros propostos nos títulos dos livros do autor corresponde aos seguintes escritos: *O mez da grippe*; *Maciste no inferno*; *O minotauro*; *13 mistérios + O mistério da porta aberta*; *Crimes à moda antiga*; *Meu 7º dia*; *Menino mentido*; *O barqueiro da morte*; *Macao*; e *Sete (7) o nome das coisas*. Quanto ao "e outros livros", trata-se do complemento de dois deles, *O mez da grippe* e *Rremembranças da menina de rua morta nua*.

remete, como se sabe, ao imaginário do século XIX e do início do século XX, ao universo dos folhetins e dos almanaques, à reprodução em série e ao consumo de massa na alvorada da sociedade do espetáculo. Seus "reclames", por exemplo, são lidos hoje como pérolas de uma outra era, pequenos fetiches estéticos vistos como quase obras de arte, sobretudo quando comparados à produção publicitária atual. Mas, quando reutilizados e postos em relação de maneira enigmática e complexa, como o faz o escritor em seus "livros", em montagem de fragmentos que se encarregam de narrar uma história, os relatos resultantes ganham sentidos absolutamente novos.

Sob a forma de "escritura experimental pós-utópica",[4] as ilustrações e os textos recortados e minuciosamente colados por Valêncio Xavier causam de fato atração e estranhamento imediatos. Não se trata, evidentemente, do "estranhamento" à maneira dos formalistas russos, em que literatura era igual a distância da fala comum, mas, ao contrário, é um estranhamento fundamentado na atração própria a esses materiais tão banais quanto encantatórios da cultura popular moderna, mesclados à vontade pelo escritor-artista: as figuras dos manuais científicos expondo o corpo humano por dentro e por fora em aulas de fisiologia e anatomia; as reproduções de pintores clássicos e modernos; o universo da publicidade, da fotografia e do cinema primitivos; o uso da grafia antiga da língua portuguesa, com não poucas referências a Luís de Camões. No entanto, sendo a sua dinâmica discursiva aquela do "choque de fantasmagorias" de linguagens verbais e não verbais, as imagens não são tomadas como meras ilustrações, assim como os textos não

4 Expressão do crítico Raúl Antelo em "Valêncio Xavier e o pensamento do Mal", ensaio lido durante o Simpósio Contatos e Contágios – 30 anos de *O mez da grippe* de Valêncio Xavier (Florianópolis, dezembro de 2011), organizado pela pesquisadora Maria Salete Borba.

são vistos como meras legendas daquelas[5] – muito pelo contrário. O estranhamento se intensifica em função desses choques entre diferentes linguagens, resultando em um tipo de "livro" alheio a qualquer classificação, em que as próprias palavras são, antes, fotografias de palavras, ao mesmo tempo que as fotos se tornam formas de falar e de grafar.

Não à toa, o seu lema é uma frase do cineasta Alain Resnais – "A forma preexiste em algum lugar e se incorpora no texto, à medida que vamos escrevendo a história" –, conforme o atesta o próprio escritor:

> Eu nunca penso antes de escrever, meu raciocínio é a posteriori... O trabalho já sai pronto – ou não sai. Eu retrabalho, mas só no sentido de ajustar as palavras, burilar, mudar uma coisa aqui e ali. Não que o processo tenha algo de sobrenatural, mas sai pronto (XAVIER, 1999, p. 52).

Desse modo, a posteriori, na entrevista-posfácio de *Meu 7º dia* (1999), *O mez da grippe* (1981) seria definido como um "jornal", o meio tido pela vanguarda histórica como o "grande poema coletivo" da modernidade. Lembre-se de que, na mesma época, produzia-se no país uma experiência gráfico-literária similar e igualmente rica em potências profanas pós-concretas: o *Jornal Dobrabil* (1977-1981), de Glauco Mattoso, tão importante e mesmo mais próximo do "Enigma Niculitcheff" do que as experiências escriturais radicais da literatura brasileira dos anos 1970, como as *Galáxias*, de Haroldo de Campos, e o *Catatau*, de Paulo Leminski. Apontando para o jornalismo impresso em sua faceta mais *fait divers*, diz Valêncio Xavier:

---

5 Cf. Borba, Maria Salete. *A poética de Valêncio Xavier: anacronismo e deslocamento*, 2009. p. 99.

> Algum tempo depois da publicação, reli *O mez da Grippe* e vi que ele era pra ser lido como um jornal, em que a pessoa olha uma manchete, pula para a página de esportes, se detém na foto de uma atriz e já vai para ver o crime do dia, e assim por diante. E, ultimamente, tenho descoberto que em meus livros você pode ler cada página isoladamente, como se ela fosse um texto completo – esse *Meu 7º dia* é um bom exemplo disto. A montagem dessa leitura é feita na cuca do leitor, não tem nada de cinema, *é coisa nossa* (idem, pp. 52-53, grifo meu).

Não parece ser fortuita esta tomada de distância em relação à leitura mais frequente de sua obra, que a relaciona quase automaticamente ao cinema, leitura provocada, por um lado, pela própria tematização constante do meio audiovisual em seus "livros" e, por outro, em efeito biográfico, pelo meio de vida do escritor durante muitos anos, a televisão, tendo sido o escritor ele mesmo um cineasta-ensaísta destacado. "É coisa bárbara e nossa", se diria, posto que se trata, em Valêncio Xavier, não de uma modernidade no sentido da "religião da modernidade" e de sua cultura mercantil, mas antes de uma "contramodernidade": sua produção artístico-literária está profundamente vinculada não apenas à vertente "malandra" brasileira, que vai de Gregório de Matos e Manuel Antônio de Almeida a Alcântara Machado e Oswald de Andrade, mas igualmente à linhagem do "pensamento do mal" de Georges Bataille e à da "grande lepra criadora" do barroco americano, nos termos de José Lezama Lima.

Sendo assim, a recorrência dos temas da morte e da violência, do sexo e do corpo dissecado não resulta surpreendente, mas antes se caracterizaria como uma chave de leitura-escritura das coisas do mundo, na dispersão ordenada que caracteriza essa obra *sui generis*, em sua eterna "demanda de um instante sagrado" (ANTELO, op. cit.). Pertence simultaneamente, porém, como já foi sugerido acima, à tradição secular do chulo e do grotesco, em particular, no que diz respeito ao cinema, ao gênero do terror na época do cinema mudo e em seu auge hollywoodiano nos anos 1930 e 1940 ou, mais brasileiramente, ao gênero do "terrir" contemporâneo, cujos cultuados ícones nacionais vão de Gil Gomes a José Mojica Marins, o Zé do Caixão.[6]

É certo, portanto, que, se existe esta noção orgânica de "livro" em Valêncio Xavier, o escritor a utiliza para desautorizá-la. Como observa Flora Süssekind em seu "Memento Mori",[7] texto que prefacia *Meu 7º dia*, Valêncio Xavier trabalha com "a dissecção da própria forma romanesca e do seu meio habitual de veiculação, o livro" (SÜSSEKIND, 1999, p. 4). A ensaísta lembra também que "A moça que virou tigre"[8] é uma "reflexão em torno de uma estátua tumular" e que, em *Rremembranças da menina de rua morta nua* (2006, p. 5), a banalização espetacular da morte é rompida. Com esse procedimento, que vê a ficção autobiográfica – caso de vários de seus "livros" – como prosopopeia,[9] em que o narrador é um defunto-autor (de que o velho Brás Cubas segue sendo o nosso expoente), a narrativa segundo Valêncio Xavier adquire um potencial político que seria próprio da ideia de profanação agambeniana: esse sujeito-defunto que se figura

6 O apresentador Gil Gomes protagoniza o relato que dá título a *Rremembranças da menina de rua morta nua* (2006).

7 Expressão eclesiástica que remete à lembrança da morte e dos mortos, empregada muito a propósito por Süssekind. Na mencionada entrevista em *Meu 7º dia*, o próprio Xavier conta que dedica o livro à ensaísta carioca, dedicatória recusada pelo fato de sua autora já assinar o prefácio (publicado anteriormente no *Jornal do Brasil*, em 1996).

8 Texto publicado no "Caderno G" da *Gazeta do Povo* (Curitiba, 3/11/1995), jornal para o qual o escritor colaborou intensamente na década de 1990. Esta produção jornalística, contabilizando nada menos que 888 textos, a grande maioria dedicada ao cinema, foi resgatada por Maria Salete Borba na dissertação *Para além da escritura: a montagem em Valêncio Xavier* (UFSC, 2005). Ela mostra, além disso, como a atividade jornalística funcionou como oficina para a construção de seus "livros".

9 Conforme o célebre ensaio de Paul de Man, "Autobiography as de-facement" (1979).

de maneira transcendental e ao mesmo tempo se apaga, opondo e fundindo os polos do sacro e do profano.

Que a morte seja o tema obsessivo do escritor, qualquer leitor pode comprovar ao se deparar com cada um de seus textos. Pode-se pensar, no entanto, que a "vida", ao mesmo tempo "nua" e "plena", é seu verdadeiro nó górdio, sem pretender com isso aplacar a crueldade intrínseca à "constelação valenciana".[10] É a vida, vale dizer, a *experiência*, o seu nó, na medida em que, de modo obstinado, em todos os seus relatos busca-se de uma forma ou de outra a dessacralização, a profanação da morte, busca-se "restituir ao comum aquilo que havia sido separado", conforme a definição agambeniana do verbo profanar, examinada no que segue.

Valêncio com Agamben

Em seu "Elogio da profanação", o filósofo Giorgio Agamben (2007, p. 65) observa que "se consagrar (*sacrare*) era o termo que [no direito romano] designava a saída das coisas da esfera do direito humano ['separação'], profanar, por sua vez, significava restituí-las ao livre uso dos homens". Não se tratava, para tanto, de qualquer uso do sagrado, mas de um "uso particular" que significa precisamente "profanar". Agamben destaca, portanto, certos usos particulares do sagrado, sobressaindo-se entre eles os do jogo, um uso especial que "não coincide com o consumo utilitarista". Em função disso propõe que, se "os jogos televisi-

---

10 O que se procura fazer, por exemplo, na contracapa não assinada de *Minha mãe morrendo e o menino mentido* (Companhia das Letras): "... É como se nenhuma dor valesse a pena diante do mundo que ele se permite criar numa folha em branco" – ou em certos trabalhos acadêmicos pouco dignos do autor.

vos de massa fazem parte de uma nova liturgia, e secularizam uma intenção inconscientemente religiosa, fazer com que o jogo volte à sua vocação puramente profana é uma tarefa política" (idem, pp. 67-68). Tomado como um "puro meio", um "meio sem fim", o jogo seria um dos dispositivos profanatórios mais eficazes, segundo o filósofo, que vê, contudo, o capitalismo contemporâneo como o próprio "Improfanável":

> Na sua fase extrema, o capitalismo não é senão um gigantesco dispositivo de captura dos meios puros, ou seja, dos comportamentos profanatórios. [...] Mais essencial do que a função de propaganda, que diz respeito à linguagem como instrumento voltado para um fim, é a captura e neutralização do meio puro por excelência, isto é, da linguagem que se emancipou dos seus fins comunicativos e assim se prepara para um novo uso.
>
> Os dispositivos midiáticos têm como objetivo, precisamente, neutralizar esse poder profanatório da linguagem como meio puro, impedir que o mesmo abra a possibilidade de um novo uso, de uma nova experiência da palavra (idem, p. 76).

Trata-se da crise da "experiência", desde que foi diagnosticada no entreguerras por Walter Benjamin, de quem Giorgio Agamben, como se sabe, é um atento leitor. Como símbolo maior do ápice dessa crise, Agamben coloca o que chama de "museificação do mundo", tendo na vasta indústria do turismo o seu exemplo máximo, funcionando, a seu ver, enquanto "culto e altar central da religião capitalista". Como encontrar, então, a essas alturas, alguma forma eficaz de profanação? Seu elogio termina com uma análise crítica radical da pornografia e de suas estrelas no mundo atual, como antes fizera a respeito da defecação. Nada mais "niculitcheffiano", se lembrarmos das várias prostitutas de suas histórias, cujo expoente, a meu ver, se encontra em *O mistério da prostituta japonesa*, de 1986, em que a "chave da fechadura" do quarto do hotel barato se situa vertiginosamente no teto, uma vez que o relato se inicia acompanhado de um desenho da arquitetura do aposento visto de cima; ou, ainda, se lembrarmos de outro "mistério" incluído em *O mez da grippe e outros livros*, "O mistério dos sinais da passagem dele pela cidade de Curitiba", em que o leitor vê, também na primeira página, uma imagem de um cenário composto por duas pegadas de sapatos, jornais rasgados e um bolo de fezes sobre o chão de terra, descrito fria e detalhadamente.[11] Como não poderia deixar de ser, este "mistério" parodia as notícias sobre o assassinato brutal de uma prostituta chamada "Polaca", realmente ocorrido e fartamente explorado pelos jornais da capital paranaense em maio de 1986.

É significativo que o filósofo italiano utilize como exemplo de "profanação da defecação" certa cena de um filme do diretor de cinema favorito de Valêncio Xavier, "o velho Buñuel",[12] ainda que considere inócua qualquer tentativa individual de profanação, reduzindo-se fatalmente "a ter apenas valor de paródia" (idem, p. 75), já que os "novos usos", as novas formas de "jogar" e de "brincar" com as separações "só poderão ser inventadas de maneira coletiva". Sendo, no entanto, como se disse antes, "escritura experimental pós-utópica", segundo Antelo, em que a paródia avança, vale dizer, degenera em direção ao pastiche, as intervenções nada livrescas de Valêncio Xavier podem ser tomadas como profanatórias, sobretudo por causa de

11 Os detalhes incluem o nome do jornal e até as notícias veiculadas nos restos de papéis utilizados por "ele".
12 Agamben cita, sem nomeá-lo, o penúltimo filme de Luis Buñuel, *O fantasma da liberdade* (1974). A predileção de Valêncio Xavier por Buñuel é manifestada na entrevista-posfácio de *Meu 7º dia* (p. 52); o cineasta espanhol é secundado por Alain Resnais, Orson Welles, Peter Greenaway, Shoei Imamura e o "cinema primitivo".

sua insistência na dissecção minuciosa dos corpos, sem poupar – muito pelo contrário – aquele de sua própria mãe, insuflado pela célebre série de desenhos de Flávio de Carvalho, intitulada "Minha mãe morrendo", como também pelos relatos de *Minha mãe*, de Georges Bataille, e *Conversa na Sicília*, de Elio Vittorini, traduzido ao português pelo próprio escritor brasileiro, junto com Maria Helena Arrigucci.

Acrescente-se à lista outro livro de culto para Valêncio Xavier, *Crescendo durante a guerra numa província ultramarina* (1978), de Silviano Santiago, em que a estratégia pasticheira é posta em prática do início ao fim, assim como ocorre no romance ganhador do Prêmio Jabuti de 1982, *Em liberdade*, em que o escritor mineiro forja um diário de Graciliano Ramos ao sair do cárcere. Para melhor apreender o seu conceito de pastiche e o recado – que é ausência de recado – do livro, o próprio Santiago conclui *Crescendo...* com um anexo intitulado "Como ler os poemas. Reflexão sobre o que foi lido", igualmente escrito em versos. Os últimos deles, bastante citados, dizem:

> [...] É preciso saber vestir / o texto, / como tatuagem na própria / pele. // É preciso saber tatuar / o texto, / como sulcos feitos / na bruta realidade. // O duplo estilete / do texto e da leitura, / do autor e do leitor. // A dupla tatuagem / contra o próprio corpo / e a realidade bruta. / A tatuagem que se imprime / para poder forçar / a barra. / A tatuagem que o corpo, / depois de violado, / tatua. Violentando (SANTIAGO, 1978, pp. 124-125).

A violência, neste trecho que reivindica bastante claramente os conceitos de texto e de escritura nos moldes da gramatologia derridiana e da teoria do texto barthesiana (ao, por exemplo, colocar no mesmo patamar autor e leitor), é aquela do pastiche, aquela do "escrito sobre um corpo", nos termos de Severo

Sarduy, sacramentando a viagem de *Crescendo durante a guerra numa província ultramarina* pelo imaginário do rádio, do cinema e dos gibis durante a Segunda Guerra Mundial e o imediato pós-guerra.[13] Mas tal violência sugere também outra conexão entre os pastiches profanos de Xavier e o "elogio da profanação" de Agamben, na medida em que, segundo o filósofo, a "aniquilação dos meios puros evidencia-se no dispositivo que, mais que qualquer outro, parece ter realizado o sonho capitalista da produção de um Improfanável. Trata-se da pornografia" (AGAMBEN, 2007, p. 77). Contra a banalização do erotismo, em que as *pornostars* demonstram maior interesse pelo espectador do que pelos seus parceiros ao mirarem diretamente para a câmera, faz uma reivindicação da "Fotografia Erótica antiga", grafada por Agamben com maiúsculas, em remissão ao mesmíssimo universo fartamente explorado pelo "Frankenstein de Curitiba" (como alguém o chamou) – sem falar em outro de seus mestres, o próprio "Vampiro de Curitiba", Dalton Trevisan, cujos livros, se não propõem qualquer tipo de rótulo genérico, apresentam com frequência na capa fotografias eróticas antigas, espécie de marca registrada do escritor.

Utilizando o conceito de "valor de exposição" de Walter Benjamin – "Nada poderia caracterizar melhor a nova condição dos objetos e até mesmo do corpo humano na idade do capitalismo realizado do que esse conceito" –, Agamben conclui o ensaio com um parágrafo em tom de manifesto:

> O Improfanável da pornografia – qualquer improfanável – baseia-se no aprisionamento e na distração de uma intenção

13 Valêncio Xavier afirma, em sua entrevista em *Meu 7º dia* (p. 54), ter prestado homenagem especificamente a este livro em *MCMXLII*, relato híbrido de texto e imagens sobre os navios brasileiros torpedeados em 1942 pela Marinha nazista, publicado na *Gazeta do Povo* em 11/8/1985: "Escrevi *MCMXLII* de inveja de não ter escrito *Crescendo durante a guerra numa província ultramarina*."

> autenticamente profanatória. Por isso é importante toda vez arrancar dos dispositivos - de todo dispositivo - a possibilidade de uso que os mesmos capturaram. A profanação do improfanável é a tarefa política da geração que vem (idem, p. 79).

Digamos que Valêncio Xavier fez a sua parte colocando em xeque e em jogo todo um discurso anestesiante, satisfeito e amedrontado, como o do cristão diante da cruz ou o do turista dentro do museu, mediado por "ene" telas, que se tornou o mundo. Em "O que é um mistério", conferência de 2010, o filósofo italiano retorna ao seu campo de eleição, os escritos eclesiásticos, lembrando que a velha ideia de "mistério" na liturgia cristã está intimamente ligada à ideia de "drama" e, portanto, de "ação", de "jogo".[14] Nos textos híbridos do escritor brasileiro, incluindo a série de "mistérios", a noção de jogo vem a ser a sua principal chave. Mas, no "Elogio da profanação", a noção de *jocus* significa "a porta de uma nova felicidade" (AGAMBEN, op. cit. p. 67), a qual se poderia associar à noção de "porta (entre) aberta", verificável em diferentes escritos de Xavier Niculitcheff, representando um signo central em sua poética, e que também poderia ser expandida, por sua vez, na ideia de "alegria na dor", desdobrada por Silviano Santiago primeiro *Nas malhas da letra* (ensaios, 1988) e depois nas *Histórias mal contadas* (contos, 2005), sempre a partir de Mário de Andrade.[15]

Em *O mez da grippe*, o leitor é levado a associar a estampa de um homem de bigodes finos e curvos, de olhar sério e trajado à maneira europeia, com a imagem daquele que diz "eu" em uma centena de intervenções, em versos e em primeira pessoa, no

14 Cf. Agamben, Giorgio. "O que é um mistério?", na edição de dezembro de 2011 do "panfleto político-cultural". *Sopro* nº 63.

15 Cf. Santiago, Silviano, o ensaio "Poder e alegria. A literatura brasileira pós-64. Reflexões" (*Nas malhas da letra*, especialmente pp. 25-27) e a "carta a Mário de Andrade" intitulada "Conversei ontem à tardinha com o nosso querido Carlos" (*Histórias mal contadas*. pp. 157-170).

decorrer do "livro". É ele que, rodeado por uma nuvem de esqueletos, aparece no rosto do *texto*, levando na lapela o símbolo máximo da profanação segundo Xavier Niculitcheff: a letra M sendo penetrada/profanada por uma cruz. Esta letra M contém, por sua vez, em seu centro o V de Valêncio, ao qual basta – ensina Xavier em outro raconto[16] – acrescentar um risquinho no meio, para obter o desenho da fenda, da gruta, da porta entreaberta (XAVIER, 2001, p. 29). O símbolo do Mal, se poderia dizer, reaparece: tudo passa pela "porta entreaberta" (a começar pelo "mistério" homônimo) quando se trata de Valêncio Xavier, sob o signo desse encontro herético e recorrente entre a cruz e a letra M. "No monte de venus / parca loura penugem / – como pelo de pecego – / margeando os lábios rubros do amor / – fenda / virgem para mim / advinhada por mim", lê-se, exatamente com esta grafia, à página 32 de seu mais celebrado "livro".

Morte, vida, gozo, dor: o M – parece dizer e repetir – tudo contém. Quando o M encimado pela cruz reaparece, à página 56, em *O mez da grippe*, anunciam-se os "obitos de hontem" e ressurge o rosto de bigodes curvos como se fosse o "poeta" a narrar as delícias do sexo com a moribunda: "Ela geme baixinho, não mais de febre / agora de gôzo? / Gózo e no auge do gôzo tento / abraçar todo seu corpo que se / me escapa e tenho nas mãos / como um pássaro peixe" (também com esta grafia). O mesmo símbolo do Mal ressurge em *Meu 7º dia* desde o título, já que a primeira letra da palavra "Meu" vem encimada pela cruz; depois ocupa, sozinho, as páginas 10 e 32 do livro de 1999. Já no livro de 2001, que apela a uma iconografia igualmente mórbida porém mais alegre, mesmo ao abordar o medo e a morte (por exemplo ao expor as cabeças do Museu do Can-

16 Ver *Menino mentido* em *Minha mãe morrendo e o menino mentido* (2001).

gaço na Bahia), a cruz sai de cena para a entrada triunfal de "Minha mãe morrendo e o menino mentido", de "Maria / o nome da minha mãe", das várias Marias, Mariinha, Maria Montez nas páginas subsequentes... e – "foi só por alguns segundos" – da "minha mãe nua / pela porta do banheiro". Aqui retoma e reconfigura os relatos escandalosos de Bataille e o mencionado relato de Elio Vittorini, *Conversa na Sicília*, em que a mãe, ao rever o filho adulto após quinze anos, narra com tranquilidade e minúcia seu caso extramuros com um "viandante". Questão de profanações a partir da memória do "menino mentido", que na São Paulo do tempo da guerra seguia, aos domingos, direto da igreja para o cinema (idem, p. 66).[17] Quanto a sua origem, "é problema ainda não resolvido", conforme o próprio autor nos créditos finais do livro: "Mentido: falso, ilusório, que não deu certo – ovo que gorou", anota, e acrescenta, dedo apontado ao leitor: "Consulte um bom dicionário etimológico" (idem, p. 219).

Finalmente, é muito significativo que Valêncio Xavier retome a figura de Flávio de Carvalho, artista vanguardista contramoderno por excelência, que o impactou a ponto de batizar um de seus principais livros:

> Na Rua Timbiras, na quadra do nosso prédio, quase esquina da Avenida São João, tinha uma livraria. Acho que o nome dela era Cultura. Uma vez expuseram lá os desenhos de Flavio de Carvalho da série "Minha Mãe Morrendo". *Nunca uma coisa me impressionou tanto. Minha mãe morreu naquele ano* (idem., p. 72, grifos do autor).

Também salta aos olhos em *Minha mãe morrendo* o fato de que sempre que aparece uma explicação de cunho cristão,

17 Ver *Menino mentido. Topologia da cidade por ele habitada.*

às quais o narrador apela com método, sucede-a uma blasfêmia sob a forma de um chiste, mas não um chiste qualquer: "ATÉ CUBANOS: Leia ao contrário!" (idem., p. 73).[18] Assim, fica a pergunta...

O que vale um Valêncio?

Não é raro ouvir – como Lima Barreto ou Roberto Arlt um dia ouviram – que Valêncio Xavier "não sabe escrever", que não passa de um pseudo-Dalton Trevisan, que é um mero *bricoleur* que tergiversa em relação à narrativa escrita, surfando a onda oportunista do imaginário audiovisual hegemônico. Não à toa, os velhos concretos é que o receberam com loas semiológicas. Existiria Valêncio Xavier sem o movimento concretista? Eis uma pergunta que os líderes do movimento concreto no Brasil – Haroldo e Augusto de Campos e Décio Pignatari (autor do elogio ao profanador)[19] – seriam bem capazes de formular, com a veemente negativa embutida de antemão. Então seria a obra de Valêncio Xavier um novo modo de poesia verbivocovisual, na tradição da neovanguarda paulistana e do "make it new" de mestre Ezra Pound? Embora não mencione especificamente o concretismo, Flora Süssekind sugere que se trata, sim, de "linguagem poética", através de uma série de livros híbridos em que se mesclam as variedades representadas pelos mais baixos discursos do e sobre o cotidiano e um rigor e um cuidado com a construção de seus *textos*, que o conectam, por meio de constelações memorialístico-visuais, aos poetas, tradutores e ensaístas da poesia concretista brasileira e ao seu chamado

18 À página 129 de *Menino mentido*, transcreve-se um verbete de dicionário com os significados da velha palavra portuguesa "boceta".
19 Por exemplo, em entrevista à *Folha de S. Paulo* de 8/11/1992.

"paideuma", ao seu contracânone, vale dizer, à linhagem da literatura e da poesia "de invenção":

> Reciprocidade crítica entre texto e imagem, entre recortes de fontes diversas, entre o *fait divers*, o aparentemente casual, em torno do qual se constroem essas novelas e uma cuidadosíssima organização gráfica, uma concisão e um cuidado muitas vezes microscópico com o texto, que parecem aproximá-las, crescentemente, da linguagem poética (SÜSSEKIND, Flora. In. XAVIER, op. cit., pp. 6-7).

Há, no entanto, um determinado tom em sua poética e uma determinada insistência no mundo-cão que o levam a apontar, invariavelmente, para o "baixo" antes que para o "alto", incluindo aí a adesão fiel deste paulista de nascimento, descendente de russos, à "província paranaense", à periferia da periferia, ao "falar feio" curitibano, aos infernos e inferninhos da mente e do cotidiano, em uma palavra, à linhagem "potyesca" e "daltoniana".[20]

Valêncio Xavier, como se viu, profanou a morte antes de mais nada e, com isso, pôs em jogo a própria figura do narrador. Foi ele que abordou a questão da morte - e, por consequência, da morte do narrador - de maneira mais visceral e obstinada na literatura brasileira. Nas últimas linhas de "Coisas da noite escura", a última história do último livro publicado em vida, *Rremembranças da menina de rua morta nua e outros livros* (2006, p. 135), o narrador encontra um padre em uma igreja, altas horas da noite. "O padre tinha o rosto cinzento e os olhos vermelhos, as unhas compridas e afinadas na ponta, isso tudo me deixou assustado e resolvi sair: 'Boa-noite senhor padre,

20 Lembre-se aqui da biografia ilustrada do artista plástico paranaense Napoleon Potyguara Lazzarotto, o Poty (1924-1998) - que foi colaborador da revista *Joaquim*, de Dalton Trevisan -, escrita pelo amigo e parceiro constante Valêncio Xavier, *Poty, trilhos, trilhas e traços* (Fundação Cultural de Curitiba, 1994).

vou para o hotel.' 'Não, não vai. Vai ficar aqui', disse ele. E me matou, eu Valêncio! Estou morto."

Morte do narrador, morte recorrente em seus relatos, assim como recorrentes foram alguns modos tortos de definir a si próprio, através do espelho dos outros. Refiro-me não exatamente à ideia de que tudo já está escrito e basta fazer uso do vivido para escrever – ideia compartilhada de vários modos por Valêncio Xavier –, mas sim a algumas formas de se autodefinir, inconscientemente, ao buscar definir os outros. É o caso da maneira como se refere, em artigo jornalístico, ao filme *La jetée*, do cineasta Chris Marker: "Instantâneos que se juntam como um quebra-cabeça, recriando a cada momento o passado, o presente e o futuro – a memória do que virá."[21] Ou – de modo ainda mais significativo ao apontar para uma ausência – quando se refere aos escritores John dos Passos e James Joyce: "Poderíamos dizer que em *U.S.A.* [do norte-americano] *só faltam imagens, integrando-se aos textos*. Mas lembremos que nem a grande revolução literária do nosso século, *Ulisses*, de James Joyce chegou tão longe."[22] Os grifos são meus, e nada mais.

REFERÊNCIAS BIBLIOGRÁFICAS

AGAMBEN, Giorgio. *Profanações*. Trad. Selvino Assmann. São Paulo: Boitempo, 2007.

_____. "O que é um mistério?" Trad. Vinicius Honesko. *Sopro 63*, Florianópolis, dezembro 2011.

ANTELO, Raúl. "Valêncio Xavier e o pensamento do Mal". Simpósio Contatos e Contágios – 30 Anos de *O mez da grippe*, Florianópolis, 12, 13, 14/12/2011.

21 Artigo sobre o filme *La Jetée* (1963), de C. Marker (*Gazeta do Povo*, Caderno G, 2/11/1995).

22 "O americano intranquilo", artigo de Valêncio Xavier sobre John dos Passos (*Gazeta do Povo*, Caderno G, 21/4/1997).

BORBA, Maria Salete. *A poética de Valêncio Xavier:* anacronismo e deslocamento. Florianópolis: UFSC, 2009. Tese de doutorado.

_____. *Para além da escritura:* a montagem em Valêncio Xavier. Florianópolis: UFSC, 2005. Dissertação de mestrado.

DE MAN, Paul. "Autobiography as de-facement". *Modern Language Notes* nº 94, Baltimore, 1979.

RANCIÈRE, Jacques. *A partilha do sensível.* Estética e política. Trad. Monica Costa Netto. São Paulo: EXO Experimental/Editora 34, 2005.

SANTIAGO, Silviano. *Crescendo durante a guerra numa província ultramarina.* Rio de Janeiro: Rocco, 1978.

_____. *Histórias mal contadas.* Rio de Janeiro: Rocco, 2005.

_____. *Nas malhas da letra.* 2ª ed. Rio de Janeiro: Rocco, 2002.

SÜSSEKIND, Flora. "Memento Mori". In: XAVIER, Valêncio. *Meu 7º dia.* São Paulo: Ciência do Acidente, 1999.

VITTORINI, Elio. *Conversa na Sicília.* Trad. Maria Helena Arrigucci e Valêncio Xavier. São Paulo: Companhia das Letras, 2002.

XAVIER, Valêncio. *O mez da grippe e outros livros.* São Paulo: Companhia das Letras, 1998.

_____. *Meu sétimo dia. Uma novela-rébus.* São Paulo: Ciência do Acidente, 1999.

_____. *Minha mãe morrendo e o menino mentido.* São Paulo: Companhia das Letras, 2001.

_____. *Rremembranças da menina de rua morta nua e outros livros.* São Paulo: Companhia das Letras, 2006.

Redefinições do cânone, dobras do nacional

PASSAGEIRO DO FIM DO DIA, DE RUBENS FIGUEIREDO: UM OLHAR SOBRE O NATURALISMO[1]

Paulo Roberto Tonani do Patrocínio

É RECORRENTE O USO DO ANTEPOSITIVO GREGO *neo* para designar revivências de traços da modernidade na contemporaneidade, apontando para um aparente paradoxo que se fixa na interseção entre o novo e o passado. O movimento de acréscimo, que passa a ser perpetrado pela inserção do termo grego, revela que estamos diante de algo que reproduz em diferença uma ação já realizada. Nestes termos, o novo não é explicitamente original, assim como o elemento que fora o objeto do resgate retorna com rasuras. Resulta desta construção um complexo jogo de percepções e interpretações que busca compreender os mecanismos sociais, políticos e culturais que tateiam o presente com os olhos voltados para o passado. Estar diante do novo que se quer antigo e, por outro lado, retornar ao passado para reformulá-lo no presente, esta pode ser a síntese possível para definirmos a aplicação da simples partícula grega *neo*. Se avançarmos em uma varredura pela busca dos usos desse antepositivo, iremos observar que sua aplicação se faz presente em diferentes áreas do saber, reforçando o caráter disjuntivo da temporalidade proposta pela pós-modernidade.

1 Este ensaio é parte do projeto de pesquisa "A representação de territórios marginais na literatura brasileira", desenvolvido com o financiamento da Fundação Carlos Chagas Filho de Amparo à Pesquisa do Estado do Rio de Janeiro – FAPERJ.

Esta não se resume a uma simples oposição à modernidade e, principalmente, não se baseia na perpetuação dos elementos formulados pela época moderna.

É possível enumerar um longo elenco de expressões formadas pelo termo *neo* para explicar os muitos movimentos de resgate de elementos do passado, como neocolonialismo, neoliberalismo, neoluteranismo, entre outros. Listar todos os seus usos e empregos seria um exercício exaustivo e pouco auxiliaria na reflexão aqui encaminhada. Desejo na economia deste ensaio focar apenas um termo/conceito que se faz presente no espaço circunscrito da crítica literária, o neonaturalismo. No entanto, antes de iniciar a discussão acerca deste termo/conceito, se faz necessário discutir a presença do próprio naturalismo em nossa literatura.

De modo preciso podemos afirmar que o naturalismo chega às páginas da literatura brasileira em fins do século XIX, e sua fixação enquanto ideologia estética está explicitamente relacionada às transformações sociais do período, conforme observa Nelson Werneck Sodré, em *O naturalismo no Brasil*:

> A nova escola chegava ao Brasil, assim, numa fase de mudança, quando as velhas estruturas, profundamente ancoradas no passado colonial, sofriam forte abalo, quando a economia do país se modificava, inclusive passando o primado para o centro-sul, quando a sociedade denunciava as alterações pelo avultamento da pequena burguesia e pelo esforço da burguesia pela conquista de um lugar, e os acontecimentos políticos se sucediam acompanhados de fortes campanhas de opinião, e quando os contatos entre as diversas partes do país e deste com o mundo se arruinavam. O naturalismo não ocorre, pois, por simples acidente (SODRÉ, 1965, p. 168).

Na reflexão proposta por Nelson Werneck, o naturalismo surge como ideologia estética que permite a busca de uma resposta aos questionamentos sociais e políticos de fins do século XIX, sendo utilizado como ferramenta possível para a elaboração de uma linguagem literária que atendia aos anseios de uma nova classe social: a pequena burguesia urbana. Nestes termos, conforme o próprio autor sintetiza, a presença do naturalismo "não é um simples acidente" (idem, ibidem). Ou seja, sua entrada em solo nacional obedece à influência de mecanismos sociais e políticos específicos. Por este viés, o olhar do crítico literário não objetiva apenas compreender a presença desta ideologia estética, interessa primeiramente identificar as razões que favoreceram a boa recepção desta escola e, principalmente, sua aclimatação.

A leitura proposta por Nelson Werneck abre um fecundo campo de investigação que será posteriormente trilhado por Flora Süssekind, no livro *Tal Brasil, qual romance?*. Esta investigação tem como premissa lançar um questionamento semelhante ao realizado por Sodré não apenas para identificar as razões da fixação da primeira escola naturalista na literatura brasileira, mas, igualmente, para interrogar quais forças políticas e sociais favoreceram as muitas reedições do naturalismo ao longo do século XX. Resulta deste exercício crítico o estabelecimento de um olhar historiográfico que tem como foco a série literária e, objeto, o naturalismo. Pensar na presença desta ideologia estética é estabelecer um corte historicista que nivela e periodiza nossa literatura, permitindo organizarmos três grandes períodos de predomínio desta estética, conforme examina Flora Süssekind, no estudo já citado:

> Quando se observam as reedições do naturalismo no Brasil, dá para perceber os trajes utilizados por esta ideologia estética, dotada de extraordinário poder de transformação. Ora usa trajes brancos e higiênicos do médico, ora a decadente roupagem do herdeiro patriarcal, ora as vestes "heroicas" e "marginais" do repórter (SÜSSEKIND, 1984, pp. 172-3).

Na avaliação de Süssekind, a permanência do naturalismo enquanto ideologia estética é um processo cíclico que obedece a influxos diversos. Dessa forma, nas palavras da crítica literária, não é possível identificar a presença de um mesmo naturalismo nas páginas de nossa literatura, mas, sim, reedições desta escola. É com base nesta observação que a autora propõe uma análise dos muitos retornos de um mesmo modelo, colocando em relevo seus elementos de distinção. A partir desta percepção, importa não apenas constatar o retorno do naturalismo, mas, principalmente, identificar quais as diferenças que se fazem presentes em cada retorno.

É nesta clave que podemos dizer que as transformações sofridas pelo naturalismo passam a ser determinadas pela influência de outros discursos e saberes, contribuindo para o seu caráter múltiplo. São as mediações que passam a construir um novo modelo de apreciação da realidade social, oferecendo ao naturalismo novas vestes que o tornam ora dotado de um discurso higienista, ora marcado pela decadência do patriarcalismo e, por fim, o levam a usar a roupagem de um combativo jornalista. A metáfora utilizada demarca não somente a presença de um corte temático que pode ser alusivo ao predomínio de um eixo de observação, pois seu caráter prismático resulta da constatação de que o naturalismo passa a ser transformado pela perceptível influência de diferentes discursos pegos de empréstimo. Dessa forma, foi o discurso médico higienista que dotou o naturalismo de vestes brancas na passagem do século XIX para o XX, e na década de 1930 foram as ciências sociais que auxiliaram a abordagem da realidade social brasileira e, por fim, na década de 1970 coube às ciências da comunicação, principalmente ao jornalismo, o papel de mediação para a estruturação de uma linguagem que permitisse a tematização das questões sociais. Por este viés, seguindo os passos de Süssekind, é possível afirmar que, independentemente da perspectiva adotada, os romances naturalistas "cumprem a delicada função de restaurar, por meios terapêuticos, econômicos ou jornalísticos, fraturas e divisões especialmente flagrantes na sociedade brasileira" (idem, ibidem).

Süssekind adota uma perspectiva cíclica para compreender o retorno do discurso naturalista na história da literatura brasileira. É amparada nesta concepção que a autora propõe um olhar crítico frente à série literária brasileira, colocando em destaque os momentos de predomínio de uma ideologia estética naturalista em nossas páginas. No entanto, é possível ampliar este horizonte de observação e alargar a linha temporal proposta pelo estudo da autora e alcançarmos a contemporaneidade para visualizarmos ainda a presença de traços desta ideologia estética em romances publicados a partir da década de 1990.

Dessa forma, é possível dizer que o ciclo novamente se abre e o naturalismo, que antes parecia estar encapsulado na década de 1970, retorna agora com novas vestes e amparado em uma linguagem fria e direta que almeja representar a experiência urbana pelo temário da violência. Presenciamos também a formação de um intrincado jogo que mistura traços de uma verdade documental com elementos próprios da ficção literária. Tal característica pode ser facilmente localizada em romances como *Cidade de Deus* (1997), de Paulo Lins, e *Capão pecado* (2000), de Ferréz, nos quais o texto ficcional ganha contornos de testemunho de uma condição de vida marcada pela vulnerabilidade social. O enlace entre documento e ficção é resultante do lugar ocupado pelo sujeito autoral, que em alguns casos passa a figurar como personagem da própria narrativa. Ao apresentar-se como ex-morador da favela por ele romanceada, Paulo Lins passa a ser "personagem, ator, agente que se situa naquele mesmo espaço físico, arquitetônico e simbólico de exclusão de que fala" (RESENDE, 2002, p. 158), como destacou com grande propriedade Beatriz Resende, em *Apontamentos de crítica cultural*. A mesma análise pode ser facilmente aplicada a Ferréz, autor residente na favela do Capão Redondo, localizada na periferia da Zona Sul de São Paulo, que utiliza sua vivência marginal como matéria literária. A leitura produzida por Karl Erik Schøllhammer nos auxilia a observar estes traços.

> De Rubem Fonseca a Patrícia Melo e Paulo Lins criou-se uma tradição canônica de prosa urbana em que o submundo das grandes cidades, recriado pela apropriação das linguagens da marginalidade, expunha uma realidade brutal e violenta sem dó nem piedade para causar um efeito de espanto e de choque entre os leitores. Continuando as experiências dos anos 1970, persiste hoje, sustentado pela sede de realidade geral, um certo *neonaturalismo*, como no caso do best-seller *Cidade de Deus*, de Paulo Lins, em que personagem, tipo social e circunstância narrativa tendem a se confundir e cujo maior esforço é a recriação dos laços entre esses fatores determinantes e dos elementos significativos do ambiente descrito, tela de fundo intransponível e motivadora da ação narrativa (SCHØLLHAMMER, 2000, p. 223 - grifo meu).

A análise de Schøllhammer é claramente disciplinada pela cautela e pelo pudor. Pois, mesmo identificando em parte da prosa contemporânea sinais de continuidade do modelo narrativo criado por Rubem Fonseca, também é possível demarcar os traços de ruptura que a colocam em diálogo com o naturalismo de autores como João Antônio e José Louzeiro. Nesse limite interpretativo que se impõe, resta apenas nomear o romance de Paulo Lins como um certo neonaturalismo. A sutil nomeação é impulsionada pelo movimento teórico que se fixa na impossibilidade de tomar tal discurso uma clara continuidade do brutalismo fonsequiano e da necessidade de colocar em relevo os elementos documentais resultantes do próprio lugar ocupado por Paulo Lins.

Leitura semelhante é produzida por Ângela Maria Dias, no artigo "Cenas da crueldade: ficção e experiência urbana", ao buscar enumerar as principais características da ficção contemporânea que tem como objeto a representação de elementos da vida urbana a partir do enfoque dos males da desigualdade social. A análise de Ângela Dias também coloca o romance de Paulo Lins como precursor deste modelo narrativo e acrescenta uma série de produtos discursivos que, cada qual a seu modo, investem na abordagem da brutalidade por meio de um discurso seco e direto.

> Essa tendência neodocumental da ficção, com tinturas *tardo-naturalistas*, constitui a referência óbvia à compulsão pelas situações-limites na vida social. Desde o aparecimento de *Cidade de Deus*, de Paulo Lins, sucedido por muitas outras narrativas da marginalidade e da exclusão – como *Estação Carandiru* de Dráuzio Varella, o *Memórias de um sobrevivente* de Luiz Alberto Mendes, ou ainda o *Capão pecado* de Ferréz – que o esforço testemunhal dos narradores, diante da desumana inserção social vivenciada, patenteia-se na linguagem fluida, comunicável, de forte compleição jornalística, na obsessão etnográfica com a contextualização da cena e dos caracteres, bem como na enfática objetivação da violência, em precisos recortes de extremos da torpeza humana (DIAS, 2008, p. 30 – grifo meu).

À lista apresentada por Ângela Dias poderíamos acrescentar o romance-reportagem *Abusado*, de Caco Barcelos, e o romance *Sorria, você está na Rocinha*, de Julio Ludemir, uma vez que a análise produzida pela autora pode ser facilmente aplicada a uma leitura das duas obras citadas. No entanto, interessa-me de forma mais precisa a utilização que a autora faz da expressão "tardo-naturalistas" como forma de categorização destes mecanismos discursivos que almejam produzir um efeito de real por meio de um esforço testemunhal. Ainda que de modo sutil e, principalmente, com uma apreciação pejorativa, temos mais uma vez a observação de que estamos diante de um conjunto de obras que repetem em diferença recursos e métodos de linguagem já utilizados no passado. A ideia de retorno, tal qual utilizada por Flora Süssekind, não se faz presente, é abandonada para o acionamento da noção de permanência – uma quase resistência que se alarga no tempo e torna o mecanismo discursivo tardio. Seja como retorno ou como permanência, não importa, estamos diante de algo que podemos nomear como naturalismo. Ou, para reforçarmos o movimento de ancoragem ao passado e demarcarmos a contemporaneidade destas obras, estamos diante de um conjunto de obras que podem ser nomeadas como *neonaturalistas*.

A classificação de parte da prosa contemporânea como naturalista é resultante do exercício crítico que possibilita a localização de elementos discursivos, seja na esfera literária ou até mesmo na extraliterária, que a ligam a um modelo clássico da modernidade. A presença destes elementos em alguns casos obedece à própria natureza do texto que, com as tintas naturalistas, consegue dar corpo à matéria narrada. O naturalismo, nestes termos, surge como uma espécie de recurso e uma escola à qual não se consegue escapar. As diferenças que as obras literárias contemporâneas inserem no modelo clássico não rasuram a escola estética e ideológica, ao contrário, acabam por oferecer maior vitalidade ao modelo, tornando-a uma espécie de referência obrigatória para a tematização da relação da tríade realidade social, violência e marginalidade.

No entanto, ao pontuar uma série de textos ficcionais que utilizam a estética naturalista como modelo, não podemos incorrer no equívoco de tornar tal eixo de análise uma ferramenta rígida e totalizadora. Não restam dúvidas de que, ao lado das obras literárias que recorrem à ideologia naturalista como recurso estético – e, em alguns casos, até mesmo ético –, figuram textos que rompem com tal paradigma e oferecem um novo tratamento para as questões sociais. O exemplo mais significativo deste empenho em retratar a realidade social fora de um olhar naturalista é o livro *Contos negreiros*, de Marcelino Freire. Por meio de um interessante experimento de linguagem, que mescla oralidade e musicalidade, o autor dá corpo a um conjunto de personagens negros, retratando situações prosaicas sem recorrer às tintas de um colorido naturalista. É igualmente interessante notar que de forma quase predominante os contos são estruturados em primeira pessoa, formando uma espécie de mosaico de depoimentos dos personagens. Mesmo com esta estrutura, não presenciamos a formação de um discurso pedagógico ou demagógico, não há a denúncia de uma verdade quase oculta, mas, sim, a existência de falas de personagens que vivenciam situações de vulnerabilidade sem o acionamento de um teor testemunhal.

Entre o retorno/permanência do modelo e sua recusa, situa-se o romance de Rubens Figueiredo, *Passageiro do fim do dia* (2010). É neste espaço intersticial, no limite entre o uso da tradição naturalista e a inserção de um novo referente, que o autor narra o trajeto do personagem Pedro dentro de um ônibus que liga o Centro de uma grande cidade à periferia. O romance pode ser igualmente lido como um diálogo com o naturalismo cientificista do século XIX ao colocar em destaque conceitos próprios da primeira escola naturalista e, sobretudo, ao acionar Charles Darwin como uma espécie de interlocutor de Pedro.

Para tornar mais claro o funcionamento do diálogo construído por Rubens Figueiredo, torna-se necessário apresentar minimamente o enredo do romance. Conforme exposto acima, o plano narrativo tem como foco o percurso de ônibus que Pedro faz entre o Centro e a periferia, fazendo o deslocamento entre seu trabalho e a casa da namorada, Rosane, que reside no Tirol, uma comunidade localizada no extremo oeste da cidade. O trajeto é longo, e o personagem utiliza como refúgio para apaziguar a demora da viagem a audição de um rádio de pilhas e a leitura de um livro que relata a vida e as ideias de Darwin. Não por coincidência, o mesmo livro apresenta a visita que o cientista inglês fizera ao Brasil para coletar insetos e outros animais, percorrendo, inclusive, a mesma região que o personagem agora corta dentro do ônibus. Será a partir da leitura de trechos do livro que o personagem aciona as ideias de Darwin como uma possível mediação para a obtenção de respostas para os questionamentos que surgem durante a viagem. É neste contexto que o conceito clássico de adaptação surge como uma ferramenta possível para a compreensão da realidade que cerca Pedro:

> A demora do ônibus, o bafo de urina e de lixo, a calçada feita de buracos e poças, o asfalto ardente com borrões azuis de óleo, quase a ponto de fumegar – Pedro já estava habituado. Não são os mimados, mas sim os adaptados que vão sobreviver.
>
> Pensando bem, não era uma questão de hábito nem de mimos. Acontece que toda hora é hora de avançar na escala evolutiva, subir mais um degrau. É mesmo impossível ficar parado e, qualquer que seja a direção em que as pessoas começam a andar, o chão logo toma a forma de uma escada. Além do mais, é preciso reconhecer: sem mal-estar, sem ad-

versidade, sem um castigo sequer, como se pode esperar que haja alguma adaptação? (FIGUEIREDO, 2010, p. 8).

A passagem citada relata o momento de embarque do personagem e o contato com toda a sorte de obstáculos que tornam a simples espera do ônibus em uma batalha cotidiana. O uso do termo adaptação e da expressão escala evolutiva, que são evocados por um narrador em terceira pessoa que busca exprimir os sentimentos e pensamentos de Pedro, não é pacífico. Ao serem inseridas no tecido narrativo, as duas expressões desestabilizam a compreensão da cena e lançam uma nova compreensão para o narrado. Cria-se, neste sentido, um olhar de distanciamento que transforma o personagem em um quase estrangeiro que a tudo examina e busca compreender. Impulsiona esse movimento de observação o uso constante de verbos que apontam para o ato de olhar. Em diferentes passagens, Rubens Figueiredo filtra a descrição do narrado pelos olhos do próprio personagem, indicando que o descrito é construído pela perspectiva de Pedro. Ver, olhar, observar são os únicos atos realizados por um sujeito que, não ao acaso, busca o assento mais alto do ônibus, localizado acima das rodas traseiras, para acompanhar a viagem. O realismo descritivo passa a ser apaziguado pelos traços de subjetividade do olhar do personagem. O olhar surge como metáfora do limite da compreensão sobre o outro. É o personagem Pedro, descrito como distraído, que seleciona e organiza os eventos e recolhe as histórias dos personagens que circundam sua trajetória. Tal operação impede que as descrições sejam pautadas pela objetividade naturalista, rompe-se com o modelo clássico para a inserção de movimentos especulativos que tangenciam os eventos a partir do uso de metáforas, tornando o texto mais poético e livre da densidade naturalista.

No entanto, o diálogo que Rubens Figueiredo propõe com o naturalismo clássico não se baseia no uso da estética naturalista. O diálogo que se cria, semelhante a um jogo de aproximação e afastamento, é mais amplo e tem como foco o próprio questionamento acerca do uso do naturalismo como ideologia para a tematização da realidade social brasileira. Na leitura do texto, soa claro que o autor não abarca o cientificismo da escola naturalista, ao contrário, coloca em tensão o lugar deste discurso e, principalmente, a vitalidade deste modelo de compreensão da sociedade. Ao propor o diálogo com as teorias evolucionistas de Darwin, Rubens Figueiredo provoca uma leitura da sociedade que tem como base a própria interrogação do lugar dos sujeitos dentro da estrutura social. O jogo que passa a ser estabelecido é complexo e dotado de muitas nuanças. São os personagens que, assombrados diante da própria interrogação, questionam os mecanismos sociais que permitem a sua acomodação dentro da hierarquia social. São as conversas com Rosane, rememoradas por Pedro durante a viagem de ônibus, que apresentam o olhar crítico sobre a dinâmica social. A própria formação do casal insere um interessante aspecto à narrativa: Pedro assume uma perspectiva distanciada diante dos fatos, enquanto Rosane surge como uma relatora das situações prosaicas. O relato de Rosane sobre a experiência de uma amiga de infância em seu local de trabalho revela este aspecto.

> Aconteceu que ali no escritório, entre as paredes limpas e pintadas em tom pastel, com reproduções de pinturas abstratas penduradas – no meio dos aparelhos eletrônicos novos que zumbiam e piscavam discretos em cima das mesas – sobre o piso de granito reluzente – debaixo das luzes distribuídas de forma calculada por um arquiteto – ali, onde todos sabiam que causas jurídicas complicadas, misteriosas,

> caras, recebiam os cuidados e as atenções mais especializadas e onde fortunas trocavam de mão por força de simples assinaturas num documento – ali, sua vizinha e amiga de infância tomou, na mesma hora, um aspecto incômodo, impertinente e quase aberrante aos olhos de Rosane, como aos olhos dos outros (idem, p. 61).

A postura da amiga de infância destoa no ambiente, ganha um aspecto incômodo e estranho. Uma figura que se destacava por sua não adaptação ao espaço. A detalhada descrição do espaço coloca em destaque os elementos decorativos típicos de um ambiente sofisticado e favorece de forma clara a compreensão de que a presença da jovem – por sua conduta, por seus modos – era destoante. Pois, como a própria Rosane descreve,

> Quinze minutos depois de começar a trabalhar, já se irritou com alguém que reclamou da sua voz alta. Em meia hora criou um problema sério por se recusar a fazer de novo uma faxina num pequeno banheiro. Depois brigou com uma colega que reclamou porque ela pegou um pouco da sua comida na geladeira, só para provar. Pegou um telefone celular que estava em cima de uma mesa para fazer uma ligação e, três horas depois de chegar, saiu pela porta de vidro aos gritos, abanando os braços, atirou-se direto pela escada, não quis nem esperar o elevador – com raiva também do elevador, que não vinha buscá-la depressa. E não voltou mais (idem, p. 62).

A partir da avaliação do comportamento da amiga, Rosane chega a uma conclusão no mínimo estarrecedora: "Uma doida, um bicho, disse Rosane para Pedro em voz baixa – com vergonha, com susto de estar dizendo aquilo: um bicho" (idem, ibidem). A constatação de que sua amiga de infância – com quem brincava depois da escola, com quem cresceu ao mesmo tempo e nas mesmas ruas de seu bairro, com quem meteu os pés nas mesmas poças de lama – é, segundo suas próprias palavras, um bicho, assombra Rosane. O assombro e a vergonha de Rosane surgem em decorrência do ato de assim nomear uma pessoa que vivenciou todas as situações de vulnerabilidade social que ela própria sofreu durante a infância, mas que, infelizmente, não conseguiu se adaptar. Ou, em outra perspectiva, não seria a própria postura de Rosane uma forma de não adaptação? É o que se percebe no seguinte trecho: "Mas na certa o que mais incomodava no fundo daquele tumulto e daquela raiva, capazes de causar uma preocupação tão funda que dava até um pouquinho de náusea em Rosane, era saber que ela mesma poderia muito bem ser aquela moça – igualzinha, em cada gesto" (idem, ibidem).

O tópico da adaptação surge de forma suavizada ao ser filtrado pela percepção da personagem. Não é um princípio cientificista que orienta o questionamento produzido por Rosane. Não há um tom assertivo que regula e determina o estabelecimento do olhar crítico frente à situação narrada. Ao ser apresentado pela perspectiva da personagem, o questionamento acerca da não acomodação da personagem ao ambiente sofisticado do escritório recebe traços de subjetividade que apaziguam o referencial naturalista e o transformam em uma possibilidade especulativa para a compreensão da dinâmica social.

Rubens Figueiredo apresenta um mundo de opostos marcado pelo conflito. Não apenas o relato produzido por Rosane sobre a amiga de infância indica esta percepção e este modo de leitura da sociedade. É possível afirmar que todos os personagens e as histórias são pontuados por este movimento de colisão de sujeitos. É novamente pela interlocução com Darwin, moldada pela leitura que Pedro faz do livro, que temos a estruturação do olhar que aponta para o cientificismo como modelo de compreensão da sociedade. A descrição que Darwin faz de um combate entre uma vespa e uma aranha, combate este que foi observado na mesma região que o personagem corta dentro do ônibus, surge como uma espécie de metáfora da sociedade, uma possibilidade de leitura dos próprios conflitos que são vivenciados cotidianamente. Contudo, o acionamento desta imagem não é um ato simples e apresenta também uma dose de ironia. Como o próprio personagem especula ao fim da leitura, o único ensinamento que o episódio pode apresentar não está relacionado à ação da aranha ou da vespa, mas ao próprio Darwin: "Tudo o que soube, ao fim da história, é que Darwin capturou 'o tirano e a vítima' e os levou embora, para si, para seu país. Cento e setenta anos depois, lida num ônibus, parecia que era essa toda a moral da fábula" (idem, p. 24). Soa clara a ironia da cena descrita, não resta uma escapatória, o tirano - encarnado na figura da vespa que vence a disputa mortal - e a vítima - representada pela aranha - foram capturados e, por que não, derrotados. Vale destacar que uma mesma disputa entre uma vespa e uma aranha é relatada por Darwin e lida por Pedro em momento posterior da narrativa. A dose irônica é novamente empregada, no entanto o desfecho é distinto. Neste novo embate, é a aranha que figura como tirana: "Mas agora a vespa é que era a presa: capturada na cola dos fios da teia" (idem, p. 162). Ou seja, não há uma ordem rígida que determine as resoluções dos conflitos e muito menos aponte para um vencedor único.

A percepção de uma sociedade em conflito é apresentada pelo olhar de Pedro e a partir dos relatos de Rosane. São estes dois personagens que possibilitam a emergência de episódios e histórias que, semelhantemente à imagem da disputa entre a aranha e a vespa, exibem o embate entre tiranos e vítimas. Um exemplo deste aspecto é a narração que Rosane faz do processo de ocupação de seu bairro, indicando que a presença dos novos residentes influenciou a formação de uma rivalidade com os moradores de um bairro vizinho:

> A imagem daquela gente que de uma hora para outra começou a percorrer as ruas com suas mobílias e seus pertences – gente que parecia vir às pressas e em fuga, e todos ao mesmo tempo –, a presença à força de pessoas que eles não chamaram, não conheciam, não queriam ali – acabou formando nos moradores da Várzea a ideia de que aquela gente vinha para prejudicar, vinha para desvalorizar a vizinhança de algum jeito, para degradar o bairro todo. Ou, quem sabe, até coisa pior (idem, p. 38).

A rivalidade ganha ares de disputa, e os bairros são transformados em territórios inimigos separados unicamente por uma fronteira imaginária. Impulsionada pela presença de homens armados, cria-se uma cultura da violência que contamina ambos os espaços. Assim, conforme relata a própria personagem,

> Os nomes Tirol e Várzea começaram a aparecer nos jornais, na televisão, nos noticiários de crime. Os grupos armados nos dois bairros pareceram crescer e se hostilizavam. Juravam vinganças seguidas. Sem notar, as crianças começaram a aprender aquela raiva desde pequenas. Educavam-se com ela, tomavam gosto e se alimentavam daquela rivalidade. Cresciam para a raiva: aquilo lhes dava um peso, enchia seu horizonte quase vazio – nada senão aquilo fazia delas alguém mais presente (idem, p. 54).

Um confronto entre pares, entre iguais. Não são os diferentes que duelam em um mesmo território, tal qual ocorrera no relato de Darwin sobre a batalha entre a vespa e a aranha, são sujeitos pertencentes a uma mesma classe que utilizam a violência como mecanismo de construção identitária, negando o outro para afirmar a si próprio. A rivalidade entre os dois bairros de periferia, um fenômeno rotineiro no cenário urbano, é o motor quc impulsiona a narrativa e transforma a viagem de ônibus do personagem em um acontecimento ímpar. Ao serem informados sobre um confronto entre grupos armados das duas localidades, os passageiros do ônibus passam a especular sobre a própria segurança, tornando tenso um deslocamento rotineiro. A inserção do tema da violência urbana na estrutura da narrativa produz um diálogo com parte significativa da literatura contemporânea que utiliza a margem como cenário e a violência urbana como eixo temático. O movimento proposto é pendular, alcança a longa tradição naturalista para colocar em questão a vitalidade desta ideologia estética no presente.

No interstício entre passado e presente, resta apenas reproduzir a pergunta que Pedro faz ao resgatar trechos de parágrafos do relato de Darwin: "Se uns sobreviviam e outros não, era porque alguns eram superiores?" (idem, p. 195). É uma aporia. Não se trata de responder-lhe ou não. É necessário questionar. Interrogar, principalmente, se as teses do naturalismo literário ainda ocupam um lugar em nossas páginas e em que medida é possível abordar a tríade realidade social, violência e marginalidade, sem utilizarmos as cores do naturalismo.

REFERÊNCIAS BIBLIOGRÁFICAS

BARCELLOS, Caco. *Abusado: o dono do morro Dona Marta*. Rio de Janeiro: Record, 2003.

DIAS, Ângela Maria. "Cenas da crueldade: ficção e experiência urbana". In: *Ver e imaginar o outro. Alteridade, desigualdade, violência na literatura brasileira contemporânea*. Dalcastagné, Regina (org.). São Paulo: Editora Horizonte, 2008.

FERRÉZ. *Capão pecado*. São Paulo: Labortexto Editorial, 2000.

FIGUEIREDO, Rubens. *Passageiro do fim do dia*. São Paulo: Companhia das Letras, 2010.

LINS, Paulo. *Cidade de Deus*. São Paulo: Companhia das Letras, 1997.

LUDEMIR, Julio. *Sorria, você está na Rocinha*. Rio de Janeiro: Record, 2004.

LUKÁCS, Georg. *Ensaios sobre literatura*. Rio de Janeiro: Civilização Brasileira, 1964.

RESENDE, Beatriz. *Apontamentos de crítica cultural*. Rio de Janeiro: Aeroplano, 2002.

SCHØLLHAMMER, Karl Erik. "Os cenários urbanos da violência na literatura brasileira". In: *Linguagens da violência*. PEREIRA, Carlos Alberto Messeder *et alli*. (orgs). Rio de Janeiro: Rocco, 2000.

SÜSSEKIND, Flora. *Tal Brasil, qual romance?* Uma ideologia estética e sua história: o naturalismo. Rio de Janeiro: Achiamé, 1984.

SODRÉ, Nelson Werneck. *O Naturalismo no Brasil*. Rio de Janeiro: Civilização Brasileira, 1965.

A CIDADE ILHADA – NARRATIVA E SOCIEDADE LATINO-AMERICANAS EM RUÍNAS

Susana Scramim

História e ficção. Entrelaços

A escrita da memória ganhou força e forma bem definidas na modernidade em função da assunção da categoria do sujeito autônomo que escreve para tentar compreender sua própria vida ou a vida de seu tempo e lugar. Esse tentar compreender é quase sempre uma empresa destinada ao fracasso porque a narrativa moderna é o resultado de um sujeito ilhado frente ao mundo tornado infinito pela linguagem e multifacetado pelo processo de crescimento e industrialização da sociedade. Tal fracasso é reconhecido no enfrentamento com o incomensurável; contudo, ele leva a narrativa a uma ultrapassagem de seus próprios limites. Por isso, Walter Benjamin, ao analisar a passagem da narrativa clássica para a narrativa moderna, fala de uma "riqueza dessa vida" e da "descrição dessa riqueza" que confrontadas com o isolamento e o sentimento de falência nada mais fazem do que impor à narrativa moderna o "anunciar a profunda perplexidade" de quem vivencia esta experiência (BENJAMIN, 1994, p. 201). Nessa escrita convergem, portanto, igualmente as categorias de tempo e lugar, história e política, com as quais esse sujeito deverá lidar ao empreender sua tarefa de tentar criar algum tipo de relação com essa vida que se apresenta como uma voz singular ao mesmo tempo que pertence, igualmente, a uma comunidade. Pretende-se, assim, elaborar uma relação de sentido para a sua formação histórico-geográfica, portanto, política, e é daí que deriva a sensação de perplexidade. A narrativa moderna gira ao redor desse eixo para tentar encontrar um fio condutor, explicador e indicador de origens. Pensar originariamente é não cristalizar posição alguma, é deixar o pensamento e a escrita atravessarem-se pelos conflitos, pelas perdas, pelos desamores, pelos desencontros, produzindo um texto fruto de passagens que tem a morte como figura ausente em todas as suas tentativas de remontagem.

Em *A educação sentimental*, de Flaubert, a morte propriamente não ganha espaço na cena montada pelo texto; porém, o que deixa de estar presente mais do que a morte é a tentativa de dar uma resposta ao sem sentido da vida que passou. Desse modo, a negativa atitude de Frederico ao se esquivar da promessa de gozo dos prazeres que o prostíbulo ofereceria e abandonar esse espaço da promessa faz com que ele e seu amigo Deslauriers concluam que aquela era a relação com a vida, ou seja, uma esquiva, uma negatividade, ou talvez um "I would prefer not to", fazendo aqui referência a um outro narrador moderno, também obcecado pela relação entre sujeito, memória e escrita, Herman Mellvile .

No ensaio sobre o narrador, Walter Benjamin observa essa singularidade do narrador moderno, sua obsessão pelo memorialismo e não pela rememoração, que depende de uma ninfa que é o espírito inspirador da épica, portanto, de uma narrativa de pendão para a coletividade. A esse respeito, diz Benjamin:

> Com efeito, "sentido da vida" é o centro em torno do qual se movimentou o romance, mas essa questão não é outra coisa

> que a expressão da perplexidade do leitor quando mergulha na descrição dessa vida. Num caso, "sentido da vida", e no outro, "moral da história" – essas duas palavras de ordem distinguem entre si o romance e a narrativa, permitindo-nos compreender o estatuto histórico completamente diferente de uma e outra forma. Se o modelo mais antigo do romance é *Dom Quixote*, o mais recente talvez seja *A educação sentimental*. As últimas palavras deste romance mostram como o sentido do período burguês no início do seu declínio se depositou como um sedimento no copo da vida. Frédéric e Deslauriers, amigos de juventude, recordam-se de sua mocidade e lembram um pequeno episódio: uma vez, entraram no bordel de sua cidade natal, furtiva e timidamente, e limitaram-se a oferecer à dona da casa um ramo de flores, que tinham colhido no jardim. "Falava-se ainda dessa história três anos depois. Eles a contaram prolixamente, um completando as lembranças do outro, e quando terminaram Frédéric exclamou: – Foi o que de melhor nos aconteceu? – Sim, talvez. Foi o que nos aconteceu de melhor! Disse Deslauriers." Com essa descoberta, o romance chega ao seu fim, e este é mais rigoroso que em qualquer narrativa. Com efeito, numa narrativa a pergunta – e o que aconteceu depois? – é plenamente justificada. O romance, ao contrário, não pode dar um único passo além daquele limite em que, escrevendo na parte inferior da página a palavra fim, convida o leitor a refletir sobre o sentido de uma vida (idem, p. 213).

Nessa perplexa relação entre o isolamento e o desejo de poder comunicar o transbordamento de limites dados inclusive pela limitação ao gesto daquela operação de escrita, seria plausível pensar a narrativa moderna como uma negativa ao encontro do sentido. Dessa forma, a narrativa deixa de cultivar algumas pretensões para contentar-se com os limites do relato. Se a narrativa moderna se caracterizou por estabelecer-se nos limites da narração do gênero romanesco, houve um momento dentro dessas mesmas fronteiras em que ela, a narrativa, abriu mão das configurações espaço, tempo e sua relação de homologia com a sociedade, para tentar ultrapassar essas mesmas modulações. De uma escrita da rememoração passa-se a um relato de vidas, há uma passagem à memória, há um movimento de um coletivo para um sujeito ilhado, porém ainda se trata de uma passagem, e o tênue limiar dessa passagem é o inconsciente do indivíduo que será simultaneamente coletivo e singular, história e ficção.

Romance e fracasso. Narrativa e relato. A América Latina e suas cidades

A cidade ilhada é o título de uma reunião de contos escritos entre os anos de 1992 a 2008 e publicados esparsamente por Milton Hatoum. Os contos são relatos, são o espaço intervalar entre o isolamento do sujeito e a sua tentativa de poder comunicar esta experiência, calcada em silêncios e em não linguagem, dentro dos próprios limites do relato. Esses textos são atravessados por duas figuras em comum: os despojos da cidade e a imagem do rio pujante, aproximando-os de nós, da comunidade para a qual é endereçado o relato. Entretanto, essas figuras não encontram seus referentes imediatos na realidade ou porque foram destruídos pela violência do tempo ou porque nunca existiram propriamente nessa forma apresentada. Os rios e as cidades estão apresentados em seus despojos, resultado de algo que foi violentamente destruído. A escrita que se constrói a partir dessas figuras é, portanto, uma tentativa de lidar com a destruição de sua própria forma – a narrativa – da qual, sabemos, a musa épica é a memória.

A narrativa brasileira, como toda a narrativa moderna, teve de enfrentar o problema da destruição dos limites anteriores do gênero, os quais lhe propiciavam poder dizer individualmente o que se validaria para uma comunidade, e que, desse modo, validavam a escrita do isolamento. Entre a narrativa em que se constitui o livro *Memórias de um sargento de milícias* e o relato que se apresenta em *Memórias sentimentais de João Miramar*, ou entre *Dom Casmurro* e *Memórias do cárcere*, ou mesmo na poesia entre *Pauliceia desvairada*, de Mário de Andrade, o livro de poemas *Boitempo*, de Carlos Drummond de Andrade, e a *História do Brasil*, de Murilo Mendes, entre todos eles, o que se processa no atravessamento entre todas essas escritas é o esfacelamento de um modo de perceber um mundo.

No conto "Encontros na península", que faz parte da coletânea *A cidade ilhada*, o isolamento se direciona para a Península Ibérica. A série composta entre as idiossincrasias estanques em si mesmas vai marcando lentamente uma arqueologia do declínio: Espanha e Portugal em seu processo de distanciamento por decadência da civilização europeia; Brasil e América Latina em sua degeneração do processo de colonização que os impérios ibéricos sonharam ordenar no Novo Mundo. O que se destaca nesse relato é o processo de decadência dessas culturas em seus modos de ser. A relação de não comunicação entre os amantes, entre uma catalã, e um português, é apresentada como um sintoma da ruína de uma relação entre essas duas culturas promotoras de processos de identificação por dessemelhança.

A outra série que se constrói dentro do conto se estabelece na incompreensão – novamente o problema da comunicação – do sentido da narrativa de Machado de Assis, um brasileiro, diante do processo de autoafirmação por dessemelhança por parte do português em sua insistência em afirmar a superioridade de Eça de Queirós perante o brasileiro.

Machado de Assis é retomado como figura que se descola, esse movimento se realiza no mesmo processo, ou seja, o livro

Memórias póstumas de Brás Cubas é reivindicado no conto de Hatoum como livro de memórias, é disso que se trata, tanto em Machado como em Hatoum. Urge escrever a memória na circunstância de um mundo que se deteriora e corre o risco de findar. Por que escrever a memória senão para promover um lugar de abertura no qual se possa situar um outro mundo? Eça de Queirós aparece no texto como sendo mais talentoso que Machado de Assis. O interessante é o cruzamento da série que o relato constrói, pois é a mulher catalã, tradicionalmente pertencente a uma cultura moderna – republicana – e democrática, que irá tentar encontrar algum sentido para a obra de Machado de Assis diante da taxativa rejeição de seu amante português, tradicionalmente, pertencente a uma cultura arcaica – imperial – e não democrática, a sequer cogitar para a escrita do brasileiro Machado a possibilidade do desejo por esse mesmo sentido.

> Antes da sobremesa, Soares me disse que Machado só escrevia sobre adúlteros e loucos, era um imitador vulgar de Laurence Sterne, Shakespeare, Almeida Garrett e alguns franceses. Faltava-lhe a visão crítica da sociedade, do país, uma visão que Eça esbanjava. Além disso, o tom filosofante, voltairiano, dava a Machado um ar pretensioso, puro complexo de colonizado. Teve a pretensão de ser um iluminista nos trópicos. Pretensão fracassada, claro. E ainda inventou narradores que parecem rir de tudo: do leitor, de si próprios, de Deus e até do diabo. Um brasileiro pedante, um cultor de galhofas, disse Soares a Victoria (HATOUM, 2009, pp. 107-108).

À escrita de Machado de Assis faltava alguma coisa de civilizado, algo de visão crítica da sociedade, do país. E foi isso o que lhe permitiu escrever e produzir sua subjetividade num mundo isolado e, portanto, perdido; e por isso, não se trata mais de uma escrita de um herói ou indivíduo isolado e sim de uma subjetividade que, por deixar-se atravessar por outras, dos loucos e adúlteros, e ainda por ser um mimetizador de outras subjetividades, alcança uma coletividade.

Entre os anos de 1953 e 1955, Antonio Candido escreve o ensaio "Literatura e Cultura de 1900 a 1945" no qual já indicava a relação entre o romance produzido no Brasil e a sociologia, ou seja, a vontade de narrar o país para explicá-lo, compensando, dessa maneira, o nosso escasso desenvolvimento das ciências. Com isso, a relação entre romance e sentido da vida e do país estaria marcada por um tipo de "menoridade" diante do desenvolvimento do gênero na literatura mais "desenvolvida" nas sociedades europeias. No entanto, quando houve as condições para o desenvolvimento dessas mesmas ciências sociais e naturais que se tornaram aptas a explicar o país, tal ocorrência não ofereceu ao gênero romance, segundo o crítico, as condições de se desenvolver na autêntica formulação da tradição da narrativa.

> Até 1945, mais ou menos, vemos uma produção intensa, favorecida por grande surto editorial, em que brilham veteranos e novos, estes com tendência crescente para repudiar a literatura social e ideológica, o que veio finalmente a predominar sob a forma de uma queda da qualidade média do romance e uma grande voga de pesquisas formais e psicológicas na poesia. [...]
>
> Em poesia, as melhores vozes ainda nos vêm de antes, com a de Henriqueta Lisboa (*Flor da morte*, 1949) ou Vinícius de Moraes (*Poemas, sonetos e baladas*, 1946), para não citar Murilo Mendes e Carlos Drummond de Andrade, cujos primeiros livros são de 1930, ou Manuel Bandeira, pré-modernista e modernista da primeira hora. No romance, é significativo o êxito de um veterano, José Geraldo Vieira, cuja obra é revalorizada depois da publicação, em 1943, de *A quadragésima porta*. Obra de cunho cosmopolita, às voltas

> com problemas intemporais do destino humano, não raro tendo a Europa por cenário, carregada de intenções simbólicas, de vistosa erudição e complicados arrojos vocabulares. Não menos significativo, o de Clarice Lispector (*Perto do coração selvagem*, 1944; *O lustre*, 1946), que situa os seus romances fora do espaço, em curiosas encruzilhadas do tempo psicológico (CANDIDO, 2006, p. 133).

O que está sugerido nessa análise é a constatação de que o romance nunca conseguiu se realizar na sua formulação plena na literatura brasileira devido à aproximação da narrativa romanesca das ciências sociais e naturais e, posteriormente, pela avidez com que a pesquisa formal e psicológica foi assumida pelos escritores, segundo Candido, distanciando o romance de sua autêntica formulação, ou seja, afastando-o da relação de homologia entre narrativa e sociedade. Ainda quando Candido valoriza as iniciativas de alguns novos, estes novos não são tão novos assim, pois muitos teriam vindo de antes da tradição do modernismo que exercitava justamente a explicação da sociedade, e não eram perfeitos. Aqueles novos que não se dedicaram a desenvolver essa formulação modernista e ainda assim obtiveram êxito editorial como, por exemplo, Clarice Lispector, com *Perto do coração selvagem* e *O lustre*, que se dedica a elaborar uma ambiência psicológica para os seus romances, situando o romanesco "fora do espaço, em curiosas encruzilhadas do tempo psicológico" (idem, ibidem), teriam se distanciado, desse modo, do curso do desenvolvimento da autêntica formulação estética do romance.

O que nos poderia ter desviado tanto assim dos caminhos da narrativa romanesca? Talvez por estarmos tão longe das ciências sociais e naturais tenhamos nos forçado a uma aproximação delas e com isso redescoberto o sentido da arte em suas formas coletivas e primitivas, portanto, malfeitas sob um ponto de vista estético estrito, ou talvez também tivéssemos produzido uma ciência malfeita, se pensarmos no sentido epistemológico da produção científica. Quando o romance brasileiro propôs-se a desenvolver uma qualidade estética mais elevada, talvez já se estivesse pensando no estético também sob outro ponto de vista no qual quiçá a relação individual-coletivo, relato-sociedade, ciência-literatura, tenha sido pensada de outra maneira e, por isso, tenha estado presente nessa nova pauta de desenvolvimento da pesquisa estética sob novos enfoques.

Os contos e romances de Milton Hatoum, além de retomarem essa prática de aproximação do romance ao ensaio social, investem na relação individual-coletivo e tentam daí tirar sua força. Contudo, a partir disso, seria possível detectar uma série de problemas que estariam na ordem do malfeito ou mal resolvido, especialmente, em se tratando de uma escrita que vem a público na segunda metade do século XX, ou seja, após o momento de especialização estética e de uma hipotética dissolução dessa relação entre romance-ensaio social. Interessante perceber com a análise da obra de Milton Hatoum o quanto nela os dois diagnósticos se cumprem, vale dizer, existe a relação de proximidade entre romance-ensaio social e, no seu momento de realização estética, a máquina do gênero romance falha.

A sensação de isolamento que o indivíduo, herói da narrativa romanesca, experimenta está apresentada como estruturante do gênero. No entanto, como exemplo do isolamento que se estende a uma experiência com um coletivo, no relato de Hatoum intitulado "A natureza ri da cultura", ou, como foi publicado em 1992, na *Revista da USP*, "Reflexões sobre uma viagem sem fim", observa-se que a infância do indivíduo isolado é tomada como lugar de passagem e de proximidade com a morte. No que diz respeito a isso, lembre-se de quando Giorgio Agamben, em seu livro *Infância e história*, toma a experiência "in-fans", situada no polo oposto ao da experiência com a morte, mantendo, porém, com ela uma relação de proximidade, como um momento de ameaça à oposição entre os significantes da diacronia e os da sincronia, momento de ameaça a nossa concepção de tempo como oposição entre tempo histórico, teleológico, e o tempo utópico imprecisamente infinito da sincronia. A ideia da infância produz na reflexão de Agamben significantes não estáveis, e assim o diz na versão para o castelhano de seu livro:

> [...] assim como a morte não produz diretamente antepassados, mas larvas, do mesmo modo o nascimento não produz diretamente homens, mas crianças, que em todas as sociedades têm um particular estatuto diferencial. Se a larva é morto-vivo ou um meio-morto, a criança é um vivo-morto ou um meio-vivo (AGAMBEN, 2005, p. 102 - tradução livre).

Nesse sentido, o morto e a criança devem ser entendidos como fantasmas, como intermédios, como instantes nos quais a linguagem alcançaria sua possibilidade máxima. Um signo larva pode criar instabilidade até o ponto de estabelecer simultaneidade, isto é, coexistência de extremos e, dessa forma, suspender o tempo evolutivo. Diz ainda Agamben:

> as crianças e as larvas - como significantes instáveis - representam, ao contrário, a descontinuidade e a diferença entre os dois mundos. O morto não é o antepassado: este é o significado da larva. O antepassado não é o homem vivo: este é o significado da criança" (idem, p. 123).

Da mesma maneira, a infância pode ser tomada como potência de falar,[1] uma vez que é a conjunção momentânea en-

1 Pode-se desenhar uma órbita para *paradiso*, esse significante poderoso, *potens*, o que tem virtude e eficácia, que inclua aquela faculdade a que se refere Giorgio Agamben como "*potenza de parlare*", a que é capaz de articular a gramática do verbo poder. Sendo assim, acontece uma articulação de sentidos para esse significante, articular uma língua

tre passado e presente. A infância, quando não compreendida como experiência circunstancial, está, portanto, mais apta a se deslocar para a temporalidade anacrônica da arte e, desse modo, a vivência do indivíduo isolado transforma-se em experiência subjetiva, porque se deixa atravessar por outras temporalidades, outras experiências. A infância do personagem Delatour, professor de francês do narrador "A natureza ri da cultura", foi vivida em Finistère.

> Na voz de Delatour, um forte sotaque reiterava sua afirmação. Venci a timidez e fiz outras perguntas: por que tinha vindo para o Amazonas? Por que morar em Manaus, esta cidade ilhada, talvez perdida?
>
> Ele olhou o mapa-múndi, apontou uma região da França:
>
> Ali passei minha infância.
>
> Onde?
>
> No Finistère, num vilarejo ilhado e talvez perdido (HATOUM, op. cit., pp. 97-98).

No entanto, infância e morte estão em relação uma com a outra. E agora, no conto de Hatoum, a infância é transportada para outro isolamento, historicamente marcado pela morte; essa mesma infância, essa passagem franca, une o sentimento de isolamento de um indivíduo, que nesse intervalo já não é mais um ser não diviso, "in-divíduo", mas um sujeito produzido mediante um partilhar o sentimento em função de sua posição de trânsito entre tempos. Há a passagem de um isolamento a outro, de um Finistère a uma Manaus, também "finistère" em relação ao mundo aquático que a situa em seu ser ilha.

O que amplia essa relação de construção de subjetividades é a personagem Leonila, índia conhecedora da história e dos

---

com a qual se construa as relações entre a imagem do passado e a imagem do futuro. Cf. em Agamben, Giorgio. "Experimentum linguae". In: *Infanzia e storia*, Nuova edizione accresciuta. Turim: Piccola Biblioteca Einaudi, 2001. p XII.

mitos de seu povo e que frequenta a casa do personagem Delatour. A índia tem entrada livre na casa do professor de francês e indica, em suas conversas e comentários, uma visão da floresta, esta floresta que é o seu lar, também indicando uma ideia de sua infância. Essas imagens que constituem a vida interior da índia Leonila existem porque estão incorporadas em sua imaginação à linha com que ela desenha no horizonte o rio Negro, compondo com isso a correlação entre natureza-homem-cultura. Nesse sentido, se está novamente diante do isolamento de um mundo em sua oposição a outro que lhe é mais poderoso. Em Manaus, o rio, ou os rios; em Finistère, o mar. Esse fluxo descontínuo cresce em potência de destruição e de recriação. As cidades e as vidas são devastadas por esse fluxo descontínuo e voraz.

Na literatura brasileira, as cidades e os rios são imagens muito frequentes, especialmente, em se tratando da escrita da memória, esse gênero tão ao gosto de nossa cultura e, conforme assinalou Antonio Candido, em que a demanda pelo trabalho das ciências sociais é alta. Da São Paulo dos modernistas, cidade que o tempo histórico constrói e destrói, que se faz e desfaz na temporalidade da poesia no fluxo do Tietê, tanto de Mário de Andrade como de Paulo Duarte, de *Memórias da catedral*, até a São Paulo de Bernardo Carvalho; da Manaus de Euclides da Cunha até a de Milton Hatoum, são apresentadas nessas escritas as cidades que o tempo histórico destrói, desfaz. A cidade morre – bem como renasce de outra maneira – na temporalidade da poesia a partir do fluxo gerado na conjunção dos rios: Tietê, Solimões e Negro.[2]

Em *A cidade das letras*, Ángel Rama destaca a importância da "ordem", vale dizer, do ordenamento social e urbano no início

2 Apenas para relembrar a menção a esses rios na literatura brasileira, pois há muitos mais a serem retomados numa análise mais ampla, como, por exemplo, toda a relação que João Cabral de Melo Neto estabelece com o Capibaribe.

do período colonial. A América foi idealizada, ordenada, antes mesmo de ser concretizada pelos colonizadores. Tal ordenação servia para o controle do império na colônia inculta, controle fundado no modelo de centralização e autoridade. Segundo Rama, o resultado disso foi uma ordem física e outra ordem relativa ao âmbito do signo. A América Latina serviu como campo de experimentação espanhol e português. A partir desse modelo de colonização, seria explicada a valorização da cidade sobre o campo, valorização esta que está na base do processo civilizatório ou do processo de modernização implantado na América Latina. A cidade é civilização, o campo é barbárie; na submissão do campo às cidades aparece outro elemento importante: a "educação das letras", com forte pendão europeu.

> De conformidade com esses procedimentos [os de que com o signo se pode representar uma coisa ou o sonho da coisa], as cidades americanas foram remetidas desde as suas origens a uma dupla vida. A correspondente à ordem física que, por ser sensível, material, está submetida aos vaivéns da construção e da destruição, da instauração e da renovação, e, sobretudo, aos impulsos da invenção circunstancial de indivíduos e grupos segundo seu momento e situação. Acima dela, a correspondente à ordem dos signos que atuam a nível simbólico, desde antes de qualquer realização, e também durante e depois, pois dispõem de uma inalterabilidade a que pouco concernem os avatares materiais (RAMA, 1985, p. 32).

Manaus foi fundada em 1669, a partir do forte de São José da Barra do Rio Negro, portanto, uma cidade fortificada, militarizada, com a função de controlar um território a ser ordenado. Sérgio Buarque de Holanda, em *Raízes do Brasil*, assinala que a empresa colonizadora portuguesa não operou como a espanhola, faltou ao império português a ordem castelhana e, por isso, não houve um total controle militar, político e econômico sobre as terras conquistadas.

> Não se quer dizer que essa vontade criadora distinguisse sempre o esforço castelhano e que nele as boas intenções tenham triunfado persistentemente sobre todos os esforços e prevalecido sobre a inércia dos homens. Mas é indiscutível por isso que seu trabalho se distingue do trabalho português no Brasil. Dir-se-ia que, aqui, a colônia é simples lugar de passagem, para o governo como para os súditos (HOLANDA, 1995, p. 99).

Nesse sentido, o que poderia ser compreendido como algo problemático, ou seja, tomar o espaço social como um lugar de passagem, pode ganhar contornos mais interessantes do que apenas defeitos. Manaus foi fundada a partir de uma fortificação militar, porém o que restou de seu processo racional de ordenamento e controle da economia e da política da localidade não condiz com o seu projeto. O que teria acontecido? Ideias mal formuladas ou mal acomodadas, projetos elaborados com incompetência e executados com descaso? Ou talvez um puro ato de saber ler o lugar onde se estava? Quiçá uma constatação da impossibilidade de domá-lo.

A cidade de Manaus aparece em toda a obra de Milton Hatoum. Já em seu primeiro livro, *Amazonas: palavras e imagens de um rio entre ruínas* (HATOUM, 1979, p. 1),[3] que reúne poemas de Hatoum e fotografias de Maria Isabel Gouvêia, Sônia da Silva Lorenz e João Luiz Musa, é possível encontrar a potência criadora que a memória do rio e da cidade provoca nos sujeitos produtores. Há um poema em prosa no qual em duas colunas

3 Hatoum, Milton. *Amazonas: palavras e imagens de um rio entre ruínas*. Fotografias de Maria Isabel Gouvêia, Sônia da Silva Lorenz e João Luiz Musa. São Paulo: Livraria Diadorim, 1979. A revista *Babel*, em seu primeiro número, republicou vários poemas desse livro de Hatoum. Cf. *Babel*, Santos, v. 1, nº 1, mar/jul. 2000.

paralelas se espelham um relato de Euclides da Cunha e outro de Hatoum, intitulados respectivamente "1906 1977". A voz de Euclides interrompe:

> não se conhece na história exemplo mais golpeante de emigração tão anárquica, tão precipitada e tão violadora dos mais vulgares preceitos de aclimatamento, quanto o da que desde 1879 até hoje atirou, em sucessivas levas, as populações sertanejas do território entre a Paraíba e o Ceará para aquele recanto do Amazonas (idem, p. 20).

A voz de Hatoum antepõe-se:

> O fechamento deste "ciclo da borracha" originou os primeiros sintomas de uma paralisia aguda e que fez Manaus andar quase 70 anos sobre cadeiras de rodas (de admirável látex), circulando no cenário desengonçado que os barões e políticos da época montaram. Súbito, a cidade largou sua cadeira e montou numa motocicleta, distribuindo vitrines em cada esquina de suas ruas centrais, penteando suas louras perucas e fazendo estrondosos e inúteis cálculos matemáticos com maquininhas eletrônicas. Instalou-se rapidamente um bazar tropical (idem, ibidem).

O poema "Rio entre ruínas", de Hatoum, recorda e desdobra os sentidos de um ensaio de Euclides da Cunha, intitulado "Entre as ruínas" (CUNHA, 1995, p. 456).

No poema "Rio entre ruínas", a história do rio se entrelaça com a da região. O processo de declínio lhe dá o tom. Os verbos que compõem os versos da primeira estrofe perguntam pelas ruínas, pelas sobras do rio e da região.

> Que sobrou de ti?
> Que outra folha brotar?
> Que rugido ainda escoar?

Qual o verbo manhoso escorrer?
Rosnar? remar? roçar? sussurrar
Qual verde? (HATOUM, 1979, p. 16)

"Sobrar", "brotar" são ações passivas e, por sua vez, "escoar", "escorrer", "rosnar", "roçar", "sussurrar" indicam ações mínimas, insinuando quase não ações. A história do rio e da região é resultado delas, as não ações ou ações mínimas, e não de um sujeito produtor de ações ativas, a "*energeia*" aristotélica,[4] a passagem à ação prática. Em entrevista recente, Hatoum falava de uma marca muito forte que a floresta imprime em quem já viveu nela, certa passividade diante do infinito, isto é, diante do impossível. Essa marca, segundo o autor, faz com que se enxergue "o verdadeiro tamanho do ser humano" (HATOUM, 2006, p. 8).

O rio e a região no poema podem se referir ao Amazonas, como também a qualquer rio. O que importa é o fluxo devastador das águas que produz sobras. Suas margens arruinadas são matéria. E é dessas ruínas que brota o poema, um sussurro. Diante da ruína, o poeta se vê motivado a escrever, e sua escrita se faz fluxo novamente, produzindo mais "ruinamentos", mais terras caídas.

Planície e país finalmente se entrelaçam
não em gravetos ou essência.
Se entrelaçam em farpas de gaiola
como um pássaro que ao voar desaba
e cai no desconhecido
cai sobre o mais disforme

---

4 Para um aprofundamento da distinção que Aristóteles faz entre *dynamis* e *energeia*, respectivamente, ação em potência que não se põe em prática, potência passiva, e a *energeia*, potência ativa, a ação prática propriamente dita, conferir no estudo de Giorgio Agamben "Potência do pensamento", tradução de Carolina Pizzolo Torquato, in *Revista Departamento de Psicologia*, UFF, vol. 18, nº 1, Niterói, Jan./Jun. 2006.

sobre a matéria que não é mais única
que não é plana ou funda
que não é rio ou relva
que já pode ser tudo:
Maranhão, degelo, Ucrânia (HATOUM, 1979 p. 16).

Terras caídas e fluxo informe são os movimentos que Euclides da Cunha observou e anotou em sua viagem ao Amazonas. Os ensaios de Euclides da Cunha que derivaram dessa viagem destacam a existência de um mundo em decadência, separado, mas nem tanto, do país, um mundo perdido que causa estranheza a qual, paradoxalmente, produz certa identificação, certa familiaridade no espírito nacionalista daquele produtor da visão da Amazônia. Nas "Impressões gerais" de outro livro de Euclides da Cunha sobre a Amazônia, *À margem da história*, destaca-se o contrassenso provocado pela decadência natural da história da região.

> Naqueles lugares, o brasileiro salta: é estrangeiro: e está pisando terras brasileiras. Antolha-se-lhe em contrassenso pasmoso: à ficção de direito estabelecendo por vezes a exterritorialidade, que é a pátria sem a terra, contrapõe-se uma outra, rudemente física: a terra sem a pátria.
>
> Numa só noite (29 de julho de 1866) as "terras caídas" da margem esquerda do Amazonas desmoronaram numa linha contínua de cinquenta léguas.
>
> É o processo antigo, invariável – patenteando-se ainda no diminuto raio da nossa história (CUNHA, 1922, p. 16).

Euclides da Cunha separa a Amazônia do Brasil para vê-la melhor, para dissecá-la e devolvê-la, não mais como território político nacional, mas permeada de uma visão extraterritorial, geográfica, porque carregada de impressões humanas. O texto de Euclides da Cunha se constrói a partir de contrastes; no entanto, os confrontos construídos obedecem, de alguma maneira, a uma estrutura especular: pátria sem terra; terra sem pátria.

Os diversos tempo e espaço do mundo amazônico são pensados de maneira simultânea dentro e fora das fronteiras territoriais e históricas. O pensamento de Euclides da Cunha se coaduna com obras em que o desejo de ser arte importa mais do que o fazer artístico propriamente dito. Em "Nativismo provisório", Euclides da Cunha sublinha: "Deste modo, a simpatia pelo estrangeiro, baseamo-la, até movidos pelo egoísmo, nos nossos interesses imediatos e mais urgentes" (CUNHA, 1995, p. 212).

Cidades e ruínas

No livro de contos *A cidade ilhada*, Manaus e seus rios vão compondo não somente a paisagem natural e social, mas principalmente o modo de lidar com as ruínas do empreendimento da colonização, cujos efeitos continuam ressoando no presente. O contato da cidade, da floresta, do rio com seus indivíduos acontece nos bordéis, sempre situados nas cercanias do rio, como, por exemplo, o Varandas de Eva, topônimo do conto "Varandas de Eva", ou no restaurante do Hotel Amazonas, onde os dois poetas da província se colocam diante de dois fluxos, o passado e o presente. Já no conto "Dois tempos", ao visitar seu tio Ranulfo, o narrador janta no restaurante Sereia do Rio, o que o faz recordar-se de uma cidade de outro tempo. Tudo isso promove uma passagem da condição de isolamento dos personagens e do espaço geográfico, característica dos indivíduos e das cidades modernas, para um estado de subjetivação em que se possibilita o compartilhamento dos afetos e dos laços sociais. Subjetivação, nesse sentido, é o resultado do ato que promove a passagem entre morte e infância, passagem entre memória de um indivíduo isolado e memória de uma coletividade, produzindo, com isso, os afetos que criam laços sociais. Passamos, portanto, do indivíduo para a comunidade, mesmo que esse enlaçamento seja provisório, como exige todo movimento incessante de passagem. Dessa maneira, sendo afeto, o resultado desse ato de passagem não deve ser compreendido como cristalização de um estado – de uma subjetividade – e sim, conforme desenvolveu Gilles Deleuze em seu trabalho sobre Spinoza, deve ser vivido como movimento de um corpo sobre outro. Deleuze destaca, quando se refere à característica do signo para o filósofo da Ética, que o signo tem sempre como tarefa produzir um efeito. Num primeiro momento, o efeito é um vestígio de um corpo sobre outro, é o estado de um corpo que sofreu a ação de outro corpo. Portanto, segundo Deleuze, em Spinoza é o efeito uma *affectio*. As afecções são conhecidas pelas ideias que temos, pelas sensações ou percepções. No entanto, essas afecções não são efeitos instantâneos de um corpo sobre outro, mas são, especialmente, efeitos sobre a própria duração. Com isso podemos compreender que as afecções ou afetos e, portanto, os efeitos são passagens de um estado a outro. Deleuze dirá que esses efeitos, pensados como duração, não podem mais ser chamados de afecções, mas antes devem ser pensados como "afectos" propriamente ditos, pois indicam que as durações constituem "passagens, devires, ascensões e quedas, variações contínuas de potência que vão de um estado a outro" (DELEUZE, 1997, p. 79), e, diríamos ainda, de uma subjetividade a outra, criando com essas passagens os laços sociais, ou seja, a sociedade, precária, porque mais afeita a durações, mas, desde já, sociedade.

Com isso, todos os contatos e passagens entrecruzados nesses pequenos grandes relatos de um mundo arruinado têm a potência de levar o leitor, esse indivíduo ávido por expansão, a trilhar também essas mesmas passagens: entre Lyris Doherty e seu observador – não nos esquecendo jamais de que Lyris, variante do germânico Loris, significa chama ou flama, e também indica o furor dos que tangem e enunciam a lírica, poetas possuídos pelos deuses –; entre a mãe de Tarso e o narrador, aquela linda mulher que encantou o outrora menino, futuro narrador do conto e executor do ato de rememorar, em sua primeira noite no Varandas de Eva; entre Dalberto e seu irmão, por ele assassinado num gesto sem qualquer abertura ao comportamento civilizado, num ato em que a própria natureza tremeu frente ao terror moral do gesto assassino, provocado porque o irmão e sua mulher tiveram um relacionamento amoroso. Todas essas passagens, mínimas e lacunares, produzidas por esses relatos, não poderiam ser compreendidas dentro de um controle do gênero; ao contrário, elas só podem ser compartilhadas num movimento entre subjetividades passantes, lacunares e inconclusas.

A quem exige desses relatos a perfeição do gênero somente resta a sensação do fracasso.

REFERÊNCIAS BIBLIOGRÁFICAS

AGAMBEN, Giorgio. *Infância e história*, tradução do italiano Henrique Burigo. Belo Horizonte: Editora da UFMG, 2005.

______."Experimentum linguae". In: *Infanzia e storia*, Nuova edizione accresciuta. Turim: Piccola Biblioteca Einaudi, 2001.

______. "L'autore come gesto", *Profanazioni*. Roma: Nottetempo, 2005.

______."Potência do pensamento", tradução de Carolina Pizzolo Torquato. In: *Revista Departamento de Psicologia*, UFF, v. 18, nº 1, Niterói, Jan./Jun. 2006.

BENJAMIN, Walter. O narrador, em *Magia e Técnica. Arte e Política:* Ensaios sobre literatura e história da cultura, tradução de Sérgio P. Rouanet. São Paulo: Brasiliense, 1994.

CANDIDO, Antonio. *Literatura e sociedade*. Rio de Janeiro: Ouro sobre Azul, 2006.

CUNHA, Euclides da. *À margem da história*. 3ª ed. Porto: Chardon, 1922.

CUNHA, Euclides da. “Contrastes e confrontos”. In: *Euclides da Cunha. Obra Completa*. Volume I. Rio de Janeiro: Nova Aguilar, 1995.

DELEUZE, Gilles, “Spinoza e as três éticas”. In: *Crítica e clínica*, tradução Peter Pál Pelbart. São Paulo: Ed. 34, 1997.

_____. *Espinosa. Filosofia prática*, tradução Daniel Lins e Fabien Pascal. São Paulo: Escuta, 2002.

HATOUM, Milton. *A cidade ilhada*. São Paulo: Companhia das Letras, 2009.

_____. *Amazonas: palavras e imagens de um rio entre ruínas*, Fotografias de Maria Isabel Gouvêia, Sônia da Silva Lorenz e João Luiz Musa. São Paulo: Livraria Diadorim, 1979.

_____. “Milton Hatoum, ou o Flaubert da Floresta”, entrevista concedida a Rogério Galindo, para o *Caderno G*, da *Gazeta do Povo*, Curitiba, 22/10/2006.

HOLANDA, Sérgio Buarque de. *Raízes do Brasil*, São Paulo: Companhia das Letras, 1995.

RAMA, Ángel. *A cidade das letras*, tradução de Emir Sader. São Paulo: Brasiliense, 1985.

Revista Babel, Santos, v. 1, nº 1, mar/jul. 2000.

DE BARATAS, MOLUSCOS E PEIXES. SOBRE *AZUL-CORVO*, DE ADRIANA LISBOA

Paloma Vidal

REMONTANDO GENEALOGIAS, CRIANDO, reproduzindo e desmentindo linhagens, a crítica agrupa e avalia, cria cisões e reativa afinidades. O caso de Samuel Rawet, tomado por Rosana Bines como exemplo de um "modo de desconexão",[1] é iluminador dos efeitos desses procedimentos: exemplar solitário ao qual não se podem designar predecessores nem sucessores, a obra do escritor, desconectada da cena literária brasileira por um paradigma do nacional que não parece comportar uma irredutível estrangeiridade, só pode ser lida na comparação europeizante com obras da literatura "universal".

Como sugere Rosana, algumas obras exigem a suspensão desse paradigma para que possam ser lidas como "diferença inscrita no corpo mesmo da literatura brasileira" (BINES, 2007, p. 57). Essa ideia me parece um bom ponto de partida para abordar o trabalho da escritora Adriana Lisboa. Quem sabe com ela

1 O texto de Rosana Bines trabalha com a hipótese instigante de que a ênfase dada tradicionalmente pela crítica ao lugar solitário da Rawet, a partir de uma leitura que faz uma ligação direta entre vida e obra, "escamoteia a dificuldade da própria crítica em formular uma genealogia brasileira para a obra do escritor" (56). Tal dificuldade, sustenta Rosana, está relacionada com certos "moldes de uma escrita brasileira, identificada desde o nosso primeiro modernismo de 1922, pelos traços solares de espontaneidade e de coloquialidade" (idem). Ao não conseguir ambientar neles uma escrita que, entre outras características, estrangeiriza o português, a crítica preferiu mantê-la a uma "prudente distância das letras nacionais" (idem), comparando-a com autores como Kafka ou Beckett e isolando Rawet no lugar de um pioneiro sem sucessores.

possamos nos liberar de polarizações sem ceder precocemente à tentação de adjudicar à multiplicidade um lugar central demais, mas também sem abdicar dos riscos que constituem os procedimentos críticos quando produzem modos singulares de ler uma obra – isto é, sem abdicar da tarefa de criar tensões dentro disso que chamamos "literatura brasileira".

Efetivamente, desde os primeiros livros de Adriana Lisboa, a crítica vem criando modos de lê-los: para dar um exemplo, a orelha de Ítalo Moriconi para o seu segundo livro, *Sinfonia em branco* (2001), ressalta o retorno de uma narrativa tradicional, que cultiva o bem escrever e sabe desenvolver um enredo. "Sherazade pós-moderna", diz Moriconi, "ela ata, desata e reata os fios de uma narrativa delicada e fascinante" (MORICONI, 2001).

O caráter anacrônico aparece positivado aqui assim como em comentários posteriores, demarcando o território de uma escrita que arrisca se voltar para a memória para trazer à superfície o que a urgência e a superficialidade do mundo contemporâneo não permitem ver; a crítica valoriza que possa haver no início do século XXI uma escritora disposta a reconstruir histórias e identifica que há nesse resgate não só um retorno a uma forma literária anterior, mas também um enclave aos aspectos mais cristalizados da vida contemporânea.

Assim, o elogio contido em termos como "elegância", "sofisticação", "delicadeza" e "simplicidade", além de definir um estilo, serve para destacar uma maneira deslocada de ser contemporâneo, em que a ideia mesma do contemporâneo é posta em xeque por meio de temporalidades superpostas, quando se enreda presente com passado, relendo um por outro, criando fios, teias, filigranas que delicadamente os ligam, numa série metafórica vinculada ao aspecto artesanal da escrita como tecido, urdidura, criação minuciosa e atenta ao detalhe mínimo, que a própria obra sustenta romance após romance.

Se essa imagem aparece já no título de *Os fios da memória* (1999), primeiro livro de Adriana, toda a narrativa se desenvolve relacionada à ideia de um texto que se produz com a paciência e a perseverança do trabalho manual, numa temporalidade alheia às tribulações do mundo, entrando e saindo de histórias familiares muito antigas, gravadas em folhas e fotos amareladas pelo tempo, até se chegar a um presente que se quer compreender.

Igualmente, em *Sinfonia em branco* trata-se da escrita como uma elaboração da memória, que é frequentemente relacionada com a recuperação de um simples traço, algo insignificante que pode ter passado despercebido, mas deixou suas marcas, como a imagem reiterada da borboleta na pedreira: "Na grande pedreira que encimava o morro mais próximo uma borboleta tardia abriu suas asas multicoloridas e lançou-se no abismo" (LISBOA, 2001, p. 26).

Justifica-se então que o anacronismo apareça como linha de leitura, como propõe Luciene Azevedo, por exemplo, ao voltar a Hume para recuperar a concepção de uma justa medida entre uma escrita simples e uma escrita refinada. Os textos de Adriana a encontrariam desdobrada de várias maneiras, através de um mecanismo fundamental de equilíbrio entre leve e pesado, despojamento e densidade, como se, dando um passo atrás no sentido de tomar deliberadamente distância do presente, seu texto buscasse uma sensibilidade extinta pelos excessos contemporâneos. Essa sensibilidade se procura na linguagem, na imagem, no acontecimento, e o instrumento principal dessa busca é a memória: "A memória açula os sentidos, pondo-os em alerta. Os personagens estão sempre atentos a odores, sons e texturas que materializam um cenário minimalista, apequenado e consolidado em pequenos *punctum*" (AZEVEDO, 2004).

Luciene descreve assim, como uma das possíveis estratégias para enfrentar o presente, uma narrativa voltada para o passado, sem urgência, avessa à transgressão, empenhada em "fazer vigorar um ritmo dissoluto" capaz de "provocar uma rachadura à imediaticidade, à instantaneidade, à superficialidade de todas as coisas" (idem).

Mesmo positivada, no entanto, a caracterização de anacrônicos fez pairar sobre os livros de Adriana uma inadequação, e a obra pareceu correr o risco de cair num não lugar da literatura brasileira recente, o que acabou tornando necessário seu resgate. Assim o faz Denilson Lopes num capítulo de *A delicadeza: estética, experiência e paisagens* em que propõe uma leitura de *Sinfonia em branco*. Centrado inicialmente na oposição entre a casa e a urbe, ele se pergunta o que restaria de espaço que já rendeu devaneio e beleza na literatura brasileira mas na contemporaneidade parece ter quase desaparecido diante do fascínio que desperta o turbilhão das cidades. O romance de Adriana aparece como esse resto para o qual, no entanto, é possível encontrar uma linhagem que estaria, por exemplo, em *Buriti*, de Guimarães Rosa.

Denilson reconstrói essa genealogia indicando que a leveza é o que guia a criação do espaço e dos personagens do romance de Guimarães, que aborda, como outros da mesma época, a passagem do mundo rural para o urbano. Só que ali essa passagem não se dá sob o signo definitivo da catástrofe: "O Buriti-Grande é mais do que sobrevivente de outros tempos, de um mundo arcaico, aquático e inumano. Como a figura antiga de Liodoro, ele é a síntese dos mistérios do passado que emergem no presente, resume uma ambiguidade material" (LOPES, 2007, p. 121). E assim essas figuras podem oferecer para o presente não o peso da decadência, mas a leveza de uma continuidade frágil feita dos restos evanescentes do passado.

Surge assim uma série que não apenas se contrapõe aos grandes romances da decadência agrícola do passado, como

Fogo morto ou *Crônica da casa assassinada*, mas é também uma maneira de ler no presente a leveza como diluição da temática da violência urbana para dar lugar a uma literatura mais ligada à memória, ao cotidiano, à intimidade. E nessa série Denilson situa *Sinfonia em branco*, junto com os textos de outros autores como João Almino, João Carrascoza e Michel Laub:[2]

> Em meio a um mundo de excessos e atordoamentos, de uma arte ruidosa, grandiloquente, impactante, em que a desmesura é apenas mais um elemento de marketing, aqui temos uma arte da sugestão, do recolhimento, da modesta ausência de novidades (idem, p. 123).

O gesto de Denilson me parece apontar para algo que, para além das dicotomias mais evidentes – doméstico *versus* urbano, delicadeza *versus* brutalidade, sugerido *versus* explicitado –, estaria relacionado a um recuo do épico na literatura de Adriana, no sentido de que seria possível relacionar esse avesso da grandiloquência com um distanciamento em relação à função agregadora e compensatória da literatura, tal como foi pensada desde o romantismo; em outras palavras, em relação a uma literatura que une em torno de uma identidade nacional e que, por sua vez, redime das mazelas da nação.

Nesses termos, talvez seja possível distinguir a escrita de Adriana de algumas propostas contemporâneas em que a literatura permanece a serviço do entendimento das contradições da nação. Porque mesmo deslocadas do heroísmo e do mimetismo por meio de formas experimentais de representação do

---

2 Num outro texto do livro, "Nem sertão nem favela", Denilson desenvolve essa alternativa como "um antídoto tanto para o cinismo simulacral que apenas vê na proliferação de imagens uma perda geral de sentidos quanto para o ressurgimento de um Neonaturalismo, que afirma o papel do artista como observador e fotógrafo da realidade" (102), citando uma série de livros e filmes que fariam parte dessa outra possibilidade de aproximação do real.

real, obras como as de Luiz Ruffato ou Milton Hatoum parecem seguir uma tradição que assume um compromisso em relação a um determinado retrato, mesmo que fragmentário e inacabado, do Brasil. Referindo-se a esses "novos realistas", Karl Erik Schøllhammer afirma:

> Trata-se, então, de um deslocamento claro em relação à tradição realista, mesmo que esta permaneça presente, em que a procura por novas formas de experiência estética se une à preocupação com o compromisso de testemunhar e denunciar os aspectos inumanos da realidade brasileira contemporânea (SCHØLLHAMMER, 2009, p. 57).

O problema é que essa distinção facilmente nos faz voltar a antigas disputas, em que uma literatura que não cumpre o compromisso com a realidade brasileira fica do lado da alienação, do subjetivismo ou do sentimentalismo. Acredito que nesse sentido vale resgatar aqui a exposição que faz dela Flora Süssekind quando em *Tal Brasil, qual romance?* coloca em questão a exclusão do cânone de obras que de alguma maneira trazem descontinuidades ao contínuo da literatura brasileira; obras, como ela diz, "que fraturam a unidade de determinada literatura" (SÜSSEKIND, 1984, p. 33). É largamente conhecida a acusação que ela faz à estética naturalista, que teria persistido na literatura brasileira atravessando as décadas até chegar aos anos 1970:

> Ao invés de proporcionar um maior conhecimento do caráter periférico do país, o texto naturalista, na sua pretensão de retratar com objetividade uma realidade nacional, contribui para o ocultamento da dependência e da falta de identidade próprias ao Brasil. Pressupõe que existe uma realidade una, coesa e autônoma que deve captar integralmente. Não deixa que transpareçam as descontinuidades e os influxos externos que fraturam tal unidade. Como o discurso ideoló-

> gico, também o naturalista se caracteriza pelo ocultamento da divisão, da diferença e da contradição. E não é muito difícil reparar que não é só uma estética, mas uma ideologia naturalista o que se repete na ficção brasileira (SÜSSEKIND, 1984, p. 39).

Parece-me que também "não é muito difícil reparar" que nem todos os textos que buscam em alguma medida ser um registro do Brasil perpetuam uma tal ideologia ou estética.[3] Mas isso certamente não invalida a importância de uma questão colocada por Flora: por que é essa vontade de registro do nacional que constitui sistema na literatura brasileira? E poderíamos acrescentar: por que é em torno dela que até nas décadas mais recentes a crítica de modo geral é capaz de estabelecer paradigmas e o que fica fora precisa ter seu lugar defendido?

A discussão não é nada simples, pois está em jogo a própria concepção do literário, uma batalha antiga, inaugural até, se pensamos como inerente à ideia de literatura uma relação problemática entre linguagem e real. A literatura é puro exercício de linguagem ou reflexo de uma realidade social? Um poema cria um povo ou um povo cria um poema? Como mostra brilhantemente Jacques Rancière,[4] a pergunta mesma supõe o surgimento de uma prática e de uma teoria inéditas que foram

---

3 Em relação à contemporaneidade, Karl Erik, no capítulo "O realismo de novo", do livro *Ficção brasileira contemporânea*, indica um desligamento do mimetismo em obras como as de Fernando Bonassi ou Marçal Aquino que, sem abandonar a referencialidade que sustenta um compromisso com a realidade social, questionam as possibilidades e os limites da representação no contexto de proliferação mimética que a mídia acentua.

4 O argumento é desenvolvido em *La parole muette*: ali Rancière vai ao cerne dessa contradição mostrando que ela é inerente a um modo histórico de compreender as obras de arte escritas, uma "revolução silenciosa", uma mudança de paradigma que destrói o sistema de normas que regia as belas-artes, produzindo o deslizamento da palavra "literatura" em direção a uma prática singular da linguagem, e ao mesmo tempo criando uma contradição na própria definição do que é literatura, entre uma escrita das coisas e a palavra que busca seu próprio silêncio.

destruindo o sistema normativo das belas letras e o substituíram por um regime emancipado que já nasceu contraditório.

Além disso, há os matizes que surgem quando a essa discussão se somam as defesas ou impugnações do lugar periférico. Afinal de contas, num país como o Brasil, se a literatura não serve para denunciar e esclarecer as mazelas da nação, ela serve para quê? A pergunta se mantém subliminar a toda uma crítica de corte sociológico, mas sua abrangência é bem maior, ligada inclusive à defesa de campos disciplinares que ainda regem os cursos de letras por todo o país. E mobiliza certamente os próprios escritores, que acabam tendo de responder a ela, inclusive como modo de definir seu próprio fazer literário. Lemos, por exemplo, numa entrevista recente de Bernardo Carvalho:

> Essa é uma forte tendência da crítica e da literatura hoje. Ela vai reduzindo tudo à expressão da experiência e da identidade (étnica, nacional, sexual etc.) do autor. É a base do multiculturalismo, que acabou se impondo como perspectiva dominante. Pra muita gente, isso pode ser libertário. Para mim, é uma prisão. Preciso não me identificar para poder escrever (CARVALHO, 2011).

A questão deve e tem sido problematizada. Silviano Santiago nos mostra em "A aula inaugural de Clarice Lispector" que já a escritora ensinara a ler e escrever de outra maneira, uma vez que fora possível a partir dela colocar em questão o que para a literatura e a crítica anteriores era um dado: "o sentido e o valor da trama novelesca não estão exclusivamente nela, são-lhes conferidos de fora, isto é, pela crítica literária, devidamente instruída pelo curso interpretativo da história brasileira no âmbito da civilização ocidental" (SANTIAGO, 2004, p. 232). Na sua leitura de Clarice, Silviano nos obriga à complexificação ao indicar que, para além da polarização entre confidência e compromisso,[5] é preciso entender uma outra temporalidade, inaugurada por Clarice, que, em vez do tempo linear, evolutivo, que flui como um rio na direção do progresso, favorece o tempo atomizado, fragmentado, precário, o instante-já que acende e apaga, próprio da experiência subjetiva, mas também do esvanecimento dessa mesma experiência. Silviano cita Clarice: "Nesta densa selva de palavras que envolvem espessamente o que sinto e penso e vivo e transforma tudo o que sou em alguma coisa minha que no entanto fica inteiramente fora de mim" (idem, p. 238). É nessa concepção do tempo que se insere uma outra visão do trabalho, que não depende só da vontade, da força, da ação, mas "é manifestação de proximidade e distância do objeto de cuidado, de um misto de vigilância e afeto, de diligência e abandono, de inquietação e paz. É dom" (idem, p. 240).

A meu ver, na medida em que mostra a subversão operada por Clarice na noção mais central do marxismo, o texto de Silviano dá uma preciosa pista de como ler a obra de Adriana Lisboa à margem do épico sem entendê-la necessariamente como o oposto do compromisso, para pensar inclusive o que pode haver de político nela; ou, voltando à leitura de Rosana sobre Rawet, uma pista de como ler a diferença que ela inscreve no campo da literatura brasileira. Seguindo essa pista, gostaria de abordar o romance mais recente da autora, *Azul-corvo*, publicado em 2010.

O livro conta a história de uma adolescente, Evangelina, Vanja, que vai em busca do pai nos Estados Unidos. No lugar

5 Se retomamos o ensaio de Antonio Candido sobre Graciliano Ramos, "Ficção e confissão", temos um exemplo importante de como essa polarização foi trabalhada em termos dialéticos. Entre desvario e equilíbrio, entre recordação e imaginação, entre manifestação subjetiva e exigências formais se constrói a obra deste "homem na mais alta acepção da palavra" que paulatinamente se transfere da ficção para a confissão numa linha coerente que resulta na "unidade solidária" em que, pela sua experiência pessoal, o homem vê o mundo.

para onde ela se muda – Lakewood, Colorado –, os verões são muito secos e os invernos muito frios. Assim a protagonista e narradora nos faz saber, desde as primeiras páginas, quando nos conta que ali não havia baratas ou que pelo menos elas estavam bem escondidas: "Era até possível que elas existissem, e conseguissem tolerar a constante falta de umidade e a seriedade do inverno, quando fosse inverno" (LISBOA, 2010, p. 11). Por enquanto, estamos no verão, e ao que parece não há baratas no vasto terreno do Colorado, como também não há muita gente nem muitas construções, quem sabe porque "aquele não era um lugar feito para os seres humanos, não mais do que para as baratas" (idem, p. 12).

Entre Colorado e Copacabana, vão se definindo paisagens pelo olhar microscópico e ao mesmo tempo flutuante da menina de 13 anos, que fixa sem fixar, um olhar oscilante que está em mais de um lugar ao mesmo tempo, um olhar estranhado, cativado pelo exterior: "Sozinha em casa, nas primeiras tardes, eu olhava pela janela e via a imensidão do céu cutucado pelas montanhas a oeste" (idem, p. 18). As cores, os animais, a temperatura, o ar, os acidentes geográficos são os fios que puxam a narrativa de Adriana; uma narrativa que, vale notar, agora se volta muito mais para o futuro do que para o passado, pois, enquanto em livros como *Sinfonia em branco* ou *Rakushisha* (2007), havia um núcleo traumático anunciado que o leitor sabia que iria encontrar em algum momento, aqui a narrativa acompanha o presente da narradora em busca de um encontro totalmente incerto.

Gostaria de me deter num modo de traçar as correspondências entre esses dois lugares que compõem a paisagem da narrativa. "Enquanto isso, os moluscos do mar de Copacabana silenciavam o mundo dentro de suas conchas azul-corvo.

E os corvos sobrevoavam a cidade de Lakewood, Colorado. Os corvos azul-concha", diz a protagonista. "Enquanto isso" supõe várias camadas de sentido superpostas, desde as impressões sobre a cultura americana, as lembranças do convívio materno, as descobertas sobre Fernando, ex-amante da mãe e ex-guerrilheiro, que a acolhe nos Estados Unidos, e tudo o mais que contribui a construir o enredo da busca da filha pelo pai que não conheceu. Mas supõe também uma interrupção na narrativa, que então desliza para esse fora que são as coisas, os bichos, os lugares, numa passagem que produz os momentos mais contundentes do texto. Penso, por exemplo, neste trecho:

> Fernando saiu de casa e foi estudar técnicas de guerrilha em Pequim, depois se mudou para a base guerrilheira da Faveira, no Araguaia. Isso aconteceu duas décadas antes do meu nascimento. Eram uma vida possível e uma morte possível, as duas tão entrelaçadas uma na outra como durante os verões de Tim Treadwell. Como durante o último verão de Amie Huguenard, que talvez pensasse em abandonar Tim e suas roupas pretas e seu cabelo de príncipe valente e sua obsessão pelos ursos. Os *grizzlies*. *Ursus arctos horribilis* (LISBOA, 2010, p. 73).

Como muitas outras referências no romance, a de Tim Treadwell, que resolveu morar entre os ursos do Parque Nacional de Katmai, no Alasca, e acabou devorado por um deles, tem um caráter acidental. Surge nesta parte do livro e não volta a aparecer. Mostra-se como apenas uma associação, que goza de sua liberdade e, como muitas outras no romance, se refere ao choque ou convívio entre o mundo humano e o mundo animal.

Nesse sentido, vale recuperar o argumento de Giorgio Agamben em *L'aperto*, em que relê uma longa história de separação entre o homem e o animal tal como produzida ao longo dos séculos pela "máquina antropológica" da filosofia, da teologia e da ciência. Das visões apocalípticas do *Talmud* ao tédio heideggeriano, da vida que Aristóteles busca circunscrever em *De anima* aos experimentos atuais com o genoma humano, Agamben indaga sobre o sentido dessa relação biopolítica: "Como se a determinação da fronteira entre o humano e o animal não fosse simplesmente mais uma questão sobre a qual discutem filósofos e teólogos, cientistas e políticos, mas uma operação metafísico-política fundamental, e na qual só algo assim como um 'homem' pode ser decidido e produzido" (AGAMBEN, 2007, p. 47).

O livro se encerra com o sugestivo capítulo "Fora do ser", que propõe uma nova forma não de se pensar a relação entre o homem e o animal, mas de permanecer nesse *entre*, "arriscar-se nesse vazio", nesse intervalo entre os dois, pois assim "a vida – nem aberta nem indesvelável – serenamente se coloca em relação à sua própria latência" (idem, p. 166). Porque o que desse modo se suspende é a hierarquia entre um e outro, em que o homem é aquele ser superior para quem a verdade se desvela, como pretendia Heidegger: "Só o homem, ou melhor, só o olhar essencial do pensamento autêntico, pode ver o aberto que nomeia o desvelamento do ente. O animal, pelo contrário, não vê jamais o aberto" (idem, p. 108).

Parece-me que o romance de Adriana busca uma desierarquização do olhar como a que aponta Agamben em seu ensaio, daí talvez uma escrita que foi identificada com a leveza, a simplicidade e até a ingenuidade em oposição ao peso da longa tradição metafísico-política. No olhar da adolescente, os acontecimentos perdem gravidade, o importante e o desimportante se indiferenciam e por sua vez as possibilidades de vida se multiplicam, como aparece indicado no trecho sobre os *ursus arctos horribilis*. E assim os animais entram no romance para descentralizar seus eixos mais evidentes, com interrupções da ação que deixam a trama em segundo plano.

Já mencionei as baratas e os moluscos, mas há também os peixes: "Andei lendo sobre os peixes e descobri que eles não dormem" (LISBOA, op. cit., p. 82); esses que depois se desdobram no poema de Marianne Moore, do qual já saíram as conchas "azul-corvo" do título do livro. Do poema também é possível extrair um olhar exteriorizado, que nos entrega a visão de um mundo de movimento e cores – "negro jade", "azul-corvo", "turquesa", "verde", "rosado" –, desfazendo-se de qualquer presença do eu para falar da convivência entre fecundidade e destruição. Ele segue assim os corpos em movimento de moluscos, caranguejos e medusas, e também os restos que se depositam nesse mar "que vive do que não lhe revive a juventude". Porque o mar também envelhece.

Os peixes aparecem também na referência à Operação Peixe I: "No caso das Forças Armadas Brasileiras, porém, o peixe que batizava a operação era simples evocação da imagem da rede de pesca. Destinada a peixes subversivos" (idem, p. 82). De repente o peixe passa a cumprir a função de estabelecer uma ponte entre a história de Evangelina e a de Fernando, que lutou no Araguaia, uma ponte que dê um sentido dentro da construção romanesca à recuperação desse fragmento da história do Brasil que em muitos momentos parece forçada para dentro do romance; ou seja, cumpre a função de fazer essa história entrar no fluxo associativo da personagem. Mas o incômodo é evidente:

> Eram outros peixes, aqueles. A mulher que escreveu "The Fish" estava morrendo quando os militares estendiam suas redes de pesca de subversivos na Amazônia brasileira. E ela não tinha nada a ver com isso.

> Nenhum peixe tinha, do mesmo modo, nada a ver com isso. O assunto que se desenrolava nas margens do Araguaia era um assunto humano. Os peixes só emprestavam o nome (idem, p. 93).

O fluxo associativo se corta porque é preciso distinguir, já que uma coisa são os peixes, outra coisa é a guerrilha. A ponte que se constrói entre os dois serve na verdade para deixar muito clara a divisão de dois mundos: o dos homens, com seus assuntos, e o outro, que não tem assunto, e por isso talvez não devesse ser assunto do romance. A história do Brasil entra no romance ao preço desse corte, o que aliás se adverte na própria organização narrativa, em que os fragmentos sobre o Araguaia ficam separados do resto, compondo pequenos anexos de conhecimento sobre o passado sombrio da nação, dos quais a narradora deve prestar contas como se estivesse num exame escolar:

> Àquela altura, o Partido apostava no engajamento da população. Dizia a resolução de 1969: *Aos brasileiros não resta outra alternativa: erguer-se de armas nas mãos contra os militares retrógados e os imperialistas ianques ou viver submissos aos reacionários do país e aos espoliadores estrangeiros* (idem, p. 85, itálicos da autora).

Como falar da guerrilha e dos peixes? A pergunta se insinua no próprio romance, nos trechos mesmos em que aparece o incômodo em relação a essa associação; ela é certamente uma preocupação da narradora e possivelmente da própria autora. Como recuperar a memória desse momento traumático da história brasileira sem abrir mão do tom menor, da indistinção entre importante e desimportante, do tratamento desierarquizado dos temas? No caso do trabalho de Adriana, parece-me que essas perguntas podem ser situadas no âmbito da discussão esboçada acima sobre as conexões e desconexões no campo da literatura brasileira, uma vez que há no romance um movimento de ir ao encontro de certas expectativas em relação à representação do nacional que quem sabe colocaria a autora no rol dos que têm algo a dizer sobre a realidade do Brasil.

Se essas tensões não se resolvem em *Azul-corvo*, acredito que elas trazem para a literatura de Adriana Lisboa algo novo, no sentido de uma interrogação sobre a possibilidade de sair da esfera dos traumas individuais em que se desenvolviam os livros anteriores para colocar em jogo certa comunidade rarefeita. Para isso ele conta com um cotidiano tedioso num subúrbio de Denver; com as baratas, os moluscos e os peixes; com uma viagem sem grandes descobertas do Colorado ao Novo México; e com dois acompanhantes perfeitos: um ex-guerrilheiro lacônico e um menino de seis anos, filho de imigrantes salvadorenhos ilegais. Sobre Carlos, vale a pena contar uma de suas anedotas: no aniversário de 57 anos de Fernando, vão a uma pizzaria e ele aprende a palavra "velho":

> Velho, Carlos imitou, rindo. Achava a palavra engraçada. Velho, repetiu. E aparentemente achava simpática a ideia de Fernando ser velho. Estendeu a mão gordinha por cima da mesa e segurou a de Fernando. *I like you así mismo. I not care you are velho. Eres mi amigo. My friend. How say friend in português?* (idem, p. 115).

Juntos, eles formam um trio para lá de cativante, por sua despretensiosa contemporaneidade que nos faz ver a nação fora dela.

REFERÊNCIAS BIBLIOGRÁFICAS

AGAMBEN, Giorgio. *Lo abierto*. Buenos Aires: Adriana Hidalgo, 2007.

AZEVEDO, Luciene. "A delicada mordida da anacronia", capítulo da tese de doutorado "Estratégias para pensar o presente: a performance, o segredo e a memória", Rio de Janeiro, UERJ, 2004, acessível em: http://www.adrianalisboa.com/pt/artigos/adelicadamordidadaanacronia.html

BINES, Rosana Kohl. "Modos de desconexão: a crítica brasileira e a obra de Samuel Rawet". In: *Dez escritos sobre Samuel Rawet*, org. Saul Kirschbaum, Brasília: LGE Editora, 2007. pp. 55-71.

CARVALHO, Bernardo. "Estrangeiro – quatro perguntas para Bernardo Carvalho", Blog do Instituto Moreira Salles, 11/4/2011, acessível em: http://blogdoims.uol.com.br/equipe-do-blog/estrangeiro-quatro-perguntas-para-bernardo-carvalho/.

LISBOA, Adriana. *Os fios da memória*. Rio de Janeiro: Rocco, 1999.

_____. *Sinfonia em branco*. Rio de Janeiro: Rocco, 2001.

_____. *Rakushisha*. Rio de Janeiro: Rocco, 2007.

_____. *Azul-corvo*. Rio de Janeiro: Rocco, 2010.

LOPES, Denilson. *A delicadeza: estética, experiência, paisagens*. Brasília: Editora UnB/Finatec, 2007.

MORICONI, Ítalo. Orelha de *Sinfonia em branco*. Rio de Janeiro: Rocco, 2001.

SANTIAGO, Silviano. "A aula inaugural de Clarice", *O cosmopolitismo do pobre*. Belo Horizonte: UFMG, 2004.

SCHØLLHAMMER, Karl Erik. *Ficção brasileira contemporânea*. Rio de Janeiro: Civilização Brasileira, 2009.

SÜSSEKIND, Flora. *Tal Brasil, qual romance?* Uma ideologia estética e sua história: o naturalismo. Rio de Janeiro: Achiamé, 1984.

DADOS DOS AUTORES

ALEXANDRE FARIA

Nasceu no Rio de Janeiro, em 1970. É doutor em Letras pela PUC-Rio. Escritor e professor da Faculdade de Letras da UFJF. Publicou *Literatura de subtração* (ensaios, PapelVirtual, 1999), *Anacrônicas* (ficção, 7Letras, 2005) e *Lágrima palhaça* (poesia, Aquela, 2012). Organizou o livro *Anos 70 – poesia e vida* (UFJF, 2007) e a revista *Ipotesi* sobre Literatura Marginal (UFJF, 2011). É editor e fundador do *site* www.textoterritorio.pro.br.

ANA CLÁUDIA VIEGAS

É professora adjunta de Literatura Brasileira do Instituto de Letras da UERJ e de Teoria da Comunicação, no Departamento de Comunicação Social, da PUC-Rio. É pesquisadora do CNPq, com o projeto "Quem está fazendo a literatura brasileira do presente? Construção e pesquisa de acervos sobre a ficção brasileira contemporânea". Tem publicado diversos artigos sobre esse tema, tais como: "Escrita ao rés do chão: quanto vale a literatura do presente?" (2011); "Estamos falando do Brasil? A 'realidade nacional' entrevista por três autores da literatura brasileira do presente" (2011); "Literatura do presente no Brasil – notícias", "Identidades de vacaciones – notas sobre la autoficción en la literatura brasileña contemporánea" (2010); "Com a palavra, o autor – exercícios de crítica biográfica na contemporaneidade" (2010).

CATIA VALÉRIO FERREIRA BARBOSA

É doutora em Literatura Brasileira pela UFRJ. Em Portugal, vinculada ao grupo DICEL (UFRJ), executou pesquisa de campo sobre ensino de literatura e formação de leitores. No Brasil, coordenou projetos sobre literatura e informática. Artigos, capítulos de livros e comunicações em encontros científicos tornaram públicos os resultados dessas pesquisas. Tendo sido professora substituta de Prática de Ensino de Língua Portuguesa e Literatura Brasileira na Faculdade de Educação (UFRJ) e professora efetiva na UNESA e na Faetec, trabalha no Colégio Militar do Rio de Janeiro (CMRJ).

CLAUDETE DAFLON

É professora de Literatura Brasileira da UFF e atua como pesquisadora em temas como viagem, contemporaneidade, intelectualidade, literatura e ciência com publicações de artigos como "Viajantes e intelectuais" (2004), "A Veneza possível" (2006), "O percurso escrito da viagem modernista" (2011), "Memória da pedra" (2011), "Uma pedagogia da escrita: intelectuais luso-brasileiros do século XVIII" (2011) e capítulos de livro em títulos como *Alguma prosa* – ensaios sobre literatura contemporânea (org. Giovanna Dealtry, Masé Lemos, Stefania Chiarelli. 7Letras, 2007) e *A legislação pombalina sobre o ensino das línguas*: suas implicações na educação brasileira (EDUFAL, 2010).

DIANA KLINGER

Nasceu na Argentina, em 1973, e aos 28 anos mudou-se para o Rio de Janeiro, onde fez doutorado em Literatura Comparada pela UERJ. É professora de Teoria da Literatura na UFF. Publicou o livro *Escritas de si, escritas do outro; o retorno do autor e a virada etnográfica* (7Letras, 2007) e é uma das editoras da revista *Grumo* (www.salagrumo.org).

GABRIEL GIORGI

Nasceu em Córdoba, Argentina. É professor associado na New York University. É autor de *Sueños de exterminio. Homosexualidad y representación en la literatura argentina* e coeditor de *Excesos de vida.* Ensayos sobre biopolítica, além de numerosos artigos. Atualmente trabalha num projeto sobre animalidade e políticas do vivente na cultura contemporânea.

GIOVANNA DEALTRY

É doutora em Literatura Brasileira pela PUC-Rio. Coorganizou com Stefania Chiarelli e Masé Lemos o volume *Alguma prosa* – ensaios sobre literatura brasileira contemporânea (7Letras, 2007). Publicou *O fio da navalha* – malandragem na literatura e no samba (Casa da Palavra/

FAPERJ, 2009), além de artigos em revistas especializadas. É professora adjunta do Departamento de Comunicação Social da PUC-Rio.

GRAÇA RAMOS

É doutora em História da Arte pela Universidade de Barcelona. É autora de *A imagem nos livros infantis* - caminhos para ler o texto visual (Autêntica, 2011); *Maria Martins* - escultora dos trópicos (Artviva, 2009); *Palácio do Planalto* - entre o cristal e o concreto (ITS, 2011) e *Ironia à brasileira* - o enunciado irônico em Machado de Assis, Oswald de Andrade e Mario Quintana (Paulicéia, 1997). Tem artigos em *Los malditos* (Ediciones Diego Portales, Santiago/Chile, 2011); *Brasília aos 50 anos* - que cidade é essa? (Tema Editorial, 2010) e *Os criadores* - Athos Bulcão, Burle Marx, Lucio Costa e Oscar Niemeyer (Multicultural, 2010). Assina duas obras para o público infantil, *Casa do sabor* e *Vamos voar as trancinhas?* (Autêntica, ambos de 2011).

JORGE WOLFF

Nasceu em Porto Alegre, em 1965. É doutor em Teoria Literária pela UFSC e professor de Literatura da mesma instituição. Autor de *Julio Cortázar. A viagem como metáfora produtiva* (Letras Contemporâneas, 1998) e *Telquelismos latinoamericanos*. La teoría crítica francesa en el entre-lugar de los trópicos (Buenos Aires: Grumo, 2009). Ensaísta e tradutor de língua espanhola, é um dos editores da revista *Outra travessia* (UFSC).

LEILA LEHNEN

É professora de Literatura e Cultura Brasileira e Hispano-Americana na University of New Mexico (EUA). Sua pesquisa se centra na literatura latino-americana contemporânea e como esta aborda questões de cidadania, direitos humanos e globalização. Seu livro, *Citizenship and Crisis in Contemporary Brazilian Literature*, que será lançado pela Palgrave Macmillan, analisa como a literatura brasileira representa tanto a crise da cidadania como sua recuperação a partir da produção literária.

LUCIENE AZEVEDO

É professora de Teoria Literária da UFBA, vinculada ao programa de Pós-Graduação em Literatura e Cultura. Atualmente seu interesse de pesquisa está voltado para a análise das condições básicas da autoria no contemporâneo, tendo como recorte específico o estudo da construção de uma carreira literária por autores que começam a publicar a partir da década de 1990. Vem publicando ensaios sobre o tema em livros e em periódicos especializados.

PALOMA VIDAL

Nasceu em Buenos Aires, em 1975. É escritora, tradutora e professora de Teoria Literária da Unifesp. É doutora em Estudos de Literatura pela PUC-Rio. Publicou os ensaios *A história em seus restos:* literatura e exílio no Cone Sul (Annablume, 2004) e *Escrever de fora:* viagem e experiência na narrativa argentina contemporânea (Lumme Editor, 2011); e as ficções *A duas mãos* (7Letras, 2003, contos), *Mais ao sul* (Língua Geral, 2008, contos, publicados em espanhol pela editora Eterna Cadencia), *Algum lugar* (7Letras, 2009, romance) e *Mar azul* (Rocco, 2012, romance). Traduziu, entre outros autores, Margo Glantz e Clarice Lispector. Mantém o blog http://www.escritosgeograficos.blogspot.com e é uma das editoras da revista *Grumo* (www.salagrumo.org).

PASCOAL FARINACCIO

É doutor em Teoria e História Literária pela Unicamp. É professor de Literatura Brasileira da UFF. Publicou o livro *Serafim Ponte Grande e as dificuldades da crítica literária* (Ateliê, 2001) e diversos artigos em revistas acadêmicas. É autor do livro *Oswald Glauber: arte, povo, revolução* (EdUFF, 2012).

PAULO ROBERTO TONANI DO PATROCÍNIO

É doutor em Letras pela PUC-Rio. Atualmente desenvolve pesquisa de pós-doutorado na mesma instituição com financiamento da FAPERJ sobre "A representação de territórios marginais na literatura brasileira". É autor de *Escritos à margem* – a presença de autores de periferia na cena contemporânea (7Letras, no prelo). É editor assistente da revista *Semear*, da Cátedra Padre António Vieira de Estudos Portugueses, da PUC-Rio.

SÉRGIO DE SÁ

Nasceu em Brasília, em 1970. Jornalista e doutor em Estudos Literários pela UFMG, é autor dos livros *Roberto Corrêa* – caipira extremoso, segundo volume da coleção *Brasilienses*, e *A reinvenção do escritor:* literatura e mass media (Editora UFMG, 2010). Foi editor de Cultura e crítico literário do *Correio Braziliense*. Como colaborador, tem textos assinados na revista *piauí* e no suplemento *Prosa & Verso* do jornal *O Globo*, entre outras publicações. É professor na Faculdade de Comunicação da UnB.

STEFANIA CHIARELLI
Nasceu em Pelotas (RS), em 1969. É doutora em Estudos de Literatura pela PUC-Rio. Professora de Literatura Brasileira na UFF, publicou o ensaio *Vidas em trânsito:* as ficções de Samuel Rawet e Milton Hatoum (Annablume, 2007) e organizou, com Giovanna Dealtry e Masé Lemos, a coletânea *Alguma prosa - ensaios sobre literatura brasileira contemporânea* (7Letras, 2007).

SUSANA SCRAMIM
É professora de Teoria Literária na Universidade Federal de Santa Catarina e coordenadora do Núcleo de Pesquisa em Estudos Literários e Culturais - NELIC/UFSC. Doutora em Teoria Literária e Literatura Comparada pela Universidade de São Paulo, com pós-doutorado na Universidad de Sevilla (2005). É autora do livro de ensaios de crítica literária *Literatura do presente* (Argos, 2007) e *Carlito Azevedo* (EdUERJ, 2010). Organizou o livro *O contemporâneo na crítica literária* (Iluminuras, 2012) e *Poesia e teoria crítica* com Daniel Link e Italo Moriconi (7Letras, 2012). Organizou a coletânea de ensaios de Giorgio Agamben, sob o título *O que é o contemporâneo?* e outros ensaios (Argos, 2009) e também a tradução do livro *Enigmas* (2009), do filósofo italiano Mario Perniola.

DADOS DOS ESCRITORES

ADRIANA LISBOA

Nasceu no Rio de Janeiro, em 1970. Publicou dez livros, entre os quais cinco romances, uma coletânea de contos e poemas em prosa e livros para crianças. Sua obra foi traduzida em vários países, incluindo França, Estados Unidos, México, Itália, Suécia e Suíça. Ganhou o Prêmio José Saramago pelo romance *Sinfonia em branco* (2001), uma bolsa da Fundação Japão para o romance *Rakushisha* (2007), uma bolsa da Fundação Biblioteca Nacional, no Brasil, e o prêmio de autor revelação da FNLIJ (Fundação Nacional do Livro Infantil e Juvenil) por seu livro de poesia para crianças, *Língua de trapos* (2005).

ADRIANA LUNARDI

Publicou seu primeiro livro, *As meninas da Torre Helsinque* (1996), obtendo, no ano seguinte, os prêmios Açoriano de Literatura, na categoria contos, e Fumproarte, nas categorias autor revelação e melhor livro de contos. Em 2000, recebeu uma bolsa da Biblioteca Nacional para escrever *Vésperas* (2002), indicado ao prêmio Jabuti e editado na França (2005), Portugal e Croácia (2006), e Argentina (2008). Participou de diversas antologias, como a organizada por Luiz Ruffato, *25 mulheres que estão fazendo a nova literatura brasileira* (2004). Em 2006, lançou seu primeiro romance, *Corpo estranho*, indicado, em 2007, ao Prêmio Zaffari & Bourbon de Literatura; e em 2011, *A vendedora de fósforos*.

BERNARDO CARVALHO

Nasceu no Rio de Janeiro, em 1960. É jornalista e teve sua estreia como autor em 1993 com o livro de contos *Aberração*. O primeiro romance, *Onze*, veio a público em 1995. Desde então, em sua trajetória como ficcionista, vem se destacando no cenário da literatura brasileira contemporânea com obras como *Teatro* (1998), *Nove noites* (2002), *Mongólia* (2003), *O sol se põe em São Paulo* (2007) e *O filho da mãe* (2009). Recebeu por *Noive noites* o Prêmio Portugal Telecom 2003 e, por *Mongólia*, os prêmios APCA 2003 e Jabuti 2004.

CAROLA SAAVEDRA

Nasceu no Chile, em 1973, e mudou-se para o Brasil com três anos de idade. Concluiu o mestrado em Comunicação na Alemanha. É autora de um livro de contos e três romances. *Flores azuis* foi eleito melhor romance pela Associação Paulista dos Críticos de Arte e, assim como *Paisagem com dromedário*, finalista dos prêmios São Paulo de Literatura e Jabuti.

CHICO BUARQUE

Nasceu no Rio de Janeiro, em 1944. Cantor e compositor, publicou as peças *Roda viva* (1968), *Calabar* (1973), *Gota d'água* (1975); a novela *Fazenda modelo* (1974) e os romances *Estorvo* (1991, prêmio Jabuti de melhor romance), *Benjamin* (1995), *Budapeste* (2003) e *Leite derramado* (2009), os dois últimos premiados pelo Jabuti na categoria Livro do Ano.

DANIEL GALERA

Nasceu em São Paulo, em 1979. Com Guilhermo Pilla e Daniel Pellizzari fundou a editora Livros do Mal em 2001. Antes de lançar seus quatro romances, *Até o dia em que o cão morreu* (2003), *Mãos de cavalo* (2006), *Cordilheira* (2008) e *Barba ensopada de sangue* (2012), Daniel Galera publicou em blogs e sites literários. Seu livro de contos *Dentes guardados* (2001) foi lançado em formato *pdf* no blog do autor, *Ranchocarne*, e também publicado pela Livros do Mal. Em 2010, em parceria com Rafael Coutinho, publicou a novela gráfica *Cachalote*. Além de escritor, também é tradutor e escreve resenhas e ensaios sobre diferentes temas, incluindo videogames. Seus romances foram traduzidos para o espanhol, francês e italiano.

JOÃO ALMINO

Nasceu em Mossoró (RN), em 1950. É escritor e diplomata. Morou muitos anos em Brasília, a cidade-cenário de seus romances – *Ideias para onde passar o fim do mundo* (1987), *Samba-enredo* (1994), *As cinco estações do amor* (2001), *O livro das emoções* (2008) e *Cidade Livre* (2010). Este último recebeu o Prêmio Passo Fundo Zaffari & Bourbon de Literatura 2011 de melhor romance e também foi finalista dos prêmios Jabuti e Portugal Telecom no mesmo ano. Doutorou-se em Paris, sob orientação do filósofo Claude Lefort, e lecionou na Universidade Autônoma do México, no Instituto Rio Branco e nas universidades norte-americanas de Berkeley, Stanford e Chicago.

JOÃO GILBERTO NOLL
Nasceu em Porto Alegre, em 1946. Publicou treze livros, entre eles *A fúria do corpo* (1981), *Rastros do verão* (1985), *Harmada* (1993), *Berkeley em Bellagio* (2002) e *Acenos e afagos* (2008). Recebeu inúmeros prêmios, incluindo o prêmio Jabuti em cinco ocasiões (1981, 1994, 1997, 2004 e 2005). Seus livros foram traduzidos para o espanhol, italiano e inglês.

LOURENÇO MUTARELLI
Nasceu em São Paulo, em 1964. Publicou vários álbuns de quadrinhos caracterizados pela originalidade do roteiro e a experimentação gráfica, contando-se entre eles *Transubstanciação* (1991), *Mundo pet* (2004) e a trilogia do detetive Diomedes: *O dobro de cinco* (1999), *O rei do ponto* (2000) e *A soma de tudo I e II* (2001-2002). Escreveu peças de teatro - reunidas em *O teatro das sombras* (2007) - e diversos romances, entre eles *O cheiro do ralo* (2002; adaptado para o cinema por Heitor Dhalia), *Jesus Kid* (2004), *A arte de produzir efeito sem causa* (2008), *O natimorto* (2009; adaptado para o cinema por Paulo Machline). Trabalhou como ator em curtas-metragens e nos longas adaptados de seus romances, *O cheiro do ralo* e *O natimorto*, nesse último tendo representado o papel do protagonista.

LUIZ RUFFATO
Nasceu em Cataguases (MG), em 1961, e é formado em Jornalismo. Em sua bibliografia, destacam-se: *Eles eram muitos cavalos* (romance, 2000); *Mamma, son tanto felice* (Inferno provisório - volume I romance, 2005), *O mundo inimigo* (Inferno provisório - volume II romance, 2005), *Vista parcial da noite* (Inferno provisório - volume III romance, 2006), *O livro das impossibilidades* (Inferno provisório - volume IV romance, 2008), *Domingo sem Deus* (Inferno provisó-

rio – volume V romance, 2011); *De mim já nem se lembra* (romance, 2007) e *Estive em Lisboa e lembrei de você* (romance, 2009).

MICHEL LAUB
Nasceu em Porto Alegre, em 1973. Escritor e jornalista, publicou cinco romances: *Música anterior* (2001), *Longe da água* (2004), *O segundo tempo* (2006), *O gato diz adeus* (2009) e *Diário da queda* (2011). Pelo último, recebeu os prêmios Brasília e Bravo/Bradesco. Foi contemplado com as bolsas Vitae, Funarte e Petrobras e finalista dos prêmios Jabuti, Portugal Telecom e Zaffari & Bourbon, entre outros.

MILTON HATOUM
Nasceu em Manaus, em 1952. Lecionou Literatura na Universidade Federal do Amazonas e na Universidade da Califórnia (Berkeley). Foi escritor residente nas universidades norte-americanas de Yale, Stanford e Berkeley. É autor dos romances *Relato de um certo Oriente* (1989, prêmio Jabuti de melhor romance), *Dois irmãos* (2000/terceiro lugar – prêmio Jabuti), *Cinzas do Norte* (2005, ganhador dos prêmios Jabuti/melhor romance, Portugal Telecom, Livro do Ano, Grande Prêmio da Crítica/APCA e Bravo!) e *Órfãos do Eldorado* (2008/segundo lugar – prêmio Jabuti). Em 2012 recebeu, pelo conjunto da obra, o prêmio Lifetime Achievement (Brazilian International Press Awards). Em 2009 publicou o livro de contos *A cidade ilhada*. Traduziu *Representações do intelectual*, de Edward Said, *A cruzada das crianças*, de Marcel Schwob e, em parceria com Samuel Titan Jr., *Três contos*, de Gustave Flaubert. Sua obra de ficção foi publicada em catorze países.

RICARDO LÍSIAS
É ficcionista, ensaísta e doutor em Literatura Brasileira pela USP. Começou sua carreira literária em 1999. Foi premiado com o terceiro lugar no prêmio Portugal Telecom em 2006 com o livro *Duas praças* e teve boa recepção crítica a seu romance *O livro dos mandarins* (2009). Apostando num conceito-chave para a contemporaneidade, a autoficção, publicou *O céu dos suicidas* (2012) no qual narrador, personagem e autor compartilham o nome de Ricardo Lísias.

RODRIGO LACERDA
Nasceu em 1969, no Rio de Janeiro. Publicou os seguintes livros: *O mistério do leão rampante* (novela, 1995, prêmio Jabuti e prêmio

Certas Palavras de Melhor Romance), *A dinâmica das larvas* (novela, 1996), *Fábulas para o séc. XXI* (livro infantil, 1998), *Tripé* (contos, 1999), *Vista do Rio* (romance, 2004, finalista dos prêmios Zaffari & Bourbon, Portugal Telecom e Jabuti), *O fazedor de velhos* (2008, prêmio de Melhor Livro Juvenil da Biblioteca Nacional e da Fundação Nacional do Livro Infantil e Juvenil) e *Outra vida* (romance, 2009).

RUBENS FIGUEIREDO
Nasceu no Rio de Janeiro, em 1956. Formado em Letras pela UFRJ, Rubens Figueiredo é tradutor de obras de Tolstói, Tchékhov e Turguêniev, entre outros. Como ficcionista, é autor dos livros de contos *As palavras secretas* (1998, vencedor do Jabuti), *Contos de Pedro* (2006), *O livro dos lobos* (2009) e dos romances *Barco a seco* (2001, vencedor do Jabuti) e *Passageiro do fim do dia* (2010).

SÉRGIO SANT'ANNA
Nasceu no Rio de Janeiro em 1941 e iniciou sua carreira em 1969, com a publicação da reunião de contos *O sobrevivente*. Tem inúmeros livros publicados, entre eles *O concerto de João Gilberto no Rio de Janeiro* (1982), *Um crime delicado* (1997) e *O Livro de Praga* (2011). Recebeu quatro vezes o prêmio Jabuti, sendo o mais recente pelo livro de contos *O voo da madrugada* (2003). Teve suas obras traduzidas para o alemão e italiano, além de outras línguas. *Um crime delicado* e A *Senhorita Simpson*, assim como outros títulos, foram adaptados para o cinema.

VALÊNCIO XAVIER NICULITCHEFF
Nasceu em São Paulo, em 1933, e faleceu em Curitiba, em 2008. Escritor e cineasta, é autor de *Desembrulhando as balas Zequinha* (1973), *O mez da grippe e outros livros* (1998), *Minha mãe morrendo e o menino mentido* (2001), entre outros livros, e diretor de *O pão negro – Um episódio na colônia Cecília* (1993), *Os 11 de Curitiba, todos nós* (1995) e *Caro signore Feline* (1980), além de outros filmes.

Impressão e Acabamento:
GRÁFICA STAMPPA LTDA.
Rua João Santana, 44 - Ramos - RJ